成都大学人文社会科学高水平学术著作出版资助(编号:CBZZ202302)

学前融合教育
协同治理研究

李梦茹 ◎ 著

四川大学出版社
SICHUAN UNIVERSITY PRESS

图书在版编目（CIP）数据

学前融合教育协同治理研究 / 李梦茹著． -- 成都：四川大学出版社，2024. 9. -- ISBN 978-7-5690-7226-6

Ⅰ．G61

中国国家版本馆 CIP 数据核字第 20245EK895 号

书　　名：	学前融合教育协同治理研究
	Xueqian Ronghe Jiaoyu Xietong Zhili Yanjiu
著　　者：	李梦茹

选题策划：	杨　果
责任编辑：	杨　果
责任校对：	李　梅
装帧设计：	裴菊红
责任印制：	李金兰

出版发行：	四川大学出版社有限责任公司
	地址：成都市一环路南一段 24 号（610065）
	电话：（028）85408311（发行部）、85400276（总编室）
	电子邮箱：scupress@vip.163.com
	网址：https://press.scu.edu.cn
印前制作：	四川胜翔数码印务设计有限公司
印刷装订：	成都金阳印务有限责任公司

成品尺寸：	170 mm×240 mm
印　　张：	18.25
字　　数：	383 千字

版　　次：	2024 年 9 月 第 1 版
印　　次：	2024 年 9 月 第 1 次印刷
定　　价：	88.00 元

本社图书如有印装质量问题，请联系发行部调换

版权所有 ◆ 侵权必究

扫码获取数字资源

四川大学出版社
微信公众号

内容简介

本书针对我国学前融合教育发展现状及现实需求,根据著者近年的广泛深入调研,对学前融合教育发展所依托的多元主体行为进行"过程"研究,这既是对学前融合教育协同治理中多元主体行为过程理论的探讨与建构,同样也是对学前融合教育协同治理过程实践的分析与提炼,是理论与实务的有机结合。本书尝试在中国现有发展背景下梳理我国学前融合教育的发展经验与现实困境,以协同治理为突破口,构建学前融合教育协同治理的多元主体行为影响机制解释框架,从学理上寻求对多元主体行为现象的深度表达,以"行为主体—协同行为过程—协同结果"的分析逻辑探索了我国学前融合教育协同治理的多元主体行为的影响因素及影响路径,进一步挖掘了学前融合教育协同治理过程的内涵实质与行为影响机制,丰富和完善了我国学前融合教育协同治理理论体系。

序

欣闻梦茹博士的著作《学前融合教育协同治理研究》即将出版，作为她的导师倍感欣慰。据我所知，这是我国当前少有的以学前教育协同治理的多元主体为研究对象展开行为量化研究的专著。

"努力让每个孩子都能享有公平而有质量的教育"始终是我们党和国家不遗余力的奋斗目标，要实现此美好愿景，学前教育必须面向"每个孩子"提供最适切的照顾与支持。近年来，国家陆续出台特殊教育发展的指导计划与行动方案，立意高远、内涵丰富、措施务实，为新时期融合教育的高质量发展明确了方向和目标，同时也为学前融合教育的发展提供了有力的支持。在此背景下，梦茹博士着眼于学前融合教育协同治理，积极探索，为学前融合教育支持体系的建设与完善贡献自己的绵薄之力。在治理研究范式下以多元主体协同模式开展学前融合教育治理已逐渐成为社会发展之期许，但并未有足够的保障和发展机制来推动多元共治与共育的治理格局形成，缺乏立足于实证研究、以全社会共同参与为导向而展开的学前融合教育协同治理的具体探索。因此，对学前融合教育协同治理所涉及的多元主体行为过程展开相关研究，探索学前融合教育多元主体协同治理的推进机制及实践策略，对走出当前我国学前融合教育治理困境具有一定的现实意义。

梦茹博士的这部成果，对激发我国学前融合教育多元主体协同治理行为动力具有重要的借鉴和指导意义。对于多元主体行为的有效激励是推进协同治理的核心问题，而对其影响因素及影响路径的分析与测量则是行为驱动及优化的重要指引。综合来看，我认为梦茹博士的这部著作有以下几个特点：

第一，选题比较新颖。学前融合教育及其协同治理是西方发达国家及我国港澳台地区研究的热点问题，但我国内地在这方面的研究起步较晚，相对滞后。2022年10月16日，党的二十大召开，《"十四五"特殊教育发展提升行动计划》提出的"以适宜融合为目标""拓展学段服务、推进融合教育"在党的二十大报告中进一步被凸显。推进学前融合教育发展，需要集结力量、整合资源、紧密协作，举全社会之力形成良好的学前融合教育生态系统，共同努力提升幼儿的生命质量。梦茹博士的这部著作在理论层面对学前融合教育多元主体协同治理的概念范畴予以明确，揭示了学前融合教育协同治理的内涵，明晰了多元主体关系与主体行为影响机制，为后续学前融合教育发展以驱动多元主体展开协同治理行为奠定了一定的基础。

第二，质性与量化研究结合。学前融合教育协同治理中的多元主体行为研究属于管理行为科学研究领域，需要研究者熟练地掌握研究方法和工具。梦茹博士呈现给我们的这部著作运用了当下较为流行的混合研究方法，既有质性研究的揭示，也有量化研究的佐证，在研究工具的选用上严格论证了其合理性与有效性，使得研究科学且合理。梦茹博士对研究方法的熟练运用可以为其他研究人员效仿。

第三，这本著作打破了以往对于我国学前融合教育停留于经验层面的研究传统，转向学理与实践结合的层面来研究当下我国学前融合教育发展的现实问题，梳理了新中国成立以来尤其是改革开放后学前融合教育依托于特殊教育发展的历程，结合我国教育治理现代化的宏观背景，尝试构建了一套能解释我国学前融合教育发展必须依赖于协同治理并不断激发多元主体协同行为的分析框架。尽管研究还有许多不足之处，但这对于一个年轻学者而言较为不易，整个研究过程帮助梦茹博士积累了一定的研究经验，也反映出其具备一定的学习与科研能力。

梦茹博士从本科开始一直关注特殊需要儿童群体，深入一线对相关人员进行观察和研究，尤其在硕士期间进入香港部分小学和幼儿园展开驻校实习，博士期间在四川、重庆、河南、上海、江苏等地展开广泛调研，积累了大量一手资料，为其博士论文的撰写奠定了基础。梦茹博士于 2022 年初完成了她的博士论文撰写并提交教育部平台盲审，五位盲审专家给出了 87.8 分的均分。学术之路漫长，不断积累、探索和创新注定离不开辛苦付出和努力，我很欣喜地看到梦茹博士在学习的道路上不断获得成长。在此，盼望梦茹博士能够不忘初心，奋力前行，在工作中取得更大的进步，也期待她能够有更多的文章、著作面世，以飨读者。

四川大学公共管理学院

教授、博士生导师

吴　敏

2023 年 11 月于成都

前　言

学前融合教育（preschool inclusive education）研究是近年来特殊教育与学前教育交叉研究的热点问题之一。2010 年《国家中长期教育改革和发展规划纲要（2010—2020 年）》提出要因地制宜发展残疾儿童学前教育，2014 年《特殊教育提升计划（2014—2016 年）》提出支持普通幼儿园创造条件接收特殊儿童，全面推进融合教育，我国学前融合教育迈入由愿景转化为目标的实践进程，并在短期内得到了快速发展。然而，我国学前融合教育事业发展起步较晚且基础薄弱。伴随着我国社会主义市场经济的不断发展，社会力量、市场力量快速崛起，民众需求侧不断升级，单一主体的政府角色以及以行政指令为单一手段的教育体制机制已经无法满足中国教育事业发展的新势态，多元主体参与、寻求教育供给侧优化升级之诉求成为推动学前融合教育事业由管理走向治理的必由之路。

本书着眼于我国教育治理体系与治理能力现代化的时代课题，聚焦学前融合教育领域，立足我国学前融合教育发展历程、现状及治理过程中的协同问题，将协同治理引入学前融合教育研究，基于结构功能主义视角，结合利益相关者理论、协同治理理论、嵌入性理论及系统理论，综合运用理论分析、实证调研及数理建模等多重方法，搭建起我国学前融合教育协同治理多元主体行为影响因素及影响路径的理论分析框架。围绕这一框架，本书对"主体行为产生的影响因素""主体行为对协同效应的影响路径""主体行为对协同效应的影响程度"三个问题展开探索与思考，多方位、多要素、过程式、动态化地对全球范围内学前融合教育改革理论与实践进行系统考察，深刻剖析学前融合教育协同治理的核心价值。对学前融合教育协同治理的多元主体进行识别，对其角色功能及行为展开阐述，并基于博弈演化模型构建与仿真分析论证了我国学前融合教育协同治理多元主体行为策略选择的影响因素。落脚到协同治理过程中的主体行为，基于"行为主体—协同行为过程—协同结果"的逻辑思路，识别并判定主体行为在协同治理进程中对于协同治理结果（以协同效应为例）的影响关系，通过构建我国学前融合教育协同治理模型并对其进行验证，得出了多元主体不同的行为影响关系与路径。在此基础上，利用系统动力学仿真建模对我国学前融合教育协同治理多元主体系统进行了仿真实验分析，以鉴别不同主体行为对学前融合教育协同治理的协同效应的影响程度。在此研究基础上提出了我国学前融合教育协同治理推进机制与实践策略的相关对策建议，主要得出了如下研究结论。

（1）通过分析梳理改革开放以来我国学前融合教育相关政策变迁及政策导向下不同时期所取得的发展成果与不足，本书认为我国学前融合教育发展的历史沿革与政策变迁分为三个阶段：第一阶段为1978—1989年识别与初步探索阶段，第二阶段为1990—2013年由理念走向实践的确立阶段，第三阶段为2014年至今的深化发展与质量同步阶段。结合相关调研访谈，本书主要认为存在治理主体融合理念缺失以至于治理目标认同并未达成统一、治理主体的角色转变与过渡进程相对缓慢、多元主体治理的权责失衡且相互间配合较弱、多元主体中的弱势主体严重缺乏话语权等问题，为后续提出我国学前融合教育迫切需要多元主体实施有效行为而共同参与协同治理的相关分析提供了现实依据。

（2）在利益相关者理论的指导下系统地分析了我国学前融合教育协同治理的多元主体。本书认为我国学前融合教育协同治理的多元主体主要包括政府、幼儿园、社会组织和以家长为主要代表的社会公众四类，并解析了这四类主体的角色功能及其在学前融合教育事业发展中的具体行为。由于四类主体通过协同方式与协同行为参与学前融合教育治理的行为意愿与策略选择受到众多因素影响，因此本书在博弈思想指导下探究多元主体选择展开协同治理行为策略的影响因素，通过构建学前融合教育四类主体协同治理行为的博弈演化模型，分析各种不同策略组合下最终系统的稳定性以及演化过程。分析结果得出，幼儿园主体、社会组织主体以及家长主体参与学前融合教育协同治理的意愿与政府发挥其主导职能而展开政府层面的推动行为密切相关，政府主体职能的强化与责任的践行将会促进其他主体参与积极性的提升；政府主体、幼儿园主体、社会组织主体以及家长主体参与学前融合教育协同治理的意愿与相互之间的信任程度相关，彼此间信任程度增加将强化合作，因此有必要进一步拓宽多元主体间沟通渠道以提升信任增加的可能性；学前融合教育治理主体参与协同治理意愿与各自自身收益相关，收益在一定程度上将刺激各方参与并有所作为，对推动学前融合教育协同治理存在积极意义；学前融合教育治理中各主体参与协同治理的意愿与资源互补的程度紧密相关，有效整合互补性的资源、开展严格的行业监管以及建立合理的奖惩机制，均能促使多元主体各自协同意愿与行为的产生。这些影响因素的研究为后续协同治理推进机制与策略探析奠定了基础。

（3）基于对学前融合教育协同治理中的多元主体进行识别，进一步探究协同治理过程中的多元主体具体行为是否对学前融合教育协同治理结果（以协同效应为例）产生了影响，以识别学前融合教育协同治理中的多元主体行为对协同效应的影响路径。通过构建学前融合教育协同治理模型，本书提出了政府、幼儿园、社会组织、家长四类主体的行为综合交互影响学前融合教育治理协同效应的假设思路，并从嵌入性理论视角出发将关系嵌入与结构嵌入引入该模型中作为中介变量。模型验证结果证实了政府主体行为对学前融合教育协同治理关系嵌入、结构嵌入以及协同效应的产生具有正向影响；幼儿园主体行为对学前融合教育协同治理关系嵌入、结构嵌入以及协同效应的产生具有正向影响；社会组织主体行为对学前融合教育协同治理关系嵌入、结构嵌入具有正向影响，但对学前融合教育协同治理协同效应的产生并不具有正向影响；家长主体行为对学前融合教育协同治理关系嵌入、结构嵌入具有正向影响，但对学前融合教育协同治理协同效应的产生并不具有正向影响。作为中介变量的关系嵌入及结构嵌入在四类主体行为对学前融合教育协同治理协同效应的影响中均起到了中介作用，且关系嵌入与结构嵌入分别对学前融合教育协同治理协同效应的产生具有正向影响。

（4）为了进一步判别学前融合教育协同治理中的多元主体行为对学前融合教育协同治理结果（以协同效应为例）的影响程度的大小，从系统视角阐释了学前融合教育协同治理系统具有实现协同效应的功能，这一功能是通过多种子系统的运作与互动方式实现的。其中主要包括以政府主体为核心的政府子系统、以幼儿园主体为核心的幼儿园子系统、以社会组织主体为核心的社会组织子系统、以家长主体为核心的家庭子系统。不同子系统具有不同功能，子系统中的主体履行不同的职能。学前融合教育协同治理多元主体系统中的各主体要素及其行为要素之间相互作用、协同运行，保障了整个学前融合教育的系统成为一个紧密的整体，共同促进治理协同效应的提升。运用系统动力学的相关原理和方法，对系统中各变量进行了对应方程的设定，通过定量化方式仿真出在不同时间点上的各变量相互间存在的潜在作用关系及动态化反馈过程，进一步论证了学前融合教育协同治理系统的演化是一个动态发展变化的过程。政府子系统中的政府主体行为演化仿真带来学前融合教育治理协同效应的提升幅度最大。学前融合教育协同治理整体系统的演化过程呈现萌芽发展并不断成熟的演化规律。

（5）以上述三个模型分析及其结论为依据，结合我国国情和国家教育治理相关要求，从科学性与实用性的角度提出了我国学前融合教育协同治理推进机制和实践策略，具体包括：完善政府主导的统筹机制，深化多元主体的理念认同机制,加强多元主体间的互动机制,完善多元主体协同治理保障机制。

虽然本书在撰写过程中尽可能地吸取学术界各位专家学者的研究成果,但由于著者研究阅历和学术水平有限,书中难免存在疏漏,许多内容仍有待完善、补充和深入研究,诚恳希望读者批评指正。

著　者

目 录

第一章 概 论 ……………………………………………………………… 1
 第一节 研究背景与问题的提出 ……………………………………… 1
 第二节 研究目的与研究意义 ………………………………………… 6
 第三节 核心概念的界定 ……………………………………………… 9
 第四节 文献综述 ……………………………………………………… 16
 第五节 研究思路、方法与技术路线 ………………………………… 34

第二章 理论基础与理论分析框架构建 ………………………………… 41
 第一节 理论基础 ……………………………………………………… 41
 第二节 理论分析框架构建 …………………………………………… 52

第三章 学前融合教育发展历史沿革与困境审视 ……………………… 67
 第一节 学前融合教育发展历史沿革 ………………………………… 67
 第二节 学前融合教育发展的困境审视 ……………………………… 78

第四章 学前融合教育协同治理行为策略选择的影响因素分析 ……… 85
 第一节 多元主体识别及其角色功能、行为分析 …………………… 85
 第二节 基于四方博弈的多元主体协同治理行为演化分析 ………… 96
 第三节 仿真实验分析 ………………………………………………… 112
 第四节 研究结果及分析 ……………………………………………… 119

第五章 学前融合教育协同治理行为对协同效应的影响路径分析 …… 122
 第一节 构建理论模型与提出研究假设 ……………………………… 122
 第二节 变量测量与问卷设计 ………………………………………… 137
 第三节 问卷调查与模型检验 ………………………………………… 158
 第四节 研究结果分析与讨论 ………………………………………… 181

第六章 学前融合教育协同治理行为对协同效应影响程度的系统动力学
    仿真实验分析 …………………………………………………… 190
 第一节 多元主体系统理论分析 ……………………………………… 190
 第二节 系统因果关系分析 …………………………………………… 197
 第三节 系统动力学模型构建 ………………………………………… 204

第四节　系统模型的检测……………………………………………… 209
   第五节　仿真实验分析………………………………………………… 212
   第六节　演化仿真结果比较分析与应用……………………………… 216
第七章　学前融合教育协同治理推进机制与策略探析…………………… 221
   第一节　完善政府主导的统筹机制…………………………………… 221
   第二节　深化多元主体的理念认同机制……………………………… 225
   第三节　加强多元主体间的互动机制………………………………… 228
   第四节　完善多元主体协同治理保障机制…………………………… 234
第八章　研究结论和展望…………………………………………………… 239
附　录………………………………………………………………………… 246
   附录一　学前融合教育协同治理研究调查问卷……………………… 246
   附录二　学前融合教育协同治理研究相关访谈提纲………………… 249
参考文献……………………………………………………………………… 251
后　记………………………………………………………………………… 276

第一章 概 论

第一节 研究背景与问题的提出

一、研究背景

联合国早在1948年就正式发布了《世界人权宣言》，该宣言明确提及，人人都应享有平等的教育权利。就本质而言，此种权利不会因为种族不同、性别不同或是肤色不同而受到影响。社会作为人类生活的大家庭，人人享有的权利理应是平等且公平的，受教育权的平等则是其重要的体现之一。然而，在现实生活中，教育对象如有身心障碍的残障群体并不像理论观点所提及的那样享受到平等且公平的教育；相反，其渴望真正享有和普通大众同等的受教育权面临着众多阻碍。为切实解决残障群体受教育权的相关问题，世界各国均在不断探索，寻求解决之道。《萨拉曼卡宣言》是在联合国教育、科学及文化组织于1994年召开的世界特殊教育大会中诞生的。该宣言指出："所有儿童都是独立特别的个体，教学教育活动的规划与实际开展应当照顾到每个人在学习能力、学习水平以及兴趣爱好上的不同之处。如若残疾儿童能够在正常的学校中接受教育，那么这些学校应适当对教学相关环境进行改造，消除偏见并构建融合校园文化，以此来顺应所有儿童的成长需求；这类学校将会对提升所有学生的受教育率做出巨大贡献。"[1] 此次会议还首次提出了"融合教育"的思想并诠释了相关内容，拉开了世界性"融合教育"发展的序幕，推动世界各国从此踏上了实现普特教育改革与普特融合之路。各国也不遗余力地为特殊需要儿童创造更为公平的教育环境与社会环境。在国际发展趋势的引导下，众多国家持续更

---

[1] United Nations Educational, Scientific and Cultural Organization. The Salamanca statement and framework for action on special needs education [R]. Paris: UNESCO, 1994.

新了相关教育理念与具体改进措施，如美国出台了大量残疾人教育法，包括1997年《残疾人教育法修正案》、2001年《不让一个儿童落后法案》和2004年《残疾人教育促进法》，以立法形式为融合教育的实施和推进提供了坚实的制度保障。英国政府于1993年颁布的《教育法》和1994年出台的《特殊教育要求确认评价条例》均规定，为有效服务于特殊儿童，学校、地方教育机构、卫生机构、社区服务机构需要密切配合。英国将融合教育作为国家教育政策的核心思想，并在政策文本中突出了确保儿童获得充分服务的最有效方法是让具有多学科背景的专业人员参与，该项有效尝试为其融合教育实践提供了科学指导。在融合教育如火如荼的发展态势下，融合理念被引入不同教育的各阶段，学前阶段也不例外。

  我国的融合教育始于20世纪80年代，政府在发展学前融合教育的道路上进行了积极的探索。1987年我国开展了全国范围内的首次残疾人调查活动，此次调查结果显示，我国现有残疾人数量已经达到了5164万人，而残疾儿童总人数一度超出了800万人，其中，0~6岁的残疾儿童总数达到了250万人[①]。2006年在全国范围内开展了第二次残疾人调查活动，调查结果显示，当时我国0~6岁的残疾儿童总数量已达到141万人[②]。国家各部门相继出台了大量文件就3~6岁特殊需要儿童接受学前教育的相关问题予以切实回应，通过相关政策指导与保障来引导和支持学前融合教育实践。在党和国家的正确领导下，特殊需要儿童接受学前融合教育通过随园保教的形式得以实现，促进了该群体更好地融入主流社会，使其生活品质得到显著提升，实现了全体儿童共同接受公平且优质的教育。2010年，国家相关部门颁布了《国家中长期教育改革和发展规划纲要（2010—2020年）》，明确提及在解决残疾儿童接受学前教育的问题上，需要采取因地制宜的方式进行，这为特殊需要儿童学前教育的发展提供了指导性方针。2014年，《特殊教育提升计划（2014—2016年）》明确提出支持普通幼儿园创造条件接收残疾儿童，全面推进融合教育。"学前融合教育"首次以政策的形式确认，从此开启了从愿景转化为目标的实践进程。2021年，《"十四五"特殊教育发展提升行动计划》提出以适宜融合为目标，拓展学段服务、推进融合教育、提升支撑能力，这为学前融合教育的发展进一步明确了思路。在多方共同努力下，我国目前建成的特殊教育体系囊括多种教育形式，包括特教班、特教学校及普通学校随班就读等。作为我国学前融合教

---

① 陈东珍. 学前特殊教育[M]. 北京：北京师范大学出版社，2001：177.
② 第二次全国残疾人抽样调查领导小组，中华人民共和国国家统计局. 2006年第二次全国残疾人抽样调查主要数据公报[EB/OL]. (2006-12-01) [2024-03-22]. https://www.cdpf.org.cn/zwgk/zccx/cjrgk/93a052e1b3d342ed8a059357cabf09ca.htm.

育实践的探索，3~6岁特殊需要儿童的学前教育形成了政府牵头、多部门协作，以特殊教育学校的学前班、特殊儿童幼儿园以及普通幼儿园随班就读等为具体方式而开展的特殊儿童学前教育实践形态[①]。我国各地区在《国务院关于建立残疾儿童康复救助制度的意见》的指导下积极开展残疾儿童精准康复行动，并努力为残疾儿童提供普惠性学前教育。《2020年残疾人事业发展统计公报》数据显示，2020年0~6岁残疾儿童得到基本康复服务人数达23.7万，相比较于2019年0~6岁残疾儿童得到基本康复服务人数（18.1万），同比增长30.9%；围绕着残疾人建立的以专项彩票为核心的公益基金，每年持续稳定地帮助贫困家庭中的残疾儿童解决其接受普惠性学前教育的相关问题，服务儿童数量达1.5万人以上[②]。总体来看，自2014年以来，我国学前融合教育事业步入了稳步推进的阶段。

然而，与西方发达国家相比，我国以残疾儿童为代表的特殊需要儿童学前融合教育工作由于起步较晚且基础较为薄弱，加之融合教育的探索主要针对的是我国的义务教育阶段，因此学前阶段的融合教育在我国整体上仍处于发展初期。对于特殊需要儿童而言，无论是接受专业特殊教育，还是接受融合教育，两者的关注点和遵循原则都应当放在早期诊断与干预的工作上。我国的学前融合教育发展面临着众多的问题与挑战。在实践领域，尽管区域性学前融合教育正蓬勃开展，北京、上海、河南、浙江、江苏等地开展了依托普通公办幼儿园进行学前融合教育的试点工作，特殊教育学校开始向提供专业支持的"资源中心"转型，并且随着融合教育的深入推进与发展，普通幼儿园中接纳的特殊需要儿童数量出现了显著增长，但学前融合教育与义务教育阶段的融合教育发展相比体现出了明显的滞后性，两者之间未能搭建有效的衔接链，绝大多数年幼特殊需要儿童不能保证在正规教育机构接受学前教育仍是一种较为普遍的现象。我国已有相关政策法规对残疾幼儿进入普通幼儿园随班就读，或进入特殊教育学校附设的幼儿园接受学前教育做出了相关规定，然而我国的普惠性学前教育公共服务体系仍处在建设之中，基数较大的普通儿童对于"能上园""上好园"的迫切需求未能得到切实满足，学位呈现出供不应求之势，特殊需要儿童获得学前融合教育的机会受到了众多现实条件的限制。同时，在就学机会扩张与质量提升的双重要求下，普及学前融合教育的难度也同步增加。而立足于社会层面，不难发现，学前融合教育并没有引起广泛的关注，对其投入度与重

---

① 徐云. 加快发展学前教育，保障特殊儿童基本权利[J]. 现代特殊教育，2020（1）：7—10.
② 中国残疾人联合会. 2020年残疾人事业发展统计公报[EB/OL].（2021—04—09）[2024—03—22]. https://www.cdpf.org.cn/zwgk/zccx/tjgb/d4baf2be2102461e96259fdf13852841.htm.

视度并不高，特殊需要儿童的家长对学前融合教育缺乏认识，尚未形成有利于普及学前融合教育的社会氛围。重视特殊需要儿童享有平等受教育权、追求教育公平已成为指导我国学前融合教育事业发展的核心价值导向，国家始终在政策、财政等方面不遗余力地给予特殊需要儿童以支持，但事实上发展学前融合教育所需的多元、多样化资源整合程度仍显不足，社会尚未形成"合力"的深层次问题凸显。

值得注意的是，西方发达国家将"治理"的理念应用于国家教育事业的发展，展现出强大的生命力，契合了社会公众对于提升公共教育事务管理效能的诉求，其目的在于提供更多、更好的教育公共产品或准公共产品[①]，更加重视政府与周遭环境之间所形成的良性互动关系。面对学前融合教育本身的特殊性及其背后所涉及的复杂社会问题，以及政府因资金短缺、服务供给能力不足所带来的挑战，多元主体、协同、民主、参与、分权、责任、共享、平等等多个价值观念共同指导了"医教结合"的学前融合教育治理。政府与企业、非政府组织、公民之间跨部门的互动实践证明，"协同治理"与"协同模式"以其充分的灵活度和多元主体能动性的发挥使得学前融合教育在西方发达国家中取得了颇有成效的发展。党的十八届三中全会明确提出推进国家治理体系与治理能力现代化，并将其作为国家全面深化改革工作的重要方向。党的十九届四中全会进一步阐明了推进国家治理体系和治理能力现代化的重大意义与具体任务目标。伴随着我国国家治理体系与治理能力现代化的不断探索与推进，社会步入转型时期，随之而来的新问题与新挑战使得"协同"成为国家各项事业取得发展的"有力助推器"，协同之势下的多元主体行为联动成为解决复杂性社会事务的"一剂良药"。就教育领域而言，学前融合教育作为特殊教育事业的主要构成之一，是大力推进"普特教育"改革、改变我国学前教育与特殊教育二分现状、促使我国特殊教育事业在学前阶段与世界接轨的重要举措。当下我国特殊需要儿童接受公平且有质量的学前教育的需求侧一端正不断升级，其需求的多样化已无法单纯依靠传统的政府管理及行政手段予以满足，因而对需要多元主体积极参与治理以实现学前融合教育供给侧改革与优化升级的呼声愈发高涨。

从宏观层面来看，学前融合教育治理作为教育治理的子系统之一，具备教育治理的基本属性。教育治理作为国家治理的重要领域和有机组成部分，在解决政府单一管理及市场化改革所带来的问题过程中逐步兴起[②]。教育治理的根本目的是实现教育善治。换言之，教育需具备更高的质量，满足公平性要求，

---

① 曹任何. 合法性危机：治理兴起的原因分析[J]. 理论与改革, 2006 (2): 20-24.
② 褚宏启. 我们需要什么样的现代学校制度[J]. 教育研究, 2004, 25 (12): 32-38.

最终实现教育领域公共利益的最大化。面对"蜂巢型社会",社会参与是教育治理的核心要义,应倡导社会公众和社会组织等积极参与到政府管理或学校管理等工作中[①],通过对社会增权赋能的方式提升其治理参与度,共同帮助政府和学校提升管理效率和管理质量,以制度化与非制度化的路径与渠道集思广益,来促使社会的功能与效用得以更好的发挥。质量导向下的教育效能、公平导向下的教育活力、效率导向下的教育秩序共同构成了教育治理核心向度[②],包括:使多元主体积极参与到各项教育工作和教育事业中,强化多元主体对教育的认知度,并利用多元化类型的治理方式来促进教育目标的加快实现,切实发挥协同共治最大的效用与价值;使多元主体享有合理合法的参与权和其他权利,利用现行法律为其提供保障,以限制行政权在实施环节出现的权力越线,以此发挥出多元主体最大的作用和价值;以精益管理实现教育资源的效用最大化;以"协商治理"实现共治和民主管理,从而促成科学决策和达成共识[③]。学前融合教育治理的价值取向包含了对效能-质量、活力-公平、秩序-效率的追求,与教育治理一脉相承。学前融合教育以治理的形态实现其培育与发展,以"医教结合"为导向,协同政府、幼儿园、社会组织、家长等多元主体联动,学前教育、特殊教育与医疗健康等公共服务部门多方深入融合,是实现我国特殊教育现代化、推动国家教育治理体系构建和提升教育治理能力的必然选择。

二、问题的提出

自 2014 年"积极发展融合教育"成为我国普特教育改革重要的指导方向以来,特殊教育领域、学前教育领域等众多学者及一线工作者对学前融合教育的概念、发展策略等展开了大量研究与实践并提出了不同看法。一方面,学者研究视角的不同导致其对学前融合教育的概念、本质和发展路径并未形成统一意见;另一方面,以政府为单一主体介入特殊教育事业承担重大责任的发展思路与实践在很大程度上影响了多元主体以协同模式参与学前融合教育治理的探索。一个国家的学前融合教育事业发展程度在一定程度上也是其国家文明发达程度的衡量指标,故将学前融合教育作为教育领域重要的治理课题具有重大的现实意义。

---

① 陈慧荣. 国家治理与国家建设 [J]. 学术月刊, 2014, 46 (7): 9-12.
② 刘坤. 新工科教育治理: 框架、体系与模式 [D]. 天津: 天津大学, 2020.
③ 褚宏启. 教育治理: 以共治求善治 [J]. 教育研究, 2014, 35 (10): 4-11.

学前融合教育的多元主体协同治理是基于西方发达国家治理经验以及对我国长期以来的发展进程进行反思后得出的一条科学发展之路。多元主体协同治理是学前阶段普特教育改革与融合的发展前沿与新方向。学前融合教育有赖于政府、学前教育机构、社会力量等多元主体展开协同行动。但当前对参与协同治理的多元主体研究和认知尚浅，多元主体识别不精准、主体角色定位模糊、主体角色功能"失能"等问题均阻碍了我国学前融合教育协同治理的有效推进。近年来，关系与行为的研究逐渐成为管理行为科学领域的热点之一，为提升国家治理效能开辟了一个新的研究路径，对于处在国家教育治理能力现代化的探索时期的中国具有重要的启示作用。那么，在协同治理背景下我国学前融合教育实践的多元主体构成究竟有哪些？多元主体间的关系层、行为层与效能层之间的影响作用机制是如何体现的？如何在中国情境下大幅度提升学前融合教育协同治理的适切性与实用性，从而打造迎合"保障特殊群体发展机会"的发展目标、切合特殊需要儿童学前教育需求实际且切实可行的我国学前融合教育协同治理新格局与新秩序将是本书的核心议题。为了全面回答这些问题，同时提高研究的可行性，本书将致力于研究如下问题：

（1）我国学前融合教育协同治理内涵及发展态势为何？

（2）我国学前融合教育多元主体协同治理"何以成为可能"？

（3）我国学前融合教育协同治理的多元主体行为如何展开以及如何影响结果？

（4）我国学前融合教育协同治理的推进机制与实践策略的"应然"层面如何体现？

第二节　研究目的与研究意义

一、研究目的

以残疾儿童为代表的特殊需要儿童对学前教育的可及性、对教育公平的获得感以及对教育过程的满意度能够通过学前融合教育的有效实施得以显著提升。我国学前融合教育治理正处于由单一主体向多元主体转型过程中，但多元主体之间协同治理行为影响机制尚未明确，协同治理实践的推进机制还有待科学的构建。因此，本书综合运用管理学、社会学、系统动力学等多学科理论探索我国学前融合教育协同治理过程，运用利益相关者理论、嵌入性理论、协同治理理论、系统理论搭建起我国学前融合教育协同治理的理论分析框架；尝试梳理出我国学前融合教育发展历程，关注我国学前融合教育的治理现状与困境，从中提取我国学前融合教育治理"多元但未充分协同甚至不协同"的突出问题；在关注整个协同治理行为过程的指导下，以质性分析清晰地呈现出多元主体采取学前融合教育协同治理行为的影响机制并对其进行量化检验，推进学前融合教育协同治理行为与效能测度，并通过具体且多方兼顾的实践策略探析，寻求一条适合我国具体国情的学前融合教育事业发展之路。

二、研究意义

我国学前融合教育协同治理是公共管理学、特殊教育学、技术科学等学科应用研究领域的新拓展，是学前融合教育与管理研究的深化。开展我国学前融合教育协同治理多元主体行为影响因素与路径研究，不仅可以丰富和完善我国学前融合教育协同治理理论和方法体系，还可以为从国家战略层面推进我国学前融合教育协同治理提供制度设计指导与行为优化策略。此外，学前融合教育的发展在我国仍处于探索初期，因此开展对我国学前融合教育协同治理多元主体行为影响因素及路径的理论与实践研究将帮助我国加快追赶世界学前融合教育发展的步伐。

（一）理论意义

第一，开拓并深化了我国学前融合教育协同治理行为研究，丰富了学前融合教育协同治理的理论基础。自我国正式提出"加大力度发展残疾儿童学前教育"这一发展理念以来，学前融合教育的相关研究已成为我国教育领域的一个热点，但鲜有从多元主体角度出发对学前融合教育协同治理开展研究，且未形成系统的研究框架。从目前来看，我国现有研究大多停留于对学前融合教育实践经验层面的探讨，以实际问题作为切入点，结合现状分析并提出相应改善对策与建议，但诸多研究成果并未充分体现理论与实践相结合的科学范式导向。基于此，本书提出学前融合教育协同治理的新视角，聚焦于协同治理行为，以"行为主体—协同治理行为过程—协同结果"的逻辑构建了我国学前融合教育协同治理多元主体行为影响因素及路径的理论研究框架，丰富了关于学前融合教育协同治理研究的理论基础。

第二，从理论层面系统地梳理了我国学前融合教育治理及其相关主体"多元但未充分协同甚至不协同"的问题并对其进行解构。学前融合教育治理本质上是一项系统工程，单纯依靠单一部门难以胜任，在推进学前融合教育事业发展过程中需要多元社会主体共同参与、共同努力，需要在创新教育治理体制机制过程中不断完善我国学前融合教育协同治理机制建设。而我国当前的学前融合教育发展更多地依赖于政府命令等行政手段，就政府和社会等多元主体相融合的良性互动机制建设层面正在积极地摸索与筹划。基于此，本书从解决问题的关键——"多元主体"入手，并聚焦于主体行为，对多元主体进行精准识别，准确识别出我国学前融合教育协同治理中的多元治理主体，包括政府、幼儿园、社会组织、家长，对其参与协同治理行为策略的选择通过博弈演化与仿真分析，探究各主体在学前融合教育协同治理过程中其协同行为产生的重要因素，而后进一步落脚到主体行为，研究主体行为如何影响协同治理的协同效应及其影响程度，从而实现对多元主体协同治理行为"前因后果"科学的学理解释与数理论证。综合运用管理学、社会学、系统动力学等理论知识深入研究我国学前融合教育多元主体做出策略选择并发挥角色功能、参与协同治理、实施行为的演化过程，立足于我国本土，从理论上和实证上论证了以政府作为主导，多方参与的协同治理模式，能够促使我国学前融合教育事业的稳步推进。协同治理进程中各方协同所产生并不断强化的协同效应为解决本土化的学前融合教育发展滞后等问题提供了参考依据。

（二）实践意义

学前融合教育关系到民生问题中的特殊需要儿童群体，为其提供可及、公平、优质的学前教育是新时代公共教育服务发展的重要目标。我国学前融合教育协同治理多元主体行为影响因素及影响路径的研究将以协同之势高效地整合现有资源，践行教育公平理念，提升学前教育在不同群体间的均等化水平，让每个人在成长和发展中均能享受到高质量的学前教育，实现学前融合教育发展之初衷，最终实现"教育利益最大化"。从实践价值来看，通过构建我国学前融合教育协同治理多元主体行为影响因素及路径的理论分析框架，提出符合我国情境下的多元主体参与学前融合教育协同治理的行为展开过程，可丰富我国学前融合教育协同治理对多元主体、主体关系与结构、主体行为与互动等方面的系统分析。尝试在学前融合教育治理格局中寻求一种规范的多元主体协同合作模式，并以此模式来实现责任共担、成果共享的共治目标，显然能够满足当前时代背景下特殊教育在我国发展中所提出的相关要求。在充分考量了特殊需要儿童学前教育发展的战略地位及现代化教育体系建设的要素全面覆盖后，针对学前融合教育协同治理的多元化主体构成及结构、影响主体行为的因素、主体行为及产生的结果等问题研究，将科学地指导我国学前融合教育协同治理实践并提升发展战略落实的有效性，推动我国学前融合教育事业向现代化方向转变。同时为特殊需要儿童发声，切实反映出特殊需要儿童对自身发展的渴望与诉求，希望向全社会传达一种融合共存的理念，纠正对特殊需要儿童"污名化"的惯性认知，以期待社会公众对其秉持客观、理性的看法与包容的态度。

第三节 核心概念的界定

一、特殊需要儿童

特殊需要儿童的含义在不同研究背景下存在一定区别。特殊教育学者Kirk（1963）此前认为特殊儿童是在心智水平、感知范围、身心或人际交往中表现出与常人不同的儿童，或是同时在以上各情况中存在困难的儿童，这类群体就需要专门的学校通过特殊教育对其进行教导[1]。知名心理学家郭为藩（1984）认为，特殊儿童在身体上、精神上或是社会交往中存在一定的困难，不能顺应正常情况下的教育过程，只能凭借特别的教育途径来挖掘其天赋并对其进行培养，使之成才[2]。"特殊需要儿童"的概念在英国被首次提出，从此替代了"残疾儿童""特殊儿童"这类含有针对性的、歧视性的称谓。就教育对象而言，广义的特殊需要儿童群体，包含所有在智商、认知、体验、躯体、表达、活动等领域中同普通儿童存在较大差别的儿童群体，其中包含在身心成长过程中不及平均水平的儿童，高于平均发展值或表现出违背法律行为的儿童。狭义的特殊需要儿童，则特指残疾儿童（缺陷儿童、障碍儿童），也就是在身体或心理上存在不同残障程度的儿童，比如智商上的缺陷、视听上的残障、肢体的残疾、表达能力或情感认知的缺陷或多方面残障等[3]。受不同社会文化背景与社会经济水平差异的影响，对残疾儿童的界定标准也有所差异。就我国而言，道德品质指标并不包含在缺陷儿童定义的范围中，但一些国家会将这种德性的缺失列入情感认知或行为活动存在缺陷的儿童定义中。而美国的特殊教育立法划定了11种残障儿童的类别，日本对缺陷儿童区分了八大类。综上可知，对于特殊需要儿童的界定与划分在世界范围内还未达成共识。本书将采用国内学者在谈及特殊需要儿童时所经常使用的界说方式，即将特殊需要儿

---

[1] 参见毛荣建. 学习障碍儿童教育概论 [M]. 天津：天津教育出版社，2007：26.
[2] 郭为藩. 特殊儿童心理与教育 [M]. 台北：文景书局，1984：1.
[3] 顾明远. 教育大辞典 [M]. 上海：上海教育出版社，1999：534.

童看作在正常教育情境下有特殊学习或适应的需要的儿童。通常的教学方式无法挖掘他们的潜质，只能通过制订专门的教学计划、授课方式和相关教育手段对此类儿童展开教育教学活动，可以将智力、视力、听觉、语言能力、精神及行为等方面存在障碍的儿童视为其代表[①]。

二、学前融合教育

学前融合教育是融合教育在学前阶段的具体体现。融合教育又称为全纳教育，"融合""全纳"均由英文"inclusion"译之，而"全纳"更为准确的英文表述应为"full inclusion"。事实上"全纳"与"融合"二者之间既有联系也有区别。就共性而言，追求教育公平与实现平等人权为二者共同的哲学基础与价值诉求，但全纳是对融合的突破和超越，是其努力发展的目标和方向，因而在此意义上，全纳需立足于融合的实践。相较全纳教育关注所有儿童、服务所有学生，融合教育侧重关注特殊需要儿童及其如何融入普通学校。本书立足于现有研究以及我国具体国情，认为"融合教育"一词更能与我国现实接轨，从基础实践出发探究以残疾儿童为代表的特殊需要儿童进入普通幼儿园接受学前融合教育更具适切性。

学前融合教育是在1975年美国颁发的《全体障碍儿童教育法》中被首次提出的，特别指明要为特殊儿童群体创造一个对其来说常态化的学习环境，而不是简单粗暴地对这个群体进行区别对待并将其阻隔在正常的教育之外[②]。对学前融合教育的概念理解，外国学者Buysse和Bailey（1993）认为它强调让有特殊需求的儿童和普通儿童享有相同的学习环境，为特殊需要儿童创造出教学教育过程所必需的各类方式手段，将特殊教育同正常教育进行自然统一[③]。Lindsay（2003）指出学前融合教育是包含在通常的教育体系中的、面向全体儿童开展的支持性活动，使适龄儿童可以在学校或机构有同样的机会被授予知识，享有平等的受教育权[④]。2009年，美国特殊儿童委员会学前教育分会和全

[①] 韦小满，袁文得，刘全礼. 北京香港两地普小教师对有特殊教育需要学生随班就读态度的比较研究［J］. 北京师范大学学报（人文社会科学版），2001（1）：34—39.

[②] 参见余强. 美国学前阶段特殊教育全纳安置模式述评［J］. 外国教育研究，2008，35（8）：44—48.

[③] BUYSSE V, BAILEY D B. Behavioral and developmental outcomes in young children with disabilities in integrated and segregated settings: a review of comparative studies［J］. The Journal of Special Education，1993，26（4）：434—461.

[④] LINDSAY G. Inclusive education: a critical perspective［J］. British Journal of Special Education，2003，30（1）：3—12.

美幼儿教育协会一同颁布的《学前融合教育：美国特殊儿童委员会学前教育分会和全美幼儿教育协会联合声明》(*Early Childhood Inclusion：A Joint Position Statement of the Division for Early Childhood and the National Association for the Education of Young Children*)（以下简称《学前融合教育联合声明》）对学前融合教育进行了明确界定。该声明认为学前融合教育应当保障每一名学前儿童的权利，无论他们的能力如何，都应该将他们视为家庭、社区、社会的一员而参与各项活动。学前融合教育想要达到的目的是通过提升全体儿童的学习体验感来挖掘他们的全部潜能，增强包括特殊儿童在内的集体认同感、社会归属感，培养儿童正常人际交往能力和情感关系[1]。我国学者彭霞光（2008）将其解读为"一种全新的教育理念和持续的学前教育过程"，强调须在没有前提条件限制的情况下接纳所有学生，以教育系统内部整合以及与其他支持系统的协作来为全体儿童创造更好的支持条件，进而积极满足其多样化的教育需求[2]。周念丽（2006）认为学前融合教育意在"普特相融"，具体指学前特殊儿童进入普通幼儿园，获得同正常儿童一样保育与教育[3]。学者吴淑美（2018）认为学前融合班就是将通过医学检查判定为具有缺陷的儿童穿插在正常的教学班级中所形成的班级，该类班级的教师需要经过特别的培训，且班上需同时配备从事特殊教育的教师，双方共同协调开展个别化教育计划（简称 IEP 计划），以此来向正常教育集体内的特殊需要儿童供给必要的特殊教育服务[4]。基于对各国学者观点的总结，本书认为学前融合教育，即在学前阶段，3~6岁以残疾儿童为代表的特殊需要儿童回归到普通幼儿园中，与普通儿童共同学习、游戏、生活，一起接受非隔离式的学前教育，并且基于普通教师、特殊教育教师和专业团队的合作，获得所需且具有适切性的相关支持与服务。

三、协同治理

协同表示一种理想观念，治理标志一种实际指向。协同治理作为公共管理

---

[1] CHILDREN Y E, VN P. Early childhood inclusion：a joint position statement of the Division for Early Childhood (DEC) and the National Association for the Education of Young Children (NAEYC) [J]. Young Exceptional Children，2009，12：42—47.

[2] 彭霞光. 全纳教育：未来之路——对全纳教育理念的思考与解读 [J]. 中国特殊教育，2008(12)：3—6.

[3] 周念丽. 中日幼儿园教师学前融合教育意识比较 [J]. 幼儿教育（教育科学版），2006（12）：35—37.

[4] 吴淑美. 融合教育理论与实践 [M]. 北京：华夏出版社，2018：15.

领域的热门词汇，愈发频繁地出现在大众视野之中，尽管基本范畴相似，但在具体内容与内涵的侧重点等方面，各国研究者的看法与观点体现出了较为明显的差异。以下就国内外学者对"协同治理"的界定与相关阐述进行了部分列举，如表1－1所示。

表1－1 国内外学者对"协同治理"的界定与阐述

学者	对"协同治理"的概念阐述
Donahue & Zeckhauser[1]	协同治理是为追求官方指定的公共目标，向政府以外的主体分配或共享自由裁量权，并实现合作共赢的过程，在此过程中政府和其他社会主体将共享权利与成果。其中特别强调系统中每个参与主体都有研究、讨论目标达成具体方案的权利，各个主体的参与权、发言权都得到基本保障
Chi[2]	协同治理指的是参与方以平等伙伴的身份共同合作，在这过程中各参与方需要通过签订协议放弃一部分自主性，强调多方参与主体都能在相对平等的话语权空间下，实现对治理目标执行的平等地位获取
Ansell & Gash[3]	协同治理是为了制定与执行公共政策或管理公共项目与财产，一个或多个公共机构连同非政府利益相关者直接参与制定正式的、目标一致的、谨慎的共同决策
Imperial[4]	协同治理是为实现共同目标对具有不同程度自主性的个人和组织进行指导、控制和协调的方式
Morse & Stephens[5]	建构了伞形概念来描述协同治理，涉及的分支概念在社会行政领域具体包括府际协同、区域主义、跨部门伙伴关系、社会服务网络、达成共识及社会参与等
Fellman[6]	协同治理是一种关于主体关系的理论，协同实际上是民众与诸如学校、企业等不同行业的组织为了实现共同目标结成的合作伙伴关系，而这种协同关系具有开放性、透明性、包容性和责任性，参与的主体也是积极的、自愿的，并不具备强制性

---

[1] DONAHUE J D, ZECKHAUSER R J. Collaborative governance: private roles for public goals in turbulent times [M]. Princeton: Princeton University Press, 2011: 19.

[2] CHI K S. Four strategies to transform state governance [M]. Washington DC: IBM Center for the Business of Government, 2008: 58.

[3] ANSELL C, GASH A. Collaborative governance in theory and practice [J]. Journal of Public Administration Research and Theory, 2008, 18 (4): 543−571.

[4] IMPERIAL M T. Using collaboration as a governance strategy: lessons from six watershed management programs [J]. Administration & Society, 2005, 37 (3): 281−320.

[5] MORSE R S, STEPHENS J B. Teaching collaborative governance: phases, competencies, and case-based learning [J]. Journal of Public Affairs Education, 2012, 18 (3): 565−583.

[6] FELLMAN T. Collaboration and the beaverhead-deerlodge partnership: the good, the bad, and the ugly [J]. Public Land & Resources Law Review, 2009, 30: 79−106.

续表

学者	对"协同治理"的概念阐述
Choi[①]	协同治理是一组利益相关者的集合，涉及公共部门、非营利组织以及个人等多个领域，面对若干关系复杂、体系庞大的公共难题，这些利益相关者协同工作，出台相关政策，共享收益，共担风险
Hartley, Sorensen, Torfing[②]	协同治理强调从第一部门到第三部门这三个层级之间，多元角色的参与，概括了政府与政府以外其他场域的合作
Emerson, Nabatchi, Balogh[③]	协同治理实质上是鼓励人们跨越不同公共部门和政府层级，联合民间团体和个人的力量，制定公共政策的结构，管理公共事务的过程，进而达到公共目的
郁建兴、张利萍[④]	协同治理是政府在发挥主导作用的同时，尊重其他参与主体，让市场在资源配置中起决定性作用，并鼓励社会主体参与公共服务供给，以实现善治的过程
张仲涛、周蓉[⑤]	协同治理是一个过程：政府与企业、社会组织或者公民等利益相关者，为解决共同的社会问题，以比较正式的适当方式进行互动和决策，并分别对结果承担相应责任
徐嫣、宋世明[⑥]	协同治理旨在通过政府、市场、社会组织等的多元良性互动，为社会有效提供公共产品和公共服务。其核心在于，治理成为多元主体的良性互动

由上述学者对协同治理概念进行的不同界定与阐述中可以看出，尽管理解不尽相同，但至少可以说明，他们已经认识到在很多情况下当国家或政府无法以单方形式开展某些活动而必须通过多方合作去解决问题时，协同治理是一种与以往传统方式全然不同的解决途径，并且其作为一项合理且有效治理的模式得到了广泛认可。在开展民主政治的过程中与处理综合难度系数较高的公众矛盾过程中，共识达成、协商谈判、合作行动等内涵要义逐渐为公共事务的处理

---

① CHOI T. Information sharing, deliberation and collective decision-making: a computational model of collaborative governance [D]. Los Angeles: University of Southern California, 2011.

② HARTLEY J, SORENSEN E, TORFING J. Collaborative innovation: a viable alternative to market competition and organizational entrepreneurship [J]. Public Administration Review, 2013, 73 (6): 821-830.

③ EMERSON K, NABATCHI T, BALOGH S. An integrative framework for collaborative governance [J]. Journal of Public Administration Research and Theory, 2012, 22 (1): 1-29.

④ 郁建兴, 张利萍. 地方治理体系中的协同机制及其整合 [J]. 思想战线, 2013, 39 (6): 95-100.

⑤ 张仲涛, 周蓉. 我国协同治理理论研究现状与展望 [J]. 社会治理, 2016 (3): 48-53.

⑥ 徐嫣, 宋世明. 协同治理理论在中国的具体适用研究 [J]. 天津社会科学, 2016, 2 (2): 74-78.

提供了更为合理高效的执行路径。

基于前人关于"协同治理"概念的理解，本书更倾向于将协同治理理解为在特殊的社会背景中，多样化的社会主体（其中包含政府中的各职能部门、不同的社会团体组织和公民个体）凭借共同协调讨论等方式结成共同认知和相同意愿，建立起互为依托与彼此信赖的开放式的多边交互联系，运用公共权力、合理规制、平等协商等科学方法，以集体合作、共同行动的治理模式管理公共事务，解决公共问题，最终增进公共价值与福祉的过程。对此概念展开进一步解读，包含以下含义：

（1）处理公共事务的过程当中，政府角色会发生实质性的转变，不再是作为孤立的单一主体。具有市场性、组织性、开放性以及多样化的治理体系囊括政府、市场以及社会等多元主体，多元化的治理主体逐渐形成了协同治理的首要核心要素，在此基础上所涉及的公众民意、有限权力、权利分配、利益制衡才能够被合理体现与实现。

（2）协同治理的根本目的与基本宗旨在于保障、维护和提升公共利益。在此过程中，多元主体广泛参与、平等协商、相互协作、集体行动，需要明确将既有条例制度视为共同体行为规范的前提。政府要重点发挥其主导作用，使各主体间能合理地开展更深入的合作，同时尽可能消除各主体间的不平等。综上所述，协同治理能够最大限度地利用各种资源，使各主体充分发挥其自身最大作用，实现社会公共利益最大化的理想状态。就协同治理过程中参与者的协同动机而言，治理主体基于何种动机参与集体行动即治理主体的利益需求与参与协同行动的意愿之间的相关关系显得尤为重要[①]。就个人角度出发，当协同治理行动中存在某一关键利益点能够使自身利益诉求得到满足，那么便会吸引更多的个体或是团队潜移默化地向协同"靠拢"；就公共角度出发，公共利益的获得与公共问题的解决被视为利益权衡的核心要素，主体及其成员参与协同治理的关键目标在于增加公共性，将个体诉求与集体利益、公共利益相融合，这种利益整合的可能性同样是协同治理本身所具有的内在属性。

（3）协同治理的途径彰显了权威的多样性。协同治理进程中政府权威是至关重要的，但其他主体权威在某种程度上也具有相同的重要性。协同模式并不意味着降低了治理的权威性，反而在一定程度上提升了多元主体作为"主体"的自我意识和权责意识，能够加强各主体对彼此的认知与理解，从而使协同治理的实施能够获得更为理想的成效。

---

① EMERSON K, NABATCHI T, BALOGH S. An integrative framework for collaborative governance [J]. Journal of Public Administration Research and Theory, 2012, 22 (1): 1-29.

（4）协同治理关注个体或组织在联合行动中所承担的职责以及彼此间相互作用的关系。协同治理的共同行动通常是在信息资源共享与网络模式互联的前提下展开的。各主体并不是机械地去执行行政命令，而是以共商的方式进行决策并展开实践。集体行动之所以能够产生并持续进行依赖于特定的前提支撑，社会背景、制度环境等条件都会对协同治理活动的顺利开展产生直接或间接的影响。故作为影响协同治理发生及其成效的一个必要条件，系统环境需要被格外关注。

（5）协同治理并非处于一个静止不动的状态中，它通过建立多元主体间的密切联系，实现各种资源在不同主体间的合理流动，促使各主体共同承担责任、共享资源，降低资源的损耗率与流失率，最大限度地将各类治理手段所产生的成效激发出来，提升治理的效率与效能。整个治理过程中的议题范围、关系结构、行动模式、持续时间等内容会随着环境的变化与任务的进度而及时作出调整。

四、学前融合教育多元主体协同治理

随着我国社会快速发展，社会治理的多元主体参与格局日益形成，在各种与各个阶段的教育领域中通过协同治理的践行不断促进各利益相关主体达成协商、共议与协作，共同推进我国教育事业的发展。作为一种相对特殊的教育领域，学前融合教育面向的服务对象多元，包括普通儿童与特殊需要儿童，尤其是特殊需要儿童类别多样且需求各异，服务内容囊括"识别、干预、矫正、培训"等多项服务，进而对所需的资源供给端提出了更高要求，必须依赖于多渠道的资源整合与共享。在服务对象及其需求多元化的情况下，学前融合教育服务项目的提供与教育质量的有效提升，无法依靠任何单独的社会主体高效完成，而是需要包括政府、社区基层组织、学前教育机构、高等院校、社会组织、各类企事业单位、家长群体以及热心于学前融合教育的个人以协同方式参与学前融合教育治理，基于学前融合教育需求，各自提供特定领域的专业化支持、服务与保障。学前融合教育中协同治理的概念可被视为该理论在教育领域内的实际践行，呈现为跨区域、跨组织、跨部门、跨领域的复合型治理模式，具体由政府部门、学前教育机构、社会组织、社会公众等多元主体共同构成治理主体。多元主体反映出学前融合教育治理要素"静态"的组织形式，构成相应的治理结构并发挥着各自功能，以协同态势共同应对学前融合教育发展中的相关问题。其中各方之间立足于相似的价值欲求、对公平公正治理环境的意愿，形成了各自独立且交互共通的关系。为了实现学前融合教育事业持续健康的循环、共同期望的目标、协同治理的最大效能，多元主体应当以共识性的行为标准和准则来共同开展学前融合教育协同治理活动。基于此，结合协同治理相关内涵，本书将学前融合教育多元主体协同治理的概念界定为，政府部门、学前教育机构、社会组织、社会公众等多元治理主体，通过较为全面地关注各方权益为前提，对学前融合教育的整体性发展达成一致性的队知，并通过法律规范、对话协商、利益制衡、责任公担等治理手段来加强主体间的沟通与交流、协作与互动，充分释放各自的治理潜能，以行为的联动发挥出协同效应的最大效能，实现学前教育与特殊教育相融合，最终达成全体儿童公共利益的最大化，构建以政府为主导、多元主体参与的学前融合教育协同治理发展新格局与新秩序。

第四节 文献综述

从已有的文献来看，相较于其他国家，我国学前融合教育研究起步较晚且时间较短，而国外的研究起步较早，该领域早已成为学者研究的热点。目前，国内外对学前融合教育协同治理的研究分为两部分：其一为与学前融合教育相关的研究，包括理论基础与价值取向、发展方向与策略、相关主体及其功能职责等；其二为教育治理与教育协同治理的研究，包括内涵、模式、机制、困境等。现有的"学前融合教育"和"教育治理与教育协同治理"相关研究为本书深入探究学前融合教育协同治理的多元主体行为影响因素及路径提供了坚实的研究基础。

一、学前融合教育的研究综述

（一）关于学前融合教育基本原理与价值取向的研究

梳理文献发现，众多学者关于学前融合教育基本原理的研究主要通过将学前融合教育置于融合教育的宏观背景下，探讨学前融合教育的内涵、必要性与可行性及理论范式等基础性问题。融合教育理论的出现极大地推动了特殊群体受教育进程的发展。在国际教育理念持续更新的背景下，融合教育理念的产生与发展，体现出了从近代、近现代、后现代至今的教育理想史发展的内在必然性[①]。学前融合教育在核心价值理念与教育基本原理上秉承了融合教育的理论

---

① 彭正梅. 高贵的幻象：教育理想的历史考察 [J]. 全球教育展望，2009，38 (7)：33—40.

要义，并展示出学前阶段儿童教育的教育特征、教育目标与教育效能。

外国许多专家学者对融合教育的内涵进行了不同的解读。Booth（1985）认为，融合教育在发展中重视对学生的引导，调动学生的积极性，结合对学生的了解，有针对性地展开活动，从而激发学生的参与感[1]。Warnock（1978）总结了一体化的理念，并认为"场所、社会和功能的一体化"是学前特殊儿童安置与融合教育的关键要素[2]。Miller（1997）提出了"全人教育"的概念，并在其著作中指出："无论是特殊需要儿童还是普通儿童，他们首先是儿童，具有发展性，不仅仅只是他们早期'智能'的体现，更应是他们作为人本身的全面发展，使之成为真正的'人'。"[3] 该理念思潮进一步推动了学前融合教育的产生与发展。深受"社会融合"价值导向的影响，Cathy 和 Peter（2004）在《早期融合教育的观点》一文中阐述道："学前融合教育中的融合，需要特殊需要儿童与普通儿童的相互融合与相互适应，也需要特殊需要儿童群体与社会大众相互融合、相互适应，这意味着双向动机。学前融合教育对于所有儿童来讲都是自身与外界相互融合与适应的过程。"[4] Terzi（2007）认为，学前融合教育的内在价值在于赋予了残疾儿童作为平常人"行使有效自由的基本结构"的权利，进一步以"选择我们生活的自由是人类繁荣的一部分，因而具有内在价值，通过努力实现残疾儿童的'福祉自由'，始终如一地促进其价值目标的实现"进行了阐释。他同样认为，"行使有效自由的基本结构"不限于平等地获得公共教育，还包括了这些教育使残疾儿童为成年后进入社会和市场做好充足且充分的准备[5]。Alba 和 Nee（2003）认为，"社会性、能动性、持续性、反思性和交互性"共同构成社会融合进程，学前融合教育同样具备五个特征[6]。学前融合教育是促进社会融合的重要手段，是打造全融合教育系统的基

---

[1] 参见黄志成. 全纳教育：21世纪全球教育研究新课题[J]. 全球教育展望，2001，30(1)：51—54.

[2] WARNOCK H M. Special educational needs: report of the committee of enquiry into the education of handicapped children and young people [M]. London: Her Majesty's Stationery Office, 1978: 42.

[3] MILLER R. What are schools for? Holistic education in American culture [M]. Brandon: Holistic Education Press, 1997: 102.

[4] CATHY N, PETER C. Perspectives on inclusive early education [J]. Literacy Today, 2004 (12): 18—19.

[5] TERZI L. Capability and educational equality: the just distribution of resources to students with disabilities and special educational needs [J]. Journal of Philosophy of Education, 2007, 41 (4): 757—773.

[6] ALBA R D, NEE V. Remaking the American mainstream: assimilation and contemporary immigration [M]. Cambridge: Harvard University Press, 2003: 56.

础。在普通幼儿园接受教育本身是特殊需要儿童不可剥夺的权利，也是他们作为未来公民的必要准备。这是在学前阶段为培养具有融合意识的公民奠定基础，是促进社会正义实现的具体实践，有利于形成和平共处、友爱包容的社会关系。Hollingsworth 和 Buysse（2009）在其研究中总结了学前融合教育的要点，指出："融合包含多种含义，但本质上是关于儿童在一个多元化的社会中寻得归属、有效参与和充分发挥自己潜力的过程，其形式是多样化的。"[①]

我国众多学者也对融合教育的思想与理论基础进行了阐述。邓猛（2009）以历史演进的视角对国际融合教育的起源与发展、基本概念体系、核心要素、支持保障体系以及实践规律进行了系统分析，而后批判性地分析了该教育理念是结合思想文化革新和精神文明追求所形成的内容，在思想层面追溯到美国理想主义发源时期，以"乌托邦"的内容来展开；在概念上，融合了建构主义与现代主义的内容，在此背景下，凸显出时代的特征；立足于我国的实践发展，最终产出了本土化特征明显的融合教育理论（即随班就读理论）[②]。黄志成（2004）指出，融合教育是一种持续的过程，其目标在于接纳所有学生，摒弃忽视和敌视，促进学生之间、学生与环境之间的相互融合[③]。丁勇（2007）提出，融合教育作为国际特殊教育发展的主要趋势，确保其形成高质量的全纳教育，必须始终以追求教育公平为价值导向，需要关注不同学生之间的差异，要做到"共同、共荣""同而不和""和而不同"，以此来顺应当代社会与教育的发展潮流[④]。马红英和谭和平（2011）从全民教育、受教育权、回归主流、差异教学等方面对融合教育的理论基础进行了论述，尝试探寻残障等特殊群体接受融合教育的必然性和可行性的根本依据[⑤]。

（二）关于学前融合教育发展策略的研究

通过比较研究的方法可以看出，国外专家学者对学前融合教育实践相关研究分为以下几类：

以政策、立法为代表的制度建设与保障研究。美国作为学前融合教育发展最为迅速的国家，在特殊教育立法方面处于国际较为领先的地位。Yell

---

[①] HOLLINGSWORTH H L, BUYSSE V. Establishing friendships in early childhood inclusive settings: what roles do parents and teachers play? [J]. Journal of Early Intervention, 2009, 31 (4): 287-307.

[②] 邓猛. 融合教育的理论反思 [N]. 中国社会科学报, 2009-12-15 (8).

[③] 黄志成. 全纳教育：关注所有学生的学习与参与 [M]. 上海：上海教育出版社, 2004：37.

[④] 丁勇. 全纳教育——当代教育发展的方向、内涵和启示 [J]. 外国教育研究, 2007, 34 (8): 22-26.

[⑤] 马红英, 谭和平. 特殊教育需要学生的教育 [M]. 北京：北京大学出版社, 2011：15.

(1998) 在研究融合教育的法律基础时,认为美国联邦法律对学前融合教育发展有着巨大的推动作用[1]。Nussbaum (2009) 认为,《残疾人教育法》中所提出的"零拒绝"和"最少环境限制"充分认可了教育平等作为一项人权主张,满足了残疾儿童"作为个体在尊严上与正常儿童的平等"[2]。Cathy 和 Peter (2004) 分析了美国特殊教育立法中针对残疾儿童及其家庭的高级综合服务条款的突出作用,并指出其为包容性早期教育权益维护方面提供了有效保障[3]。Hebbeler (2012) 从国家政策对地方实践影响的角度考虑美国《残疾人教育法》对学前特殊需要儿童教育的作用和局限性,并对残疾人特殊教育政策进行了分析,指出州与州之间正在建立互通互融的早期教育系统,这一系统建成以后能够为特殊需要儿童提供更多的教育机会[4]。

特定项目计划支持与公共服务的研究。美国专门针对学前特殊儿童教育制定了教育项目,其中持续时间最长、影响最大的是"学前残疾儿童教育项目"。Stock (1976) 的《学前残疾儿童教育计划评估》[5] 及 Reaves 和 Burns (1982) 的《学前残疾儿童教育计划影响分析》[6] 均介绍了该项目的由来及当时联邦政府的政策分析和项目效果。1965 年,美国联邦政府宣布推出"开端计划"。该项目在启动与修订过程中逐步加大了对学前特殊需要儿童教育的关注程度,在已启动计划申请的学龄前儿童中,至少有 10% 是以残疾儿童为代表的特殊需要儿童。学者对"开端计划"展开了历史研究,一方面揭示了美国各历史阶段中特殊需要儿童接受早期教育的路径发生了转变,另一方面也体现出美国联邦政府对弱势学龄前儿童予以了政策倾斜。自 1978 年以来,特殊幼儿的融合教育也一直是英国早期教育研究的重点。Nind (2002) 认为,迫切需要为普通教育系统内的所有婴幼儿提供教育支持服务,让其均等地享有受教育权,使不

---

[1] YELL M L, ANTONIS K. The supreme court and special education [J]. Intervention in School and Clinic, 2019, 5 (54): 311−318.

[2] NUSSBAUM M. The capabilities of people with cognitive disabilities [M]. British: Blackwell Publishing Ltd, 2009: 75.

[3] CATHY N, PETER C. Perspectives on inclusive early education [J]. Literacy Today, 2004 (12): 18−19.

[4] HEBBELER K, SPIKER D, KAHN L. Individuals with disabilities education act's early childhood programs: powerful vision and pesky details [J]. Topics in Early Childhood Special Education, 2012, 31 (4): 199−207.

[5] STOCK J R. Evaluation of handicapped children's early education program (HCEEP) [R]. Washington DC: Bureau of Education for the Handicapped, 1976.

[6] REAVES J, BURNS J. An analysis of the impact of the handicapped children's early education program (final report) [J]. Mycopathologia, 1982, 152 (3): 113−123.

同的孩子能够共同学习、生活和玩耍①。

以协同的模式培育服务于特殊需要儿童的人员及提升其专业能力的研究。作为融合教育的重要组成部分，教师及专业人员在教育实施中发挥了很大作用。Smith M. K. 和 Smith K. E.（2000）认为，美国学前融合教育工作者的培育正向着协同合作与强化功能的方向发展，以"学科间协同模式"为实现途径，着重强调专业人员彼此合作的重要性，以"专业性"来为儿童提供鉴别、评估等服务，同时给予其父母更多可供选择的辅助性方案②。英国学前融合教育的发展强调多学科专业人士的参与与合作。例如，特殊教育协调员动员和协调托儿机构、特殊教育教师等，共同参与融合教育，辅助普通学校教师一同开展幼儿园活动。Howard 等（2009）在其研究中认为，英国政府强调"联合的思想"，此思想促成了政府部门、教师、家长与社区的协同合作，而专业人员作为他们之间的连接者、沟通者与指导者有效地参与实践，在其共同努力下英国国家特殊教育体系的重大改革得以完成，进而最终确立了联合各专业人员的"跨部门合作模式"，为特殊需要儿童提供各种支持服务，满足其与之家庭的需求③。

学前融合教育实施路径与效果的研究。就学前融合教育实施的影响因素而言，Odom 等（2011）认为其实施受到诸多因素影响，包括对包容的态度和信念、儿童和成人的特征、政策和资源等，这些因素都可能影响家庭和从业者对融合的看法与实施。尤其应注意，专业指导与支持是实现高质量融合教育的重要因素，无论是对儿童还是对其家庭都是至关重要的。在此过程中的专业开发是必要的，以确保从业人员获得其所需的知识、技能和持续的支持④。Rakap 等（2017）的研究证明职前教师学前融合教育课程培训及实地实习对他们的包容态度、他们将严重残疾儿童纳入课堂的意愿以及与残疾儿童互动时的舒适度产生了积极影响⑤。就学前融合教育实施效果而言，已有许多证据共同支持的

---

① NIND M. Early childhood education and special needs education: some neglected common ground? [J]. Westminster Studies in Education, 2002, 25 (1): 77−90.

② SMITH M K, SMITH K E. "I believe in inclusion, but ...": regular education early childhood teachers' perceptions of successful inclusion [J]. Journal of Research in Childhood Education, 2000, 14 (2): 161−180.

③ HOWARD V F, WILLIAMS B F, LEPPER C. Very young children with special needs: a foundation [M]. Essex: Pearson Education Limited, 2009: 89.

④ ODOM S L, BUYSSE V, SOUKAKOU E. Inclusion for young children with disabilities: a quarter century of research perspectives [J]. Journal of Early Intervention, 2011, 33 (4): 344−356.

⑤ RAKAP S, CIG O, PARLAK – RAKAP A. Preparing preschool teacher candidates for inclusion: impact of two special education courses on their perspectives [J]. Journal of Research in Special Educational Needs, 2017, 17 (2): 98−109.

一个观点是：正常发育的儿童和残疾儿童将从包容性环境中受益，融合对残疾儿童和非残疾儿童均有好处。Odom 等（1984）在研究中发现普通儿童与残疾儿童在学前融合教育中获得了类似的发展收获[1]，并发展了友谊[2]。Diamond 和 Huang（2005）提出，参与融合项目可能会对残疾儿童就残疾相关的知识获取和对自身的看法产生积极影响[3]。Kwon 等（2011）的研究发现，参与学前融合教育课堂的残疾儿童与隔离环境中的残疾儿童相比更有可能与同伴展开互动，进而减少了幼儿的社会孤立，使之增加了获得社交、语言训练和学习的机会[4]。Nahmias 等（2014）在检验学前融合教育对孤独症（自闭症）儿童的影响时发现，在融合环境中安置的儿童在进入小学时体现出更高的认知水平，这在最初社交情感技能较低的儿童身上体现得尤为明显[5]。

我国学者对学前融合教育发展的相关研究主要侧重于当前国内学前融合教育实践现状、困境与发展策略的研究。关于普通幼儿园开展融合教育实践情况的调查研究较多，王婷婷和李宏伟（2012）根据对江苏省 70 名公办幼儿园教师的调查，得出了普通幼儿园接收特殊需要儿童的情况十分罕见，60.4%的普通幼儿园拒绝接收特殊需要儿童，幼儿园教师也没有充分的知识储备和心理准备来实施学前融合教育[6]。李伟亚（2011）在对浙江普通幼儿园进行调查时发现普通幼儿园的融合情况并不理想[7]。特殊需要儿童能够参与活动，但始终遭受着不同程度的排挤，以至于他们参与活动并不积极，无法融入普通幼儿群体。非正向伙伴关系及不融洽的学习生活氛围在一定程度上也会对普通儿童产

---

[1] ODOM S L, DEKLYEN M, JENKINS J R. Integrating handicapped and nonhandicapped preschoolers: developmental impact on nonhandicapped children [J]. Exceptional Children, 1984, 51 (1): 41－48.

[2] ODOM S L, ZERCHER C, LI S, et al. Social acceptance and rejection of preschool children with disabilities: a mixed－method analysis [J]. Journal of Educational Psychology, 2006, 98 (4): 807－823.

[3] DIAMOND K E, HUANG H H. Preschoolers' ideas about disabilities [J]. Infants & Young Children, 2005, 18 (1): 37－46.

[4] KWON K A, ELICKER J, KONTOS S. Social IEP objectives, teacher talk, and peer interaction in inclusive and segregated preschool settings [J]. Early Childhood Education Journal, 2011, 39 (4): 267－277.

[5] NAHMIAS A S, KASE C, MANDELL D S. Comparing cognitive outcomes among children with autism spectrum disorders receiving community－based early intervention in one of three placements [J]. Autism, 2014, 18 (3): 311－320.

[6] 王婷婷, 李宏伟. 江苏省普通幼儿园学前特殊教育现状与分析 [J]. 南京特教学院学报, 2012 (2): 8－11.

[7] 李伟亚. 普通幼儿园有特殊教育需要儿童的在园生存现状 [J]. 学前教育研究, 2011 (12): 34－40.

生负面影响。部分学者通过对特殊需要儿童开展个案研究与持续跟进，对融合教育进行了具体探索。左瑞勇和汪春梅（2010）对在普通幼儿园的特殊需要儿童进行观察和访谈后，分析指出园区幼儿教师缺乏对特殊需要儿童的正确、客观认识，融合教育意识淡薄，并始终按照自己习惯的经验与模式对待该群体，导致特殊需要儿童日益被边缘化①。就学前融合教育实践困境与对应发展策略而言，杨朝军和陈杰（2018）从理念上讨论了我国学前融合教育公平问题，并指出受社会文化背景的影响，社会公众对残障群体悲悯与同情的态度、人权层面主观上对自由与平等价值追求的非实践化、法权层面的法律制度保障缺失是我国学前融合教育公平实现的阻碍②。周春艳（2017）研究发现，学前教育专业大学生融合教育素养的培育面临着市场需求过低、培养目标欠明确、制度尚未健全、资源极度匮乏等困境③。孙珂和孙玉梅（2018）从课程建设与改良、师资准入规范化等角度提出了提升幼教融合素养的路径④。刘新学（2018）指出，我国学前融合教育师资建设应把握住新时期我国师范专业认证的发展契机而展开专业建制的全面探索，一方面在原有基础上不断夯实特殊教育或学前教育专业中融合教育课程建设基础，主张多学科联合办学；另一方面以培养多学科复合型学前融合教育教师队伍为目标，推进师资的专业化建设，促进其培养的内涵式转型与发展⑤。

二、教育治理与教育协同治理的研究综述

在教育管理中，治理理论为其注入新的价值要素，以新的视角与方式对教育产品的供给体系建设、公共价值的重构、公众参与教育决策的路径产生着深刻影响，进一步为现代教育管理指明了发展方向。

（一）关于教育治理与教育协同治理的研究

近年来，教育治理的概念出现在了一些西方教育文献和政策文本中。托马

---

① 左瑞勇，汪春梅. 关注"窗边的小豆豆"——对幼儿园中的"特殊需要儿童"及其教育现状的思考［J］. 教育导刊，2010（10）：27—31.
② 杨朝军，陈杰. 教育公平视角下学前融合教育的可持续发展策略探究［J］. 兰州教育学院学报，2018，34（10）：172—174.
③ 周春艳. 学前教育专业大学生融合教育素养的培养：困境和对策［J］. 现代特殊教育，2017（4）：55—59.
④ 孙珂，孙玉梅. 学前融合教育教师专业素养构建探究［J］. 现代特殊教育，2018（12）：19—24.
⑤ 刘新学. 学前融合教育专业建设的基本路径——以南京特殊教育师范学院学前教育专业为例［J］. 现代特殊教育，2018（4）：8—11.

斯·J. 萨瓦尼提出，教育治理应侧重于关注联邦机构、州教育机构和地方学区等政治单位行使的权力和业务职能，以及具有复杂行政和行政职责的政治制度、法律制度和各种社会风气习俗。其《教育治理与管理》一书由学校作为一个政治组织、地方学区的政策发展、联邦政府的影响、州教育的新角色四章组成，共同对教育治理内容予以清晰阐释。詹姆斯·W. 格里斯等撰写的《教育管理与政策：美国学校的有效领导》一书中提及的"美国学校治理"包括"学区特征、校董事会、教育中介机构"等要素[①]。除此之外，《政治、市场和学校》[②]《谁在管理我们的学校——变化中的角色和责任》[③]《掌控公立学校教育：地方主义与公平》[④] 等著作均受到了广泛关注，表明国外已逐渐将政治思想与教育在微观层面紧密结合，并体现出治理理念的核心要义，教育管理的"视角"开始出现明显转变。

而在我国，2013 年召开的党的十八届三中全会对"推进国家治理体系和治理能力现代化"进行了强调，因而国内各领域都踏上了由"管理"转变为"治理"的进程，并借实际行动的展开得到了具象化的改变。2014 年，袁贵仁在全国教育工作会议上提出："推进教育治理体系和治理能力现代化，就是要适应国家治理体系和治理能力建设，根据教育发展的自身规律和教育现代化的基本要求，以构建政府、学校、社会新型关系为核心，以推进管办评分离为基本要求，以转变政府职能为突破口，建立系统完备、科学规范、运行有效的制度体系，形成政府宏观管理、学校自主办学、社会广泛参与的格局，更好地调动中央和地方两个积极性，更好地激发每个学校的活力，更好地发挥全社会的作用。"[⑤]

聚焦于教育治理研究，国内现有研究主要侧重于对教育治理的理论与政策的探讨。姜美玲（2009）在对治理进行深刻理解的基础上，将教育治理阐释为通过政府和公民等多个主体的行动，以个人的集体行动、对话、参与协商、选择协商具体的行动方案，共同参与教育公共事务管理的活动[⑥]。褚宏启和贾继

[①] 参见冯大鸣. 美、英、澳教育管理前沿图景 [M]. 北京：教育科学出版社，2004：41.

[②] 邱伯. 政治、市场和学校 [M]. 蒋衡，译. 北京：教育科学出版社，2003：66.

[③] 康利. 谁在管理我们的学校——变化中的角色和责任 [M]. 侯定凯，译. 上海：华东师范大学出版社，2005：72.

[④] 麦克德莫特. 掌控公立学校教育：地方主义与公平 [M]. 周玲，杨旻，译. 北京：教育科学出版社，2007：157.

[⑤] 袁贵仁. 深化教育领域综合改革加快推进教育治理体系和治理能力现代化——在 2014 年全国教育工作会议上的讲话 [EB/OL]. （2014-02-16）[2024-03-22]. https://www.gov.cn/xinwen/2014-02/16/content_2613994.htm.

[⑥] 姜美玲. 教育公共治理：内涵、特征与模式 [J]. 全球教育展望，2009，38（5）：39-46.

娥（2014）认为，教育治理是多元主体共同管理教育公共事务的过程，它呈现出一种新型的民主形态。其突出特征是多元主体参与的合作管理、共同管理、共同治理，以转变政府职能为突破口，以构建政府、学校、社会新型关系为核心内容，旨在形成政府宏观管理、学校自主办学、社会广泛参与的格局，更好地调动多元主体参与治理的积极性。[①] 相较于原先，政府宏观层面的调控将显得更为有效，从而实现良好且实际效用更高的教育管理体系的构建[②]。此外，王晓辉（2007）[③]、尹达（2015）[④]、孙绵涛（2015）[⑤] 等均在概念、理论、要素、结构、规范、路径等方面阐述了内在一致的教育治理内涵。从以上文献可知，治理理论在教育领域的探索体现出"多元参与，互相协商与合作"以实现教育善治的趋势。基于此，协同治理在教育领域的相关研究日益成为学术界关注的热点。随着时代的发展，国内外出现了大量不同类别、不同教育阶段的教育协同治理的相关研究，研究内容则从以下要素展开，具体包括特定类型的教育协同治理之困境、生成逻辑、治理体系的构建、模式与机制等。

关于教育协同治理的困境。周晶和万兴亚（2014）认为，当下高职教育的协同治理中存在着治理主体偏离、治理主体话语权缺失、产教融合缺乏深度合作以及协同治理的机制尚未健全等问题[⑥]。刘韬（2016）指出，职业教育的跨界性要求其治理应由多方主体共同参与，而当前我国职业教育治理进程中还面临着学校的"主体性危机"、治理模式的"单中心主义"倾向、治理主体之间的利益联结点模糊和共识不足以及行政文化"凝结"受阻等方面的问题[⑦]。魏海深（2016）对高等教育领域的协同治理困境进行考察发现，由于对制度变迁的依赖，高等教育协同治理在治理主体界定、治理工具选择、相关治理机制运行等方面存在问题，共同制约着改革绩效预期的实现[⑧]。李伟

---

① 褚宏启，贾继娥. 教育治理中的多元主体及其作用互补 [J]. 教育发展研究，2014，34 (19)：1-7.
② 褚宏启. 教育治理：以共治求善治 [J]. 教育研究，2014，35 (10)：4-11.
③ 王晓辉. 关于教育治理的理论构思 [J]. 北京师范大学学报（社会科学版），2007 (4)：5-14.
④ 尹达. 教育治理现代化：理论依据、内涵特点及体系建构 [J]. 重庆高教研究，2015，3 (1)：5-9.
⑤ 孙绵涛. 现代教育治理体系的概念、要素及结构探析 [J]. 教育研究与实验，2015 (6)：52-56.
⑥ 周晶，万兴亚. 从管理走向治理：区域高等职业教育发展范式转型的路径研究 [J]. 职教论坛，2014 (19)：44-49.
⑦ 刘韬. 教育治理现代化视阈下职业教育治理共同体构建 [J]. 职教论坛，2016 (13)：70-76.
⑧ 魏海深. 管办评分离中高等教育协同治理的困境及其突破 [J]. 湖南科技大学学报（社会科学版），2016，19 (6)：165-169.

涛（2021）从宏观层面出发审视了我国现代化进程中的教育协同治理壁垒，认为当前的壁垒不仅表现为观念壁垒、制度壁垒、信息壁垒、文化壁垒等多种类型，还存在于多个层面，涵盖了从微观到宏观的社区层面、区域层面和全球层面[①]。

关于教育协同治理生成逻辑和治理体系的构建。金绍荣等（2018）梳理了高校创业教育多边协同治理的逻辑，指出高校的创业教育是一项庞大的系统化工程，为保证各项工作的有序运行，从命运共同体的视角建立起涵盖"学校—学院—学生—政府—社会—企业"六大治理主体的多边协同治理体系，作为推进路径的保障，通过内部和外部系统实现多主体行为的协同联动，最终达成创业教育资源的最优配置[②]。邢晖和郭静（2018）提出了职业教育协同治理的框架设计与具体路径，包括在宏观视角下建立"政—行—企—校—社—研"多元主体分级管理、地方为主、政府统筹、社会参与、院校自主的协同组织架构；在中观视角下健全校企合作双赢的体制机制；在微观视角下通过现代职业学校制度的建设与完善，对不同主体行为进行指导与规范，以此形成多元参与、共建共享、良性互动的职业教育协同治理新格局[③]。肖凤翔和饶红涛（2015）认为，现代职业教育治理体系中的治理主体展示出了极强的能动性特征，治理体系的基本结构便是由各主体间互动形成的相互关系构成的，可被视为系统结构的"序"，影响着系统功能的实现[④]。陈鹏和庞学光（2013）认为，协同的本质在于理"序"，通过实现体系或系统内部的主体整体利益契合的程度、权责明晰的程度、道德规约的力度、信息沟通的有效程度等多种序参量的变动以促成多主体间的协同共治[⑤]。

关于教育协同治理的模式与机制。牛津布鲁斯克大学学者 Thompson（2003）在一项职业教育研究中比较了三种治理模式后指出，网络治理的权威来源是主体行为者之间的协商，合作的前提是彼此对互补性资源的需求，合作

[①] 李伟涛. 现代化进程中的教育协同治理：壁垒与进路 [J]. 教育发展研究，2021，41（3）：12−19.

[②] 金绍荣，陶瑶，潘昱丞. 高校创业教育多边协同治理的逻辑与推进路径 [J]. 西南师范大学学报（自然科学版），2018，43（8）：121−128.

[③] 邢晖，郭静. 职业教育协同治理的基础、框架和路径 [J]. 国家教育行政学院学报，2018（3）：90−95.

[④] 肖凤翔，饶红涛. 职业教育质量发展观的核心：以人为本与可持续发展 [J]. 中国职业技术教育，2015（6）：28−31.

[⑤] 陈鹏，庞学光. 培养完满的职业人——关于现代职业教育的理论构思 [J]. 教育研究，2013，34（1）：101−107.

的基础是相互间的信任，合作的模式归根结底是相互之间所形成的自组织网络①，这是各国教育治理的发展方向。他对网络治理的相关特征的总结与协同治理的特征有异曲同工之处。郭广军和金建雄（2019）认为，高职教育利益相关者构成了网络化的多维、多边协同治理体系，基于此提出了高职教育质量保障的多元协同治理模式框架，并针对教育保障体系提出了八个保障机制，具体为自治自主、信守协议、有效沟通、信息互通、资源共享、利益共赢、责任共担与权力共治②。张培（2016）立足于校企合作，研究我国高职教育多元主体协同治理的问题，指出高校对校企合作机制创新的研究是必要的。一方面需要明确校企合作的根本要求，推进高素质人才培养的机制创新，学校和企业间合作的主体创新协同模式，形成校企合作办学、互利共赢的治理机制；另一方面还需要建立长期合作的研究机制③。伍红林（2019）指出，要实现教师治理，必须着眼于制度模式的转变，形成多元化、复合型的供给制度，强调了主体的多样性，同时还需要充分认识制度建设过程的公开性、开放性，以及利益相关者的广泛参与性和不同利益相关者群体的博弈性④。

通过中外不同机构与专家学者对各类教育协同治理与教育治理中的协同逻辑、趋势、路径与策略等的分析可以看出，教育协同治理是协同治理理论在教育领域的具体实践与有效应用。多元主体参与协同治理并辅之以有效的模式、科学的体系与完善的机制是推动各类教育可持续发展的有效途径已然成为一种共识。不同类别的教育协同治理概念界定具有一定的共性特征，主要表现为以下几点：第一，各类教育治理的目标包括实现治理主体共赢、解决具体教育发展相关事务、增进教育公共利益；第二，各类教育治理主体均呈现多元化特征，主要包括政府、学校、企业、社会、行业协会等；第三，各类教育治理均需要以相应的治理工具为基础和保障，而该治理工具是国家意志的体现，包括相关的法律法规、政策、市场规范与准则等；第四，各类别的教育协同治理所涉及的多元主体通过互动的展开而联合形成了特定的交互关系网络；第五，实现教育治理目标的关键在于主体之间的协同合作以形成有序且稳定的长期合作秩序。

---

① THOMPSON G F. Between hierarchies and markets: the logics and limits of networks forms of organization [M]. Oxford: Oxford University Press, 2003: 99.
② 郭广军，金建雄. 高职教育质量保障多元协同治理模式研究 [J]. 高等职业教育探索，2019，18（4）：13－18.
③ 张培. 高等职业教育校企合作长效机制构建研究 [J]. 教育理论与实践，2016，36（6）：15－17.
④ 伍红林. 教师教育治理中的"双重协同难题"及其创新路径 [J]. 大学教育科学，2019（1）：33－39.

（二）关于学前融合教育协同治理的研究

在治理理论与协同治理思想的影响下，国内外学者开始从协同治理的角度审视学前融合教育治理中的相关问题。国外学者对学前融合教育协同治理的研究侧重于以下几个方面。

1. 协同合作必要性的凸显及多元主体的识别与职责划分

美国《学前融合教育联合声明》对高质量学前融合教育的关键特征做出了归纳，分别是获取、积极参与、系统支持。每一个要素涉及不同的治理主体，并就其职能与职责进行了划分。具体来看，获取是指为正常儿童和有特殊需要的儿童给予不同形式的学习机会、行动和环境的先决条件。学前教育可以采取有差异性的形式，在不同的机构和地方开展，如家庭、托儿所、早教中心、混合学校等。积极参与意味着一些孩子需要额外的适应和支持，才能积极参与到与其他伙伴和教师一起的游戏及学习之中[1]。这取决于教师如何培养每个孩子的归属感和社会参与，关注儿童参与的情绪和行为发展。系统支持是硬件与软件的设施支持，以巩固个体或相关的社会机构为有特殊需要儿童提供融合教育服务[2]。

2012年，欧洲特殊需要教育发展署发布的《融合教育概况》指出，学前融合教育相关主体与职能部门寻求与外部环境的合作和协作是发展的基本要求[3]。Robo（2014）在《社会融合与包容性教育》一文中论述道：社会包容、社会联系、社会融合等这些术语均与我们社会个体成员之间具有密切联系，并与每个人作为该群体成员所发挥的作用紧密相关[4]。2008年，加拿大与乌克兰合作在乌克兰启动了残疾儿童的融合教育项目（IECDU），Loreman等（2016）以多元主体参与的视角对该项目进行了研究与评价，认为该项目的重点是多元主体参与协同合作制定包容性政策和计划，以支持乌克兰学校和社区包容残疾儿童。该项目采取了广泛的包容性观点，重点强调基于权利的社会融

---

[1] CHILDREN Y E, VN P. Early childhood inclusion: a joint position statement of the Division for Early Childhood (DEC) and the National Association for the Education of Young Children (NAEYC) [J]. Young Exceptional Children, 2009, 12: 42—47.

[2] 参见胡恒波. 美国学前全纳教育的内涵、策略及启示——基于《学前全纳教育联合声明》的探索 [J]. 世界教育信息, 2016, 29 (17): 43—46.

[3] European Agency for Development in Special Needs Education. Teacher education for inclusion: profile of inclusive teachers [R]. Odense: European Agency for Development in Special Needs Education, 2012.

[4] ROBO M. Social inclusion and inclusive education [J]. Academicus International Scientific Journal, 2014 (10): 181—191.

合模式。他们在研究中指出，"该项目在培养有能力的家长和建设有能力的社区组织过程中不遗余力，通过更为精准的政策制定，使其自身的行动变得高效且可持续"[1]。而该项目试图构建一种互动协作的范式，旨在建立在非政府组织、学术界和政府之间的平等伙伴关系的基础上的合作模式，关注国家利益，具有国家协同行为的意蕴。艾伦和施瓦兹（2001）基于美国学前融合教育治理的历史演进，认为美国构建的特殊儿童早期融合教育管理体系的特点是所有参与者共同管理，以科学管理、明确权责、相互制约的方式，来保障决策的有效性[2]。Vakil等（2003）认为，美国的学前融合教育治理从政策制定者到公众，越来越多的人一致认为，有目标、有计划、有体系的结构化治理有利于特殊需要儿童入学，并为他们接受学前融合教育做好准备。融合性学前班课堂反映了包容特征，全民积极互动，以多元主体协同参与治理的方式共同努力为儿童的发展奠定基础[3]。Walther等（2000）和Dettmer等（2009）强调了协同合作的重要性，认为如果没有基于协作的关系，融合型学校的运行将受到极大的阻碍[4][5]。融合教育背景下，协作性是学习型组织的重要特征之一，意味着一起工作。Mitchell（2014）称其为一种社会性的互动，在此之中，不同主体联合活动、共同努力、协调行动、提供互助、共同解决问题，这也是参与活动、社区和团结的一种表达[6]。Todd（2007）在其著作中指出，融合教育推进过程中多元主体的伙伴关系的建立是协同治理实践的关键途径之一，重视伙伴关系的建立在教育服务供给，跨组织、跨领域间合作以及共生教育系统的良性运作等方面的作用显得尤为突出[7]。学前融合教育治理困境的解决方案在于制定社会政策，促进成人和儿童之间的谈判，明晰责任，并承认儿童、家庭和服务提供者等利益相关者的能力。

---

[1] LOREMAN T, MCGHIE-RICHMOND D, KOLUPAYEVA A, et al. A Canada-Ukraine collaborative initiative for introducing inclusive education for children with disabilities in Ukraine: participant perspectives [J]. School Effectiveness and School Improvement, 2016, 27 (1): 24-44.

[2] 艾伦,施瓦兹. 特殊儿童的早期融合教育 [M]. 周念丽,苏雪云,张旭,等译. 上海: 华东师范大学出版社, 2005: 37.

[3] VAKIL S, FREEMAN R, SWIM T J. The Reggio Emilia approach and inclusive early childhood programs [J]. Early Childhood Education Journal, 2003, 30 (3): 187-192.

[4] WALTHER T C, KORINEK L, MCLAUGHLIN V L, et al. Collaboration for inclusive education: developing successful programs [M]. Boston: Allyn and Bacon, 2000: 29.

[5] DETTMER P, DYCK N, THURSON L P. Consultation, collaboration, and teamwork for students with special needs [M]. Boston: Allyn and Bacon, 2009: 68.

[6] MITCHELL D. What really works in special and inclusive education [M]. London and New York: Routledge, 2014: 25.

[7] TODD L. Partnerships for inclusive education: a critical approach to collaborative working [M]. London: Routledge Falmer, 2007: 104.

2. 协同合作治理的相关影响因素及协同成效

Wiggins 和 Damore（2006）①总结了学前融合教育治理以合作与协同的方式取得成功的先决条件，包括以下几点：①积极信念与态度，表现为所有参与治理主体对有特殊需要的学生进行教育的共同理念和对自身能力的认可；②主体成员之间的团队合作，表现为主体之间以积极的方式互动和交流，进行资源与信息共享；③激励，表现为以学习推动自身治理能力与专业的发展；④注重管理和领导，领导的背景与其坚定的立场是带领全体参与者实施协同行为的关键；⑤资源开发与使用效率。Booth 和 Ainscow（2011）认为参与融合教育治理的主体呈现出多元化特征，宏观层面上的政府、社会，中观层面的学校及微观层面的教师、学生及家长，以上各主体与整个社会之间的关系对于治理环境的打造至关重要。融合教育是一个涉及回应和满足学习者不同需求的过程②。Friend 等（2010）考虑了在学前融合教育治理中不同主体在高效协作的基础上共享职能的能力，其研究强调了协同的关键是让所有参与治理者清楚地了解不同主体的角色、职能、职责与义务③。另外，还有大量相关研究证明，协同治理的方式是保证学前融合教育实现高质量的供给与发展的基础。例如，Barton 和 Smith（2015）在对高质量学前融合教育进行探索时指出，学区需要为有资格接受特殊教育的残疾儿童做出安置的决定以体现其融合性，包括两种途径：一种是将场所建立在公立学校，融合可以通过为学龄前残疾儿童与普通儿童同步提供个性化教育得以实现；另一种是在公立学校之外以社区为实施场域来推行融合教育计划，这就需要由地方政府主导，通过制定地方性法律法规保障残疾儿童接受学前教育的权益，并积极促成"家园社"协同育人机制的建立。此外他们还指出，参与是确保学校提供优质学前融合教育的另一关键所在，必须确保所有的孩子都成为家庭、课堂和社会中积极独立的参与方，成人需要采用不同的教学方法引导其进行参与和适应，帮助全体儿童获得归属感。态度和信念则是影响参与的核心。跨系统、跨地区和跨州的协同治理是推动学前融合教育取得成功的基础④。Odom（2009）认为，在治理的过程中必须有

---

① WIGGINS K C, DAMORE S J. "Survivors" or "friends"? A framework for assessing effective collaboration [J]. Teaching Exceptional Children，2006，38（5）：49—56.

② BOOTH T, AINSCOW M. The index for inclusion: developing learning and participation in schools [M]. Bristol: Inclusive Education Research Center Press，2011：80.

③ FRIEND M, COOK L, HURLEY-CHAMBERLAIN D A, et al. Co-teaching: an illustration of the complexity of collaboration in special education [J]. Journal of Educational and Psychological Consultation，2010，20（1）：9—27.

④ BARTON E E, SMITH B J. Advancing high-quality preschool inclusion: a discussion and recommendations for the field [J]. Topics in Early Childhood Special Education，2015，35（2）：69—78.

足够的基础设施和配套系统来支持高质量的学前融合教育，如在社区建立学前融合专业人员团队、为学前融合教育实践者提供联合专业发展机会以及聘请专家为学区教师和保教人员提供巡回服务和辅导，同时地方政府也应加大对学前融合教育发展的政策支持，从而缓解一线教师和工作人员缺乏专业知识与技能、职业信心不足等困境[①]。Warren 等（2016）在其关于高质量、系统性的学前融合教育的研究中指出，优质的项目计划作为有效的治理工具之一，其总体影响是积极的，众多利益相关者包括学生本身、他们的家庭、学校和社区都从中受益，体现在学术发展、社会发展、社区建设和系统优化四个方面。他们在研究中确定了学前融合教育计划的四个关键特征，进而识别出作为重要主体的幼儿园，其参与治理的积极性与有效程度在一定程度上影响儿童、家庭和工作人员（培训与人员配备、团队合作）参与治理的有效性[②]。

我国在进行教育体制改革及推进教育治理能力现代化期间，学前融合教育在社会发展中的重视度逐渐提升，以多元主体协同参与学前融合教育治理的广度和深度也随之发生正向变化，呈现出协同性态势。扩大不同主体尤其是重要利益相关者参与治理的渠道与途径，对于我国普特融合教育体制改革具有重要的基础性作用[③]。着力提升学前融合教育治理的多元主体参与程度，实现学前融合教育的公治、善治与良治，依赖于政府、社会与学校等共同做出努力。但检索发现，我国学前融合教育治理与协同治理的相关研究数量较少，仅有的相关研究侧重点主要体现在以下方面：

就学前融合教育的利益相关者而言，申仁洪（2014）认为学前融合教育的利益相关者包括专业工作者、社会人士、校内课程和培训项目的参与者以及国内其他力量[④]。就学前融合教育发展的保障体系建设及策略探索而言，文桃（2017）在其研究中指出，我国相关领域的实践应该立足于国外学者的理论与发展经验来构建法律保障体系，尤其是要根据当地教育的特点，制定地方性的法律法规，明确划分部门责任和分工，并结合当地的实际情况消除特殊需要儿童入园的系统性障碍，保证其在普通幼儿园的入学；建立规范性的入学审核标

---

① ODOM S L. The tie that binds: evidence-based practice, implementation science, and outcomes for children [J]. Topics in Early Childhood Special Education, 2009, 29 (1): 53—61.

② WARREN S R, MARTINEZ R S, SORTINO L A. Exploring the quality indicators of a successful full-inclusion preschool program [J]. Journal of Research in Childhood Education, 2016, 30 (4): 540—553.

③ 郭文斌, 王心靓. 学前融合教育高质量发展的内涵及实现路径 [J]. 现代特殊教育, 2022 (22): 26—33.

④ 申仁洪. 从隔离到融合——随班就读效能化的理论与实践 [M]. 重庆: 重庆大学出版社, 2014: 286.

准和程序，消除入学过程中的不合理要求，尽量减少残疾儿童入读普通学校时的阻碍[1]。王天苗（2001）提倡学前的教育拨款中至少有5%应用于特殊学前教育，情况允许的话，其中的10%应酌情用于特殊学前教育[2]。张国栋等（2015）指出，构建健全的支持系统以促进特殊需要儿童学前教育发展，其一是提升教师的专业技能发展，其二是促进不同利益群体间的实质合作，从而构建一条面向学前融合教育的囊括职前培养和职后培训的双渠道培育路径，以提升普通教师与特教教师的专业知识与技能。同时，在普通学前教育和特殊教育领域开展实质性合作，明确二者合作的前景，强化协同意识，避免权责不清使学前融合教育始终停留在理想层面[3]。杨朝军和陈杰（2018）从组织机构协同合作的角度出发，强调学前融合教育长效保障机制构建的必要性，建议政府、社会组织为残疾人群体搭建有效沟通的平台，明确各自责任，形成各司其职、协同共促发展的良好局面[4]。胡碧颖和李克建（2012）、于素红和朱媛媛（2012）、张婷和朱凤英（2017）等均指出为了确保学前融合教育的质量，亟须调动整个社会参与的积极性，建成科学、完整、系统的教育服务体系和支持系统[5][6][7]。欧阳新梅和张丽莉（2019）认为，协同治理为学前融合教育有效支持模式的研究提供了分析框架和实践路径，并以"形成专业性学习共同体"的观点突出强调专业特教教师、医务人员、学前教师、幼儿园领导和家长之间的合作有助于建立一个立足于学前融合教育现实、切实可行的治理机制[8]。

三、研究评价

从以上文献可以看出，学前融合教育是近年来学前教育与融合教育研究关

---

[1] 文桃. 关于学前融合教育的几点思考——以兰州市S幼儿园为例[J]. 西北成人教育学院学报，2017（6）：54-58.
[2] 王天苗. 运用教学支援建立融合教育的实施模式：以一公立幼稚园的经验为例[J]. 特殊教育学报，2001（21）：27-51.
[3] 张国栋，曹漱芹，朱宗顺. 国外学前融合教育质量：界定、评价和启示[J]. 中国特殊教育，2015（4）：3-8.
[4] 杨朝军，陈杰. 教育公平视角下学前融合教育的可持续发展策略探究[J]. 兰州教育学院学报，2018，34（10）：172-174.
[5] 胡碧颖，李克建. 学前融合教育质量：相关概念解析与评价工具的理论构想[J]. 中国特殊教育，2012（5）：3-7.
[6] 于素红，朱媛媛. 随班就读支持保障体系的建设[J]. 中国特殊教育，2012（8）：3-8.
[7] 张婷，朱凤英. 特殊教育内涵发展的走向与实践依托[J]. 中国特殊教育，2017（10）：3-8.
[8] 欧阳新梅，张丽莉. 专业学习共同体：学前融合教育的有效支持模式[J]. 现代特殊教育，2019（22）：44-47.

注的热点，同样也是特殊需要儿童发展关注的焦点。我国学前融合教育及其治理的相关研究起步晚于国外。总体而言，国内外关于学前融合教育治理及协同治理的研究取得了较为丰富的成果，为本书提供了有益借鉴。学前阶段的融合教育实践为后续学段的融合教育推行打下了良好的基础，也提供了相对充足的准备，因此学前融合教育乃融合教育的第一步。国外研究主要以宏观和微观结合的视角，强调了在学前融合教育中引入治理理念与协同治理模式的重要性，并就概念、多层次发展目标、发展模式和实践机制等内容展开了大量研究，立足于治理层面的协同治理研究得到了进一步发展。从促进特殊需要儿童自身发展和为其提供教育保障出发，探索国家推动特殊需要儿童学前融合教育发展战略与目标设定、核心价值导向的转变、法律法规与政策制定的制度建设、相关教育政策的内涵与外延研究、具体的教育安置形式、相关教师培育与培训、社会接纳因素等研究，总体呈现出以下特点：

首先，西方发达国家基于国家层面建构了学前融合教育治理体系，通过建立起面向全国特殊需要儿童教育治理相关机构（委员会、协会等组织），来统筹国家学前融合教育治理与发展的相关事务，因而普遍地形成了以国家为主导，地方政府和学校自主，社会组织、社区与家长等多主体广泛参与的协同治理体系。其中，政府的主体责任被进一步明确，同时充分发挥学校、社会组织与家长作为治理主体的力量，推动学前融合教育协同治理格局的形成。强调上至国家，下至地方政府、社区在学前融合教育发展中的重要作用，法律制度的建设与不断完善以及项目的稳步推进为学前融合教育的发展提供强有力的保障。通过不断完善特殊需要儿童学前教育的相关立法、制定教育项目计划、设定教育质量标准等工作的开展逐渐推动科学有效的治理机制的形成。同时深刻认识行业协会、社会组织等的重要地位，充分调动社会力量发挥作为治理主体的多重作用，激发并调动各主体及其成员的积极性以发挥实际效用而参与学前融合教育治理的全过程，在决策、协商、执行以及监督评价方面承担责任、履行义务，形成治理主体之间共同促进、相互监督、互利共赢的治理格局；此外，在自由、平等、民主等思想的影响下，注重多元主体以协同的模式参与学前融合教育的发展，不同主体间信任的培养、资源的共享、合作伙伴关系的达成均是推动学前融合教育高质量发展的关键要素。在协同治理实践中，不同主体间的联系和协同作用增加了政府、社会、家庭和学校之间展开合作的机会，以推动形成家校社协同共治共育的治理模式并建立起相应的服务机制。

其次，学前融合教育的治理研究包含理性思辨主义与实证主义两类研究。除了从人权、平等、自由等角度对学前融合教育及其治理进行理论研究，许多研究通过长期的项目跟进及对其进行效用评价，以科学的测量和统计方法为学前融合教育协同治理引入了不同的研究视野，依托相关模型构建与检验，在一定程度上提升了学前融合教育治理研究的科学性。

最后，从价值与理念层面来看，西方国家在学前融合教育事业发展的过程中始终大力倡导"儿童优先"原则，一切以儿童利益最大化为目标与价值导向，并将此价值导向付诸实践，对学前融合教育所需的社会文化培育与伦理价值的宣扬为其后续的制度建设与政策的出台和执行减少了阻碍，也为全民参与增添了动力。

相较而言，尽管学前融合教育协同治理是我国学前教育与特殊教育打破二分格局的重要途径探索，但由于我国学前融合教育起步晚、底子弱，且未划属于义务教育体系内，因此目前学术界关于学前融合教育的研究尚未形成相对公认的研究范式，研究主题相对分散、零散，大多是围绕必要性、迫切性、科学理念及保障原则等的讨论，而具体的量化与实证研究较少。治理研究范式下对多元主体协同的方式与模式进行学前融合教育治理从理念层面已逐渐成为发展之期许，但并未有足够的保障和发展机制来推动多元共治与共育的治理格局形成，缺乏立足于实证研究、以全社会共同参与为导向而展开的学前融合教育协同治理的具体探索。因此，本书通过对文献的回顾和梳理，总结出以下研究的不足及可补充的研究内容：

首先，学前融合教育治理与协同治理的概念尚未明晰，价值取向也尚未完全确立，缺乏从整体、系统、宏观层面对学前融合教育治理发展方向的把握。政府在发展学前融合教育中的责任和义务、学前教育机构在落实融合教育理念等方面依然存在诸多争论。对于协同治理模式促进我国学前融合教育发展的重要价值，学者们给予了广泛的认可与赞同。但不可否认，我国的学前融合教育协同治理研究仍然处于初期阶段，更多为表象研究，体现为协同化趋势下的学前融合教育支持与保障体系的建设、发展路径和策略等内容；但更为深入、系统的学前融合教育协同治理研究尚且缺乏，对于协同治理的多元主体范围、主体责任、主体功能与行为、主体实践机制界定还不够清晰，围绕协同治理的多元主体参与学前融合教育发展之必要性、合理性、科学性与具体的发展策略、路径尚未有足够的理论与实证支撑。

其次，随着学前融合教育的逐渐推广，关于学前融合教育的研究越来越多，但总体而言，我国学前融合教育仍处于探索发展时期，与义务教育及高等教育等阶段的相关研究相比，学前融合教育的整体研究明显比较薄弱，研究的数量、对象、范围以及研究深度显现出一定差距。学前融合教育的研究多停留在现象层面和经验层面，学前融合教育发展参与主体、主体间的利益关系与行为博弈、主体结构与关系网络及主体行为影响机制等深层次问题仍有待挖掘；

当下的研究主要集中在学前融合教育发展与实践意义的探讨、学前融合教育的概念界定与内涵解读、社会各群体对学前融合教育开展的主观认知与态度的探讨、学前融合教育的个案研究等方面，缺乏定性与定量相结合的研究，其研究内容有待进一步深入，研究结论也过于单薄；学前融合教育发展所面临的问题很多，然而缺乏以协同治理的视角帮助我国学前融合教育发展走出困境的理论解释与思考，多元主体参与学前融合教育协同治理的保障机制有待构建，其具体的实践发展策略也有待进一步明晰。

因此，当下开展对我国学前融合教育的多元主体协同治理理论与实践发展均有明显的迫切性，是真正做到"人的发展不落后于社会经济的发展"的有效践行。通过对发达国家治理成果的经验与我国现状来看，学前融合教育实现发展离不开全社会的共同参与，多元主体的协同参与、合作共治是避免学前融合教育发展战略构想流于形式的有效途径。

第五节　研究思路、方法与技术路线

一、研究思路

本书研究的总体思路是"提出问题—分析问题—解决问题"，从理论与实践的角度来看，具体表现为"问题分析—理论分析—实证分析—策略研究"的基本思路。本书以探讨我国学前融合教育协同治理多元主体行为影响因素及影响路径为核心研究问题。协同治理是推动我国学前融合教育事业发展的重要且必要的途径。随着教育改革的逐步推进，社会公众对以残疾儿童为代表的特殊需要儿童的认知看法经历了从"隔离"到"抽离"，再到"接纳与支持"的转变。面对特殊需要儿童，我国教育服务供给也逐步实现了以"社会服务模式"代替"病床模式"的质性飞跃。新时期，在积极落实国家融合教育发展战略重要部署的进程中，我国学前融合教育发展现状如何？学前融合教育多元主体协同治理格局是否形成？取得了什么成果？存在哪些协同困境？协同治理的"应然"与"实然"之间是否存在间隙？在"行为主体—协同治理行为过程—协同结果"的分析逻辑指导下，以结构功能主义为视角，结合利益相关者理论、协同治理理论、嵌入性理论以及系统理论构建起我国学前融合教育协同治理理论分析框架；在对我国学前融合教育发展沿革进行梳理的基础上，对我国学前融合教育治理现状与困境进行分析后凸显出"多元但未充分协同甚至不协同"的表征。继而从理论层面考量了我国学前融合教育协同治理的多元主体构成、主体角色与功能及主体行为，而后对"多元主体协同治理行为策略选择的影响因素""多元主体协同治理行为对协同效应的影响路径""多元主体协同治理行为对协同效应的影响程度"三个问题展开深入研究。本书共八章，各章主要内容如下：

第一章为概论。本章围绕研究背景与研究问题、研究目的与研究意义、核心概念的界定、文献综述等进行阐述，并介绍了研究思路、研究方法和技术路线。

第二章为理论基础与理论分析框架构建。本章作为本书研究的逻辑起点，对研究的基本概念与理论基础进行了介绍，并系统地梳理了学前融合教育、教育治理与教育协同治理两个方面的文献，评述现有研究为本书奠定的有益基础与不足，继而为本书后续研究提供理论上的空间和必要的论证。基于对理论的分析与运用，结合现有研究成果，构建出我国学前融合教育协同治理多元主体行为影响因素及路径的理论分析框架。

第三章为学前融合教育发展历史沿革与困境审视。本章以政策变迁的回顾及政策导向下的具体实践成效对历史演进进行宏观层面的把握，阐述我国学前融合教育经历了识别与初步探索、由理念走向实践的确立以及深化发展与质量同步三个阶段。在此基础上对我国学前融合教育治理现状与困境进行审视，结合调研中的一手访谈资料，将我国学前融合教育治理现状困境概括为治理主体融合理念缺失以至于治理目标认同并未达成统一、治理主体的角色转变与过渡进程相对缓慢、多元主体治理的权责不明晰且相互间配合较弱以及多元主体中的弱势主体缺乏话语权。在借鉴文献研究成果和国外治理经验以及反思我国现状的基础上，总结相关启示并提炼出我国学前融合教育治理整体呈现出"多元但未充分协同，在某些层面甚至不协同"的表征，为迫切需要多元主体参与学前融合教育协同治理并实施有效行为提供了现实依据。

第四章为学前融合教育协同治理行为策略选择的影响因素分析。本章基于当下我国学前融合教育协同治理的突出问题，迫切需要寻求解决之道，从理论层面出发，借鉴利益相关者理论中重要利益相关者的阐释而准确识别出我国学前融合教育协同治理中的多元主体，主要包含政府、幼儿园、社会组织和家长四类，并就四类主体的角色、职能、行为分别做了详细的解析。在此基础上探究四类主体参与协同治理的影响因素以分析"协同实现的可能"，构建四方博弈演化模型，仿真分析了各方主体在不同策略组合下最终系统的稳定性以及演化过程，分析并论证了学前融合教育协同治理过程中多元主体行为策略选择的重要影响因素。

第五章为学前融合教育协同治理行为对协同效应的影响路径分析。基于第四章对学前融合教育多元主体及其角色功能与行为的分析，为了判定多元主体各自行为对学前融合教育协同治理结果（以协同效应为例）是否产生影响，本章提出学前融合教育协同治理理论模型的构建思路，进而甄选研究变量，建立起学前融合教育协同治理假设关系模型，运用结构方程模型进行验证，通过路径和路径系数来反映变量间的联系和影响关系。以实证检验结果，分别就学前融合教育协同治理中多元主体行为之间的关系以及行为对治理协同效应的影响路径进行分析，进而确定影响学前融合教育协同治理产生协同效应的关键变量和显著效果路径，并结合管理学相关知识进行分析。

第六章为学前融合教育协同治理行为对协同效应影响程度的系统动力学仿真实验分析。上一章运用结构方程建模的实证研究方法确定了各个变量之间的相互影响关系。在此基础上，为进一步明确我国学前融合教育协同治理的多元主体行为对协同治理结果（以协同效应为例）的具体影响程度，为后续强化、优化具体行为策略提供客观的科学依据。鉴于路径系数在定量分析影响程度方面的局限性，不足以充分把握多元主体协同治理的动态变化，因此在前面研究的基础上引入系统观分析（从微观到宏观、从静止到动态、从孤立主体到关联系统），在系统中观测不同主体的行为，进一步构建了学前融合教育协同治理的多元主体系统因果关系模型和系统流图模型，并运用系统动力学的方法对其进行仿真实验，以数理化的方式具体量化变量间的影响程度及其发挥效用的能力，从中识别出学前融合教育协同治理中的关键主体行为及其要素，把握在系统运作中的多元主体协同治理的潜在规律，优化多元主体行为对协同效应产生影响大小的量化评估路径。

第七章为学前融合教育协同治理推进机制与策略探析。本章基于前面论述与相关研究结论展开对策型探索，分别从推进我国学前融合教育协同治理的统筹机制、理念认同机制、互动机制和保障机制的建设与完善等角度进行论述，并从相应的策略实施与行为优化角度对我国学前融合教育协同治理实践提出相关对策建议。

第八章为研究结论和展望。本章总结概括了本书研究的主要结论，并结合研究状况指出当前存在的不足以及对下一步深入研究的展望。

二、研究方法

我国学前融合教育多元主体之间的协同治理是一个复杂的过程，涉及多元主体行为过程分析、多元主体关系与结构分析等问题，结合公共管理学、社会学、系统科学等学科，采用定性和定量相结合的方式来开展全书的论述与分析。本书采用的研究方法如下所述。

（一）文献研究法

由于本书研究需要建立在广泛收集和阅读国内外研究成果的基础上，通过整理汇总现有的文献成果和研究内容并对其展开分析，进而全面客观掌握我国学前融合教育协同治理相关研究的文献知识，因此文献研究贯穿于本书始终。本书的文献资源主要是通过高校图书馆所提供的中国知网（CNKI）、万方、华艺在线图书馆、Web of Science、Springer 等中外文数据库以及馆藏图书文献资料等对相关文献进行查阅。本书主要通过广泛查阅学前融合教育协同治理的相关研究成果，并参考其他学科运用协同治理的相关成果，结合当前我国学前融合教育实践以及国家对学前融合教育发展的战略要求，对我国学前融合教育协同治理的相关概念与内涵、理论进行了大量收集整理，对上述大量文献资料展开全面分析，对学术界当前研究现状进行整体把握并总结现有研究的不足，进而确定本书研究的主题与方向，同时与现实问题相结合，为研究设计、逻辑梳理、研究假设等奠定基础。故此，文献研究法为本书研究的基础研究方法。

（二）历史研究法

本书采用的历史研究法一方面体现为随着时代的变迁，我国学前融合教育发展以政策为代表的制度演变，归纳其价值取向与发展趋势的演变特征；另一方面体现为随着社会价值的变化，政府策略的嬗变过程以及政策导向下的具体实践成效的取得。以历史研究法对我国学前融合教育发展历程进行梳理，能够从纵向视角展示时代变迁中的我国学前融合教育的发展态势与规律，将其作为结果凸显变迁的特征。

（三）访谈法

访谈法作为社会科学研究中的重要方法之一，通过"沟通"与"对话"将交流的双方密切连接，在访谈过程中展示个人对社会事件的理解与看法、帮助双方共同建构"问题事实"与"行为意义"。为此，本书采用访谈法对学前融合教育协同治理中的各主体涉及人员进行深度访谈，了解他们在学前融合教育协同治理过程中的实际参与情况，并在此基础上结合我国学前融合教育发展历史演进总结出当前治理现状与存在的问题。

（四）问卷调查法

问卷调查法是科学研究收集信息的重要途径，能够发掘大量有关事实的现况，通过大量数据收集，积累指定目标人群对于这一现况的认知理解和相关的意见建议。为了进一步提高本书研究内容的科学性，防止研究结论出现失真，笔者借鉴和参考了前人研究所采用的成熟量表维度设计与问卷调查方式，来设置"我国学前融合教育协同治理研究调查问卷"，对我国学前融合教育协同治理的政府主体行为、幼儿园主体行为、社会组织主体行为、家长主体行为分别进行量化测度，对构建理论模型和指导后续实证研究发挥了重要作用。此外，为准确描述样本数据的显著特征，在问卷调查结束后，对回收的问卷数据开展了信度、效度检验。由于不同的主体行为对学前融合教育协同治理结果的影响存在差异，涉及多个因变量，因此以问卷调查的结果为基础，利用结构方程模型能够同时处理分析多个变量相关关系的特性来开展数据建模与分析工作，据此厘清多个变量之间的相互联系与影响关系。

（五）博弈分析法

所谓博弈，主要是指处于一定的环境中的组织或个人基于一定的规约，凭借自身所掌握的信息资源，对自身意愿下的行为策略进行选择并将其付诸实施，从中获得结果或收益的过程。博弈分析重点关注研究个体如何在错综复杂的相互影响中得出最合理的策略。出于对多元主体参与学前融合教育治理活动会受到行为主体有限理性与信息不对称等因素影响的考虑，为规避由此引发的一系列不利影响，需要对参与主体在协同治理过程中呈现出的理性认知状况、分析推理状况、决策判断状况能力特征的有限性等进行客观考量。基于此，本书将围绕着四方演化博弈对协同治理进程中各方治理主体可能采用的差异化策略进行分析，通过"前因后果"的分析模式探寻各方治理主体协同行为产生的条件及其变化规律，论证我国学前融合教育协同治理中的多元主体利用多次的博弈方式来逐步更新和优化行为策略。为更直观地展示学前融合教育协同治理过程，本书运用 Matlab 对各个博弈方的演化轨迹进行数值仿真，以探寻复杂动态系统中关键条件和因素对多元主体博弈演化过程及演化结果的影响。

（六）系统动力学分析与建模法

系统动力学由英文 System Dynamics 直译，其作为系统科学的重要分支，属于计算机仿真技术和系统理论融合后的延展成果。正常情况下，系统动力学在对系统反馈结构或者是系统行为等进行分析时，可以采用两种方式：一种为定性研究，另一种为定量研究[①]。本质上可以将 System Dynamics（SD）模型归纳到实际系统范畴中，其可为人们对政策进行模拟或者分析提供重要的帮助。采用系统动力学的方法能够量化核心变量之间的相互影响关系和影响路径的"极性"，使变量影响关系的程度可视化，能够更好地进行对比研究，同时能够更深入地研究整个系统的各要素之间的动态反馈过程和长期演化趋势。因此，本书借助系统动力学的优势，把定性分析和定量仿真二者有效结合，以实证研究所得变量间相关关系为基础，对学前融合教育协同治理中各主体所在子系统中各要素及系统因果关系进行分析。分析环节通过系统来搭建完善的因果反馈关系模型，并健全以定量化为核心的系统流图模型，通过系统流图设计、变量函数关系确立、模型检测流程，结合相关实证研究中所获取的各项数据进行有效处理和转换，仿真出子系统中相关变量影响关系的程度及其变化规律。

三、技术路线

本书的技术路线如图 1-1 所示。本书从学前融合教育协同治理的研究背景出发，运用文献研究法对我国学前融合教育发展政策变迁及政策导向下的实践情况进行梳理，从而展现了我国学前融合教育发展的历史沿革。而后结合实证访谈对我国学前融合教育协同治理现状进行概要分析，找出当前主要的治理困境，提出以"多元主体展开协同治理行为"是对解决现行问题的有效回应。聚焦协同治理行为，基于"行为主体—协同治理行为过程—协同结果"的分析逻辑，识别出我国学前融合教育协同治理的多元主体（包括政府、幼儿园、社会组织和家长），并对上述治理主体角色功能与行为进行解析，运用博弈论思想对四类主体进行行为策略选择的演化博弈建模与仿真分析，探究各主体产生协同治理行为的影响因素，而后落脚到主体行为，通过建立学前融合教育协同治理模型并对其进行验证，得出学前融合教育协同治理多元主体行为分别对协同治理结果（以协同效应为例）的影响关系与路径，在此基础上运用系统理论与系统动力学的方法对学前融合教育协同治理中的各主体所在子系统进行系统因果关系分析与仿真实验分析，从而量化并明晰了不同主体行为对协同治理结果（以协同效应为例）的影响程度，并探索出在系统运作中的学前融合教育多元主体协同治理过程的潜在规律，最后为我国学前融合教育协同治理推进机制与实践策略提出对策及建议。

---

① 贾仁安. 组织管理系统动力学 [M]. 北京：科学出版社，2014：12.

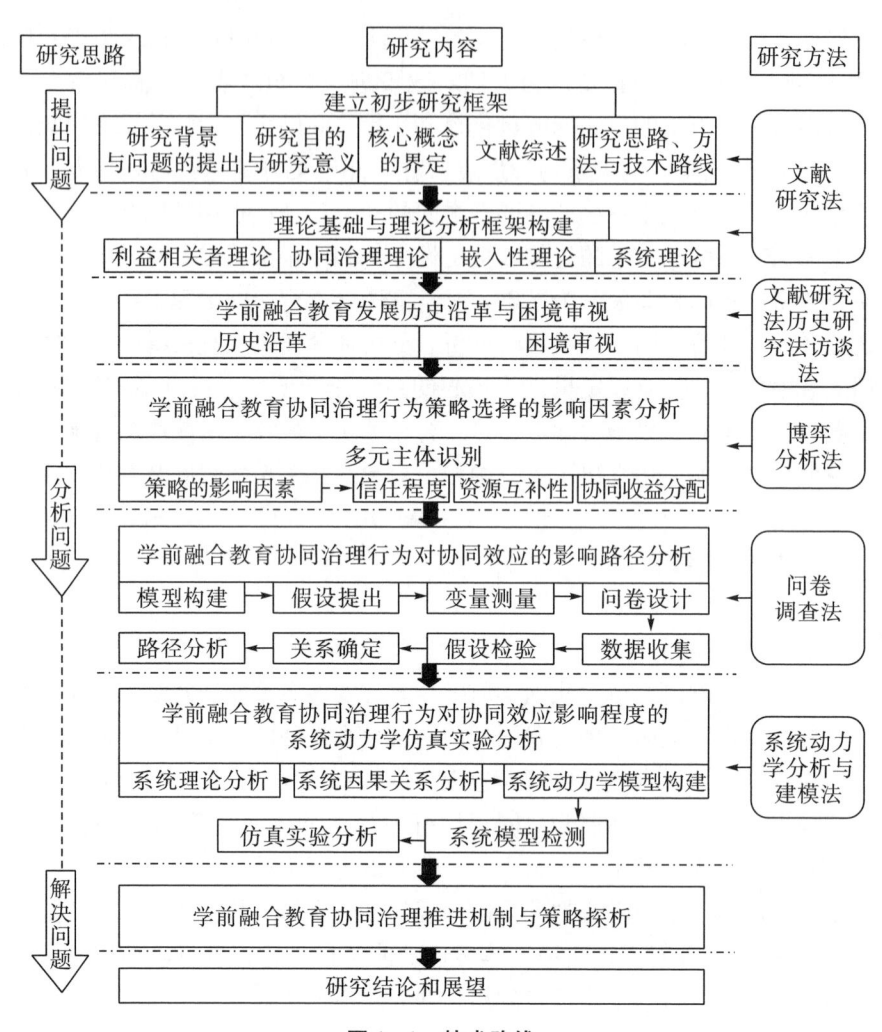

图 1-1 技术路线

第二章　理论基础与理论分析框架构建

根据本书研究主题,在明确我国学前融合教育协同治理的核心概念后,需对相关研究理论进行系统梳理,为后续研究的开展提供学理性支撑。因此,本章着重对利益相关者理论、协同治理理论、嵌入性理论和系统理论进行探讨,以此发掘其中的内涵价值及其与本书研究的契合度,为后续研究的展开奠定理论基础。

第一节　理论基础

任何一种科学研究与实践均依赖于相关理论的支撑。本书将利益相关者理论、协同治理理论、嵌入性理论和系统理论作为研究的理论基础,用以解释和探讨学前融合教育协同治理的理论与实践,下面简要阐述以上理论的概念、基本内涵及其与本书研究的契合度。

一、利益相关者理论

利益相关者理论(Stakeholder Theory)诞生于20世纪60年代,最早出现在西方社会,并在20世纪80年代得以全面发展。此概念最初出现在经济学领域,其英文为Stakeholder。1963年,美国一些学者从名为《股东》(*Shareholder*)的戏剧中获得灵感后,用"利益相关者"这一概念来代表和企业之间有联系的群体。他们通过研究给出了利益相关者的明确概念,即决定企业能否正常生存的利益群体。Ansoff(1965)指出,"企业要想制定科学的发展目标,就必须要对所有利益相关者之间的关系进行衡量,比如股东、客户、供应商、员工等"[1]。Freeman(1984)在《战略管理——利益相关者方法》一

---

[1] ANSOFF H I. Corporate strategy: an analytic approach to business policy for growth and expansion [M]. New York: McGraw-Hill, 1965: 30.

书中第一次对利益相关者理论展开了系统性研究,并构建了概念框架,同时还对该理论在企业战略管理中应用的情况进行了阐述[①]。相较而言,Freeman 将利益相关者范围进行了扩大,把更多与企业有联系的团体或个人纳入这一范围中,而后该定义成为 20 世纪 80 年代后期、90 年代初期人们衡量利益相关者的标准范式。部分国外学者给出的关于"利益相关者"的概念界定如表 2-1 所示。

表 2-1　部分国外学者对"利益相关者"的概念界定[②]

学者	时间(年)	概念界定
Rhenman	1964	组织与其互相依赖的团体或个人
Freeman	1984	是能够影响组织目标的实现,或者受到一个组织实现其目标过程影响的个体和群体
Comell & Shapiro	1987	利益相关者是那些与企业(组织)有实际关系的人或团体
Bowie	1988	没有利益相关者的支持,组织将无法生存
Savage & Nix	1991	利益相关者的利益受组织活动的影响,而且他们也有能力影响组织的活动
Hill & Jones	1992	利益相关者是指对企业有合法要求权的团体,他们向企业提供关键性资源,以换取个人利益
Brenner	1993	利益相关者与某个组织有着合法的关系,如交易关系、行为影响和道德责任等
Langhy	1994	利益相关者对企业(组织)拥有道德上或法律上的要求权,企业(组织)对利益相关者福利承担明显的责任
Clarkson	1994	利益相关者已经在企业中投入了一些实物资本、人力资本、金融资本或一些有意义的价值物,并因此而承担了一些形式的风险,或者说他们因企业活动而承担了风险
Nasi	1995	利益相关者是与企业有关系的人,他们使企业运营成为可能
Donaldson	1996	利益相关者是指在企业(组织)活动的过程中及活动本身有合法利益的人和团体
Post et al	2002	参与共同创造价值过程的团体或个人

[①] FREEMAN R E. Strategic management: a stakeholder approach [M]. Boston: Pitman, 1984: 68.

[②] FREEMAN R E. Strategic management: a stakeholder approach [M]. Boston: Pitman, 1984: 68.

续表

学者	时间（年）	概念界定
Walker et al	2008	对组织有利益诉求，对组织存在某方面的权利，对组织有贡献，支持组织，被组织活动或结果影响的个人或团体
Freeman et al	2010	利益相关者是基于自由、权利和积极创造的条件下产生的，他们的合作、参与责任具有复杂性，需要不断创新和应对新的竞争

综上所述，利益相关者的概念被提出之后，众多学者从不同角度对其进行研究，并得出了不同的结论。整体而言，以上的定义呈现出以下特点：①关系具有双向性。组织与利益相关者之间存在着依赖与被依赖的关系，二者间相互作用，体现了"共生"的特性。②范围具有差异性。从广义层面来看，利益相关者指的是和组织有关系的所有团体和个人，这里所说的关系包括直接关系与间接关系，是一种相对宽泛的界定；从狭义层面来看，利益相关者指的是在企业内投入资金、和企业签订某种合同的团体和个人，在这种情况下，这些团体和个人与企业之间就有了直接的利益关系，这些关系往往以制度或合同的形式存在，具有一定的稳定性。③利益具有复杂性。上述关于利益相关者的定义并没有对利益进行分类，而利益本身是非常复杂的，不同的人、组织和团体对利益的诉求也会有所不同，利益的复杂程度不仅会受到差异化、多样化诉求的影响，还会受到资本投入量、赌注大小的影响。

自20世纪90年代以来，大量学者开始投身于利益相关者的分类研究，国外学者对利益相关者的分类研究主要集中于"多维细分法"和"米切尔评分法"，尤其后者从"合法性""紧迫性""影响力"三个维度将利益相关者分成不同的类型（潜在型利益相关者、预期型利益相关者、确定型利益相关者），并制定了相对科学的分类框架以对利益相关者进行准确界定和鉴别。利益相关者拥有三种属性之中的一种即为潜在型利益相关者，拥有其中两种属性的为预期型利益相关者，同时拥有三种属性的即为确定型利益相关者。米切尔评分法以评分的高低量化了对利益相关者的具象划分结果，体现出较强的科学性、系统性与可操作性。

利益相关者理论的研究角度非常独特，并且具有一定的启发作用，就此角度而言，这个理论不只属于经济学领域，还涉及公司治理、公共危机等众多领域。特别是在公共管理、政策科学研究的领域，利益相关者理论提供了一种独具特色的分析框架，在国家治理的过程中为调节、处理利益相关者关系与利益提供了重要的支撑。学前融合教育作为一种特殊类型的教育，其发展需要政府、学校和社会等多元利益主体的广泛参与并为之共同努力。而这些主体积极参与的意愿及参与程度在很大程度上会受到利益的直接影响。教育权是每个公民的基本权利，具有可选择性。而在体制机制尚且不完善的情况之下，各方主体就学前融合教育而言，是否选择参与、如何参与以及参与到什么程度同样具备可选择性。因此，认同、接受并参与学前融合的教育治理的过程是利益与价值双重选择的过程。学前融合教育的发展涉及众多主体利益，主体不同，其对利益的认知、对利益的追求方式也有所不同。学前融合教育在发展过程中，会出现个体和集体之间、局部和整体之间、眼下和将来之间三种利益矛盾。而这些矛盾的正确处理、各方利益的合理协调能实现学前融合教育事业的良好、有效发展。基于利益相关者理论，可分析识别出当前对学前融合教育协同治理产生重大影响的多元利益相关主体，明确各主体相互之间关系及各自利益，分析各主体协同治理的行为博弈与策略选择，深刻剖析影响学前融合教育协同治理行为产生的重要因素，了解并分析各种利益的均衡达成所需条件，从而了解不同主体进行各自价值与行为选择的主要原因，寻求能够实现学前融合教育利益最大化的模式与行为机制。

二、协同治理理论

自20世纪中期以来，社会经济发展速度越来越快，人类社会面临着来自政治、文化、经济和社会等各方面的问题，社会矛盾时有发生并被不断激化[1]。在经历了市场失灵、政府失灵、志愿失灵后，社会各界逐渐认识到在公共管理领域，单一主体模式已经无法发挥高效作用[2]。世界各国纷纷开始寻找新的解决方法，Huxham于1993年综合协同学与治理理论，提出了"协同优势"的概念。在他看来，当不同主体为了实现某一目标而共同努力时，就形成了协同优势，这一结果超出了单个组织目标的层面，单靠其中任何一方均无法实现[3]。后来，众多西方学者的研究将此概念进行了拓展与完善，从而发展为协同治理理论。该理论的产生，并不是单纯为了追求创新，而是政府组织为了解决繁杂的公共事务、提高政府管理绩效、解决民主危机而选择的一条新型发展路径，具有显著的时代特征。协同治理理论有效结合了治理理论和协同学思

---

[1] 叶大凤. 协同治理：政策冲突治理模式的新探索[J]. 管理世界，2015（6）：172-173.

[2] 韩周，秦远建，王苕祥. 中国企业协同创新网络治理研究[J]. 科学管理研究，2016，34（1）：75-78.

[3] HUXHAM C, VANGEN S. Ambiguity, complexity and dynamics in the membership of collaboration [J]. Human Relations, 2000, 53 (6): 771-806.

想，能解决复杂的公共治理问题，以实现治理的善治和协同的增效为重要目标。它同样是系统外在参量驱动以及系统内在的各子系统之间相互作用的产物，在宏观的尺度上衡量，以一种自组织的方式，提供了空间与时间维度上形成规律性序列的条件，是一门综合性的学科[1][2]。

协同治理即参与公共治理的众多主体，形成一个开放性的整体，借助知识、科技、信息、法律等手段，对混乱、无序的社会要素进行调节，从而维护系统秩序，整合各方力量，实现系统的增值，提高治理社会公共事务的效率，最终维护公共利益[3]。由此可见，协同治理的内涵要义包括：其目标是维护与增进公共利益；其主要对社会公共事务展开治理；作为一种治理手段，它主张政府、社会和市场之间构建良好的合作关系。它并不否认传统官僚行政的作用，同时还向着迎合公共服务需求、治理资源多元化的方向发展，主张在政府和市场、社会、群众之间建立良好的关系，从而对治理资源进行优化配置，进而能更好地满足公共事务治理的需要[4]。

协同治理的主要特征体现为：①治理主体具有多元性与非排他性。政府、企业、社会组织、社会公众均可成为治理主体，其在地位平等的基础上，通过建立信任关系而展开协同合作以实现共赢。②治理对象具有相对的复杂性。协同治理处理的是复杂的社会问题，问题的解决必须依靠主体间的频繁交流与有效互动而形成的自组织以应对。③治理方式呈现出协同化态势。在治理过程中，各主体之间既有合作也有博弈，通过建立共同的协商合作机制来实现共同目标。④治理结果具有增效性。协同治理能将大量资源整合在一起，实现资源的优化配置，最大限度地提升资源利用率，从而达到更好的治理成效，保障并不断增进公共利益。⑤治理权责具有对等性。不同的主体之间拥有的权利和责任是对等的，即权利越大，责任就越大。主体间通过集体决策，建立起相应的责任承担与问责机制。

就本书研究而言，针对特殊需要儿童的学前教育，从最开始的隔离到后来的一体化，再到现在的融合教育，经历了十分漫长的过程。学前融合教育被视为社会文明进步的产物，符合社会发展的时代潮流。虽然学前融合教育在我国

---

[1] HAKEN H. Synergetics of brain function [J]. International Journal of Psychophysiology, 2006, 60 (2): 110−124.

[2] 乌杰. 协同论与和谐社会 [J]. 系统科学学报, 2010, 18 (1): 1−5.

[3] BIANUCCI D, CATTANEO G, CIUCCI D. Entropies and co−entropies of coverings with application to incomplete information systems [J]. Fundamenta Informaticae, 2007, 75 (1−4): 77−105.

[4] 郑巧, 肖文涛. 协同治理: 服务型政府的治道逻辑 [J]. 中国行政管理, 2008 (7): 48−53.

发展的时间较晚，但随着我国经济、文化发展速度不断加快，社会文明程度获得了极大的提升，整个社会对于学前融合教育的认可度也明显提升，这对于推动我国学前融合教育协同治理起到了十分重要的作用。由协同治理的概念与内涵可以看出，其内核是探寻一种有效的、能够协调社会各界力量与资源、集中对社会公共事务进行治理的途径。西方发达国家的发展经验已然证明，学前融合教育面临的发展境况十分复杂，但特殊需要儿童接受学前融合教育的诉求在多元主体协同参与治理之下完全可以得到满足；在政府主导下的多元主体相互合作而展开协同行为，极大地推动了学前融合教育事业的发展与进步。学前融合教育所需的学校场域、技术、经费、专业人员等，都需要社会各界共同给予支持和帮助。因此，学前融合教育事业的推进涉及多元主体，需要通过引入协同治理理论来整合多方主体的意见，建立起平等、公平、包容、互利的沟通和管理机制，最终实现学前融合教育协同治理中的"多元主体一致化"，进而带来最强的协同效应。本书研究的协同治理主要指向包括政府、幼儿园、社会组织、社会公众等具有不同性质治理主体之间的大协同治理。其目的就是要强调社会公平正义，并提升多元主体对其采取学前融合教育协同治理措施以推动普特融合的学前教育秩序状态稳定的科学认知。通过促进多元主体进一步达成共识从而形成以政府为主导、多元主体参与的新格局，充分发挥多元主体在助推学前融合教育发展中的多元主体智慧与聚合作用，构建运行有序、相互协调的多元主体协同治理格局，为特殊需要儿童接受学前融合教育提供物质层面与精神层面的双重支持。因此，协同治理理论为学前融合教育协同治理多元主体行为影响因素及路径研究提供了强有力的理论支撑，二者具有内在的契合。

三、嵌入性理论

Granovetter（1985）最早对经济活动融入社会关系模式的情景之中这一"嵌入性"现象进行了描述[1]。而"嵌入性"的概念最早是由 Polanyi（1944）提出的，他认为个体在经济方面发生的动机或行为主要是由非经济因素产生的，并且这些经济动机或行为作为经济活动的一部分并没有直接嵌入以经济为导向的社会关系之中，而是社会关系嵌入以经济活动为主体的经济系统之中[2]。之后，Granovetter（1985）对嵌入性进行了深度的探索，不断拓展其内

---

[1] GRANOVETTER M. Economic action and social structure：the problem of embeddedness [J]. American Journal of Sociology，1985，91（3）：481—510.

[2] POLANYI K. The great transformation：the political economic origins of our time [M]. Boston：Beacon Press，1944：111.

涵，进而提出："社会上个人存在的经济活动并不是孤立的，而是以嵌入的模式不断对社会关系产生影响，包含不同方面、不同领域、不同层次的嵌入，在探索经济问题时，不仅要考虑自身的成本，还要将人际交往之间的关系与人类之间信任度等对经济活动产生的影响纳入考虑范围内。就社会化网络关系的嵌入而言，其以互惠互利为前提，使参与者在网络中形成双向关系的多维化结构，以在经济活动与社会结构关系之间的嵌入制度为主要表征。"[1] 至此，嵌入性理论被正式提出，众多学者对其展开了大量研究，嵌入性理论逐渐将经济学、社会学、管理学等多学科理论进行结合，逐渐成为研究社会网络的重要工具。现阶段存在的社会网络的嵌入性视角如表2-2所示。

表2-2 社会网络的嵌入性视角

研究内容	现实问题	嵌入性视角
网络形成	哪些企业会建立网络？企业会选择哪些合作伙伴？	网络的嵌入性既限制又创造了发现合作前景和挑选特定伙伴的机会
网络治理	哪些事前的因素影响了治理结构的选择？	网络的嵌入性会减少事前的不确定性，减少资源配置的无故变动及协调成本，从而影响治理结构的选择
网络演化	哪些事前的因素和过程影响了网络的发展？	突破特定网络中企业的社会地位、行为和竞争动态
网络绩效	网络的绩效如何衡量？什么因素影响了网络的绩效？	企业能力，个人和组织之间的信任等形成的社会网络
网络优势	企业是否从网络中获得了社会和经济利益？	在社会网络中的从属情况和相对位置影响企业的生存和发展

注：在Gulati（1998）[2]、许冠南（2008）[3]等基础上整理所得。

对于嵌入概念的理解，Granovetter（1985）认为嵌入主要是指个体的经济行为受到社会结构与社会网络影响而发生相应变动的运作方式[4]。Gulati（1998）对嵌入的概念进行集中讨论，认为是历史将成员紧密联系，使其之间的连结例行化逐渐趋于稳定[5]。Uzzi与Gillespie（2002）认为企业网络的嵌入

---

[1] GRANOVETTER M. Economic action and social structure：the problem of embeddedness [J]. American Journal of Sociology，1985，91（3）：481-510.

[2] GULATI R. Alliances and networks [J]. Strategic Management Journal，1998，19（4）：293-317.

[3] 许冠南. 关系嵌入性对技术创新绩效的影响研究——基于探索型学习的中介机制 [D]. 杭州：浙江大学，2008.

[4] GRANOVETTER M. Economic action and social structure：the problem of embeddedness [J]. American Journal of Sociology，1985，91（3）：481-510.

[5] GULATI R. Alliances and networks [J]. Strategic Management Journal，1998，19（4）：293-317.

是将社会关系和网络企业进行有机结合[1]。可以看出,众多学者对嵌入的概念表达了不同的见解,并根据不同的理解针对企业网络中主体嵌入的问题提出了不同的解决方案,比如 Smith 和 Laage(1992)提出的连接性[2]、Mattsson(1985)提出的网络地位[3]以及 Håkansson 和 Snehota(1995)提出的纽带与连结[4]的概念。可以看出,不同的概念解读中呈现出了一个共同的特点,即均关注企业与其他单一或多元化网络成员之间关系。Halinen 和 Törnroos(1998)二人对嵌入的概念进行了更深层次的探索,将嵌入发展视作一个理论工具,主要用来阐述网络的动态化特征,可以对企业在网络上的变化和发展趋势进行阐述,将其定义为企业和各类网络关系对其存在的依赖性[5]。

对于嵌入的类型划分,学者提出了不同的看法并对其采用了不同的分类标准。Granovetter(1992)在其《经济生活社会学》一书中论述道:主体的经济行为主要存在于和他人进行互动的网络关系之中,其在本质上体现为单个二元连结的质量和深度[6]。他将人类社会网络中的嵌入关系分为两类:一类是关系性,主要体现为双边关系间存在的影响;另一类是结构性,主要体现为整个网络结构所产生的影响。所谓关系嵌入,因其属于直接的方式,是双方相互吸引而产生的双向行为,故这种关系嵌入会对人或组织的行为产生最直接的影响,主要从关系的内容、方向、延续性及强度等方面来度量,通常由过去直接互动的经验产生,如友谊、信任等。因此,网络参与者间相互联系的二元交易关系问题如信任关系、协作关系等成为研究关系的要素,强调直接连结所产生的影响与发挥的效用。所谓结构嵌入,主要指网络结构对个人的行为和最终的结果产生的影响,其强调的是"主体之间相互接触、相互连结的程度"[7],这表明了组织之间不仅有相互的关系,而且还有与相同的第三方的关系。在结构

---

[1] UZZI B, GILLESPIE J J. Knowledge spillover in corporate financing networks: embeddedness and the firm's debt performance [J]. Strategic Management Journal, 2002, 23 (7): 595−618.

[2] SMITH P, LAAGE H J. Small group analysis in industrial networks [M]//AXELSSON B, EASTON G. Industrial networks: a new view of reality. London: Routledge, 1992: 51.

[3] MATTSSON L G. An application of a network approach to marketing: defending and changing market positions [M]//DHOLAKIA N, ARNDT J. Changing the course of marketing: alternative paradigms for widening marketing theory, research in marketing. Greenwich: JAI Press, 1985: 265.

[4] HÅKANSSON H, SNEHOTA I. Developing relationships in business networks [M]. London: Routledge, 1995: 147.

[5] HALINEN A, TÖRNROOS J Å. The role of embeddedness in the evolution of business networks [J]. Scandinavian Journal of Management, 1998, 14 (3): 187−205.

[6] GRANOVETTER M, SWEDBERG R. Social of economic life [M]. Boulder: Westview Press, 1992: 48.

[7] GRANOVETTER M. Economic action and social structure: the problem of embeddedness [J]. American Journal of Sociology, 1985, 91: 481−510.

嵌入中，互动的两个主体已经逐渐成为更大结构中重要的部分，主要是从多方面进行考量，比如网络的位置、网络的密度等，对网络参与者的总体结构进行研究，需要重点突出网络密度、企业位置等对企业产生的影响，比如对企业发展趋势产生的影响，对企业绩效产生的影响等。Zukin 和 Dimaggio（1990）将嵌入性划分为结构嵌入性（关注网络结构以及公司间社会联系的质量，应用于分析公司在网络中所处位置与其经济绩效之间的关系）、认知嵌入性（关注与经济逻辑相关的网络认知过程）、文化嵌入性（关注促成经济目标实现的共有信念和价值观）与政治嵌入性（关注经济能量和激励的某些制度特征）[1]。Gulati（1998）在后续的研究中也沿用了 Granovetter 的分类，提出企业网络方面的嵌入可以分为两种类型：一种是关系嵌入，主要是指在单对连结关系中互动的程度与资源共享的程度；另一种是结构嵌入，主要是指从单对连结关系到整个企业网络成员连结的密切程度[2]。

  综上所述，学者根据不同的研究目的对嵌入进行了不同层面、不同类别的划分，但是这些研究大都是以 Granovetter 的嵌入分类为基础展开的，并且研究结果大致一致，均认为个体的社会行为或组织的经济行为势必会嵌入特定的关系网络之中。因此，在剖析经济活动对组织的影响时，首先要将各个行为主体之间存在的联系和在网络中主体存在着怎样的位置纳入考虑范围，这也为本书研究提供了理论基础。依据 Granovetter 对嵌入的分类，笔者认为在我国学前融合教育协同治理过程中，多元主体的协同治理行为都应嵌入当下所处的社会环境之中，这既包括结构嵌入形式下的多元主体所处网络的总体结构，强调多元主体的关系及其互动机制对协同治理行为的影响，也包括关系嵌入形式下网络中不同主体之间的具体关系对该主体的影响。结构嵌入最重要的因素是直接连带的有无，而关系嵌入更注重彼此的互动过程，成员通过相互连结，以分享更多的信息和知识[3]。根据现阶段已有文献的梳理，结合多元主体协同治理的特征，本书将关系嵌入与结构嵌入引入学前融合教育协同治理，并对其过程进行研究，将关系嵌入界定为参与学前融合教育协同治理的多元主体之间形成的一种非正式网络，多元主体通过其不断进行信息与资源共享、交流互动，以追求长期协同合作关系。这种关系对多元主体在学前融合教育协同治理过程中

---

[1] ZUKIN S, DIMAGGIO P. Structures of capital: the social organization of economy [M]. Cambridge, MA: Cambridge University Press, 1990: 132.

[2] GULATI R. Alliances and networks [J]. Strategic Management Journal, 1998, 19 (4): 293-317.

[3] GRANOVETTER M. Economic action and social structure: the problem of embeddedness [J]. American Journal of Sociology, 1985, 91 (3): 481-510.

获取不同资源的途径发挥着重要作用。

四、系统理论

贝塔朗菲（Bertalanfy）于1920年提出了"系统"的基本思想，并于1937年正式提出"一般系统论"的基本概念。他指出，"根据一定标准划分的组织体系构成了有机体系统。各个要素共同构成了一个系统的整体，与环境的联系是紧密的"[1]。而一般系统论在学界被广泛关注是在20世纪40年代末。我国科学家钱学森认为系统并不是单独存在的，是由各个事物之间存在的作用而逐渐形成拥有固定结构和功能的有机整体[2]。

系统是客观且普遍存在的。从宏观角度进行分类，系统可以分成三类：其一为自然系统，其二为人工系统，其三则是复合系统。系统论进一步指出，系统是许多要素进行有机结合而形成的一个庞大的整体，通过不停地和外界进行信息、能量的交换，而达到一个稳定的状态。系统论强调立足于统一整体的基础上展开对整体与部分、部分与部分、整体与外部环境之间联系的相关分析，以此来实现对系统运行规律的综合把握、细致考察与精确揭示，从而获得整体效益最大化的最终结果。基于此，系统论推动了众多系统科学理论的形成与发展，比如控制论、耗散结构论、协同学等[3][4]。

伴随着人类世界的不断发展，与之相关的复杂问题也随之凸显，以传统方式解决复杂问题的局限性与无效性进一步助推了复杂性科学的兴起。复杂性科学将多种学科进行交叉融合，综合运用各学科的有益成果并将其有机结合，为人类提供了一种新型的思维逻辑，带领着人类迈入了一个全新的认识领域。从科学方法论角度来看，复杂性是系统内在属性，是复杂性科学中的首要概念。学者基于不同的学科背景对于复杂性予以了不同定义。Bertalanffy（1954）是首位提出复杂性科学定义的学者。他认为复杂性是主体拥有复杂多变的属性，其定义是对事物性质展开的更深层次的剖析[5]。Holland（2014）认为系统中存在的复杂性是由于不同层次的主体不断适应环境并与环境持续不断地进行相

---

[1] 贝塔朗菲. 一般系统论：基础、发展和应用[M]. 林康义，魏宏森，等译. 北京：清华大学出版社，1987：30.
[2] 钱学森. 论系统工程[M]. 长沙：湖南科学技术出版社，1982：186.
[3] 霍绍周. 系统论[M]. 北京：科学技术文献出版社，1988：13.
[4] 魏宏森，曾国屏. 系统论：系统科学哲学[M]. 北京：清华大学出版社，1995：99.
[5] 贝塔朗菲. 一般系统论：基础、发展和应用[M]. 林康义，魏宏森，等译. 北京：清华大学出版社，1987：13.

互作用而产生的,其主要特点就是涌现性①。Herbert(1971)认为,复杂系统主要是由多层次的主体组成的,并且每个主体之间都有着复杂的关系并产生着相互作用,从而使得系统的整体效能会比部分主体效能之和更大②。当下学者普遍认为,复杂系统由多层次、多要素的主体组成,并且这些主体之间都存在着复杂的关系,在系统内部,这些主体之间相互合作、互相影响,形成了紧密连接的关系,并存在复杂且稳定的变化。其中,第三代系统观中复杂适应系统理论引入了适应性行为主体概念,一改往日将系统元素视为"被动化"的对象,而根据主体间、主体同环境之间的联系和互动去认识和描述复杂系统中的行为,进而凸显了复杂系统的多样性、动态性、过程性的特征,为人们研究复杂系统开拓了另一全新的视野。

复杂系统和复杂性科学为人类开启了一扇认识与探索自然奥秘与规律的新大门,使得人们对其能够进行深层次的认识与理解。随着时代的发展,复杂系统也处于不断变化之中,传统的建模方式已经无法满足复杂系统研究的需要,因其不能将复杂系统的特征予以准确、全面、客观的揭示,故对于自然科学与社会科学等领域的复杂性与复杂系统的相关研究,亟待运用新的建模理论与方法来研究。不断发展与完善的仿真模型与建模仿真技术能够实现复杂系统与现实的紧密贴合,进而做出科学完备的描述与阐释,更加适用于生态、经济等领域的系统建模。在对复杂系统建立模型的过程中,核心内容就是将系统模型进行科学、准确的构建,通过抽象的方式深化人类对客观世界和自然现象的认知。运用多元主体系统建模的方法,对复杂系统中的构成主体(比如教育生态系统中的政府、学校、社区、社会组织、家庭等)进行建模,将各主体相互之间、主体与环境之间的关系和行为展开细致的描绘,从而将处于复杂系统中微观个体的行为和宏观系统的"涌现性"进行有机结合。该建模理论及方法已经被证实是可及、可靠且有效的,是一种自上而下和自下而上的综合交互分析模式,同时展示出了建模过程的灵活性,使得模型更加层次分明,也能够更直观地体现系统要素及其运作特点③。作为新时代的一种研究方法,其已经逐渐演变并上升成为一种新的思维方式,进而在国内外被视作一种强有力的工具,在对复杂系统进行研究过程中得到了广泛的应用,对社会经济领域模型的研究产

---

① HOLLAND J H. Complexity: a very short introduction [M]. Oxford: Oxford University Press, 2014: 164.
② HERBERT S. Bounded rationality in social science: today and tomorrow [J]. Mind & Society, 2000, 1 (1): 25—39.
③ 葛永林,徐正春. 论霍兰的 CAS 理论——复杂系统研究新视野 [J]. 系统辩证学学报,2002,10 (3): 65—67.

生了深远影响。大量学者希望通过对该建模技术的研究，在复杂系统建模的探索道路上不断找寻新的突破。

第二节 理论分析框架构建

在明确了相关概念和基本理论后，笔者尝试构建本书的理论分析框架。这一分析框架主要基于结构功能主义视角，并以协同治理之重要元素和理论分析模型为参照，同时汲取利益相关者理论、嵌入性理论、系统理论等理论中的合理部分，构建出学前融合教育协同治理多元主体行为影响因素及路径研究的理论分析框架，分别从理论前提、理论分析框架的提出与应用来进行阐述。

一、理论前提

（一）结构功能主义

结构功能主义是西方社会提出的一个社会学领域的理论流派，适用范围广泛、可操作性强。这一理论将社会描绘成具有特定结构或组织形式的系统，其内部的不同组成部分有秩序地产生相互作用，分别发挥各自相应的功能，以影响社会整体[①]。帕森斯作为这一理论学派的创立者与代表者，极大地推动了美国的社会学发展，其理论涵盖的方法成为美国社会学的主流分析方法。帕森斯以系统论为基础，将功能概念与系统概念进行了一一对应，并提出将行动系统划分为四个有机子系统，具体包括社会系统、人格系统、文化系统和社会系统。他尤其强调，社会系统是一个由不同行为者基于联系与互动而形成的网络，其中包括个人行动者和集体行动成员，由此构成社会系统的基本结构，而其中的众多行动者在社会普遍接受的价值观的形成和实现中发挥着其应有的作用。基于社会系统理论，帕森斯提出了结构功能模型（AGIL），并指出社会系统的运行、延续和发展必须满足一定的条件，只有在此基础上才能实现社会运转的和谐与顺畅。其中包括四个方面的功能：其一为"适应"功能；其二为"目标达成"功能；其三为"整合"功能；其四为"潜护"功能，即模式维持功能。

在帕森斯的观点中，可将系统看作一个关系网络，社会是具有一定结构或组织化形式的系统。社会系统被界定为一个基于行为者互动过程的体系，是拥

---

① 刘润忠. 试析结构功能主义及其社会理论 [J]. 天津社会科学, 2005 (5): 52-56.

有多个次系统（子系统）集合的具有不同功能的综合系统，其中的各部分有序合理地关联起来；各子系统都有其自身的功能，其中某些功能可能会影响整体功能的发挥。他还强调了秩序、行为及共同价值体系在形成稳定的社会结构和维持良性的社会互动模式中的作用。帕森斯进一步指出，对社会制度结构的研究涉及对秩序问题的研究，因为秩序是结构的本质，结构是由系统中的关键行为者在某一情境中展开彼此间的互动而形成的[1]。基于此，可见社会系统中关键成员的重要性被进一步突出。因此，帕森斯将"位置"及与之对应的"角色"作为分析互动模式的基本单位。"位置"是指处于社会系统的成员所在的结构方位，"角色"是指社会期待成员在此位置中能产生并实施的行为。"位置"是相对于成员个体变化较为稳定的一个系统，无论个体发生何种变化，其置身于特定的"位置"所承载的角色行为期待会使其在系统中发挥相应的功能。在此结构下，个体成员之间因"位置"与"角色"的关系而产生持续的互动，不同个体成员之间相互依存，各自的行为变化都会对其他成员产生影响[2]。而社会系统的基本结构是由"位置"与其对应的"角色"之间的关系结构形成的，维持社会系统的秩序与稳定有赖于角色行为的规范化、制度化及其有效的互动模式。由此可见，帕森斯建立起一个新的分析框架，即"系统—结构—功能—行动"，在此框架的指导下有助于揭示社会复杂问题的本质及"破局"介入的着力点，为多元主体在学前融合教育协同治理中发挥功能提供了独特研究视角。在此视角下提供了一个整体性的分析范式，有助于对学前融合教育协同治理层面中的多元参与主体形成的有机整体进行剖析。

结构功能主义的思想与学前融合教育协同治理多元主体行为影响因素及路径研究之间存在多方面的契合性，能够对多元主体协同治理行为展开的相关问题做出科学解释。基于结构功能主义的思想观点来审视学前融合教育协同治理多元主体行为的展开与实施，可以做出如下解释：如果将协同治理模式作为学前融合教育治理系统运作的目标追求，则需要通过相应结构的确立以及相应功能的扩充，以实现学前融合教育协同治理。协同的趋势要求调整治理结构，同时要求强化不同结构模块的效用。基于结构功能主义视角来观察和分析学前融合教育的多元主体协同治理行为实施过程，可以把握治理的结构性要求及功能性诉求。因为经历着不断转型和发展的学前融合教育协同治理系统必定是一个复杂的，涉及政治、经济、社会和文化等多方面且多要素的系统，系统中多元

---

[1] 周怡. 社会结构：由"形构"到"解构"——结构功能主义、结构主义和后结构主义理论之走向[J]. 社会学研究，2000，15（3）：55-66.

[2] 吕童. 网格化治理结构优化路径探讨——以结构功能主义为视角[J]. 北京社会科学，2021（4）：106-115.

主体所在的不同子系统由其主体特征而具备自身独特属性，各子系统与其他子系统之间的内在要素流动与外部相互作用共同构成了学前融合教育协同治理系统结构；而众多子系统在经济、政治、社会以及文化各方面的功能发挥，是学前融合教育治理系统功能效用实现的关键。学前融合教育治理系统的有效运作与目标实现依赖于合理化的系统结构安排及相应系统功能的有效发挥。将结构功能主义相关理论分析应用于学前融合教育协同治理进程中对多元主体行为进行分析，一方面可以把握协同治理系统结构要求与功能诉求；另一方面以"位置—角色"的分析思路能够进一步廓清所涉及的各主体间的多元关系，明晰各主体的角色定位及与之对应的角色期待。此外，由于学前融合教育治理体系是一个涵盖多领域、多要素、多面向的复杂庞大的系统，因而要实现其多元主体协同的目标，需要不同主体所在子系统之间彼此合作，相互协调与配合，从而充分地发挥出其固有的功能，并通过不断地调整、适应与优化，尽可能减少或避免子系统间的纠纷与摩擦，确保其在系统环境中的稳定互动，最终呈现出最大化的整体协同成效，以实现系统整体性、全局性的发展。

（二）协同治理之重要元素与理论分析模型

协同治理理论从初始就持续伴随着实践活动出现，实践活动继而也成为丰富理论的重要支点。众多学者就多元主体以组织关系视角搭建了组织协同的理论性架构，总结归纳了协同治理的重要元素，如表2-3所示。

表2-3 协同治理的重要元素

代表人物	协同治理的重要元素
Bryson, Crosby & Stone (2006)[1]	1. 初始条件 2. 正式与非正式过程（共识、领导、合法、信任、冲突管理、规划） 3. 正式与非正式结构（成员、结构图貌、治理结构） 4. 权变与限制（协同类型、权力不均、理念冲突） 5. 后果与苛责
Thomson & Perry (2006)[2]	1. 前提 2. 过程（治理、行政、组织自主、互惠、信任与互惠的规则） 3. 结果

---

[1] BRYSON J M, CROSBY B C, STONE M M. The design and implementation of cross-sector collaborations: propositions from the literature [J]. Public Administration Review, 2006, 66 (S1): 44—55.

[2] THOMSON A M, PERRY J L. Collaboration processes: inside the black box [J]. Public Administration Review, 2006, 66: 20—32.

续表

代表人物	协同治理的重要元素
Ansell & Gash (2007)①	1. 启动情境 2. 协同过程（面对面对话、信任建立、过程性承诺、共享式理解、调解结果、建构式领导） 3. 结果 4. 外加核心权变（时间、信任、互依）
Provan & Kenis (2008)②	1. 网络治理理想形态（参与式治理、领导组织、网络行政组织） 2. 关键权变（信任程度、成员人数、目标共识、网络能力的需求层级——任务属性与外部需求类别） 3. 持续性紧张关系（效率、合法性、弹性、系统演化）
Agranoff (2010)③	1. 决策网络与非决策网络 2. 过程（积极、建构、动员、综合）
Emerson, Nabatchi & Balogh (2012)④	1. 系统脉络（驱力——协同治理体制与协同动态、主要投入、联合行动的能力、共享式动机） 2. 行动 3. 影响 4. 调试
Koschmann, Kuhn & Pfarrer (2012)⑤	1. 沟通实务（增加沟通意义、管理向心与离心的强制力、创造认同的区辨与稳定） 2. 发布权威内容 3. 权威内容的轨道 4. 跨部门伙伴价值的沟通实作评估（外部化系统间的影响、资本转换的计量）

由于协同治理本质上是一个复杂的动态过程，将实践活动中不同类型的协同治理通过一个抽象化、概念化的视角来分析显然是一项十分艰巨的任务，面临众多挑战。众多学者通过对其重要元素的探究，试图从不同方面寻求成功的重要因素。其中部分学者尝试构建分析模型，以更好地分析协同的实践过程。

---

① ANSELL C, GASH A. Collaborative governance in theory and practice [J]. Journal of Public Administration Research and Theory, 2008, 18 (4): 543—571.
② PROVAN K G, KENIS P. Modes of network governance: structure, management, and effectiveness [J]. Journal of Public Administration Research and Theory, 2008, 18 (2): 229—252.
③ AGRANOFF R. Managing with networks: adding values to public administration [M]. Washington DC: Georgetown University Press, 2010: 72.
④ EMERSON K, NABATCHI T, BALOGH S. An integrative framework for collaborative governance [J]. Journal of Public Administration Research and Theory, 2012, 22 (1): 1—29.
⑤ KOSCHMANN M A, KUHN T R, PFARRER M D. A communicative framework of value in cross-sector partnerships [J]. Academy of Management Review, 2012, 37 (3): 332—354.

尽管部分学者在构建模型时并未使用"协同治理"的准确概念，但其研究的现象在很大程度上体现出了与协同治理极高的一致性与相似性，因而可将该类模型作为参考。具有代表性的理论模型如下：

1. Bryson 模型

Bryson、Crosby 和 Stone 三位来自明尼苏达大学的学者对已有的大量文献展开研究，提出了"跨部门协同"的分析模型。在该模型中，"跨部门合作"是指两个或两个以上部门组织通过信息、资源、行为和技能的交流与共享，为实现单一组织无法实现的目标而共同努力。该模型将初始条件、过程、结构与治理、偶然事件与约束条件、后果与苛责五个部分视为其核心构成要素。图2-1 显示了这五个部分包含的因素及其相关关系。综上所述，Bryson 模型涵盖了从起因到后果、苛责的协同治理全过程，并综合考虑了多方因素。

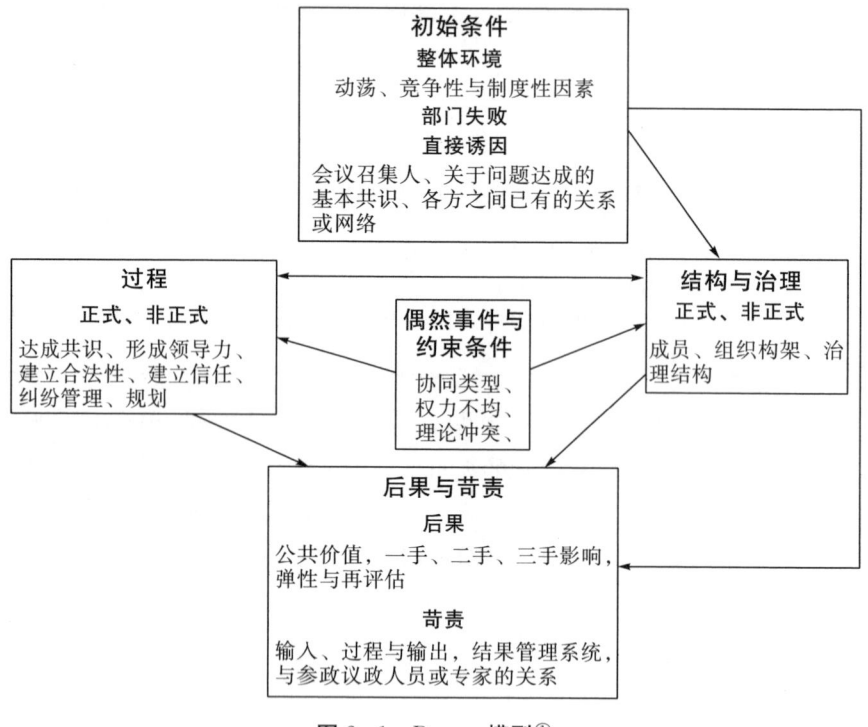

图 2-1 Bryson 模型[①]

---

① BRYSON J M, CROSBY B C, STONE M M. The design and implementation of cross-sector collaborations: propositions from the literature [J]. Public Administration Review, 2006, 66 (S1): 44—55.

2. 六维协同模型

作为加拿大国家信息中心与美国奥尔巴尼大学政府技术中心联合开展的"公共服务供给的新协同合作模式"研究的阶段性成果,六维协同模型涵盖六个维度,并将其中的重要因子作为衡量协同能否成功的关键因素,具体模型如图 2-2 所示。基于跨国公共服务研究的背景,该模型侧重于考量具体国家特定的社会背景环境,囊括多维要素,即政治、社会、经济、文化环境对协同所产生的重要影响。同时,该模型将协同模式进一步划分为三种情况,包括公共部门内部协同、公私部门协同以及公共部门与非营利组织的协同,并详细分析了不同模式对协同过程的影响。

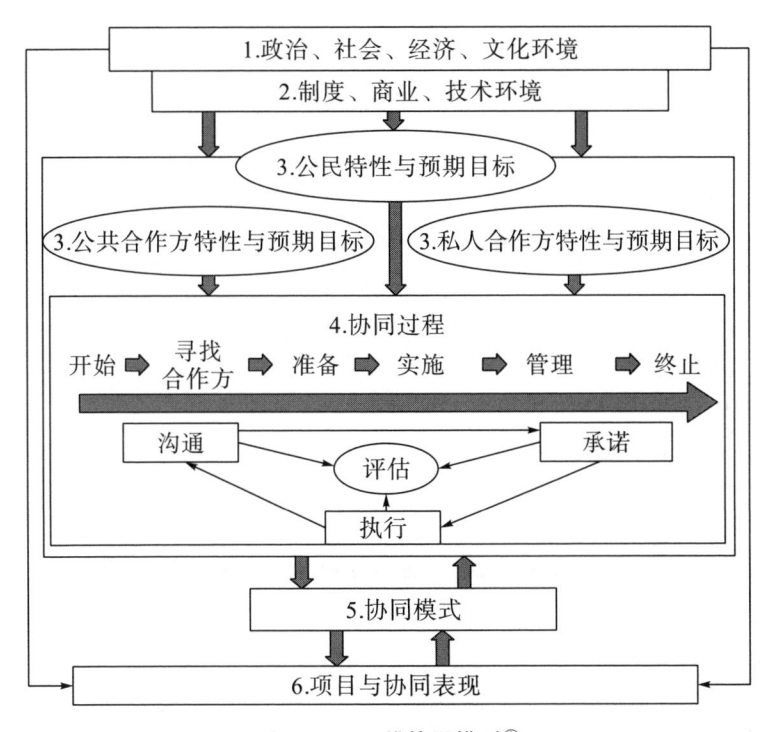

图 2-2 六维协同模型[①]

3. 多维协同模型

学者 Wood 和 Gray(1991)用"前期—过程—结果"的三个阶段按照时

---

① DAWES S S, PREFONTAINE L. Understanding new models of collaboration for delivering government services [J]. Communications of the ACM, 2003, 46 (1): 40-42.

间序列展开协同治理，不断完成计划目标①，将协作的过程视为一个连续的策略。Ring 和 Van de Ven（1994）转变视角，将协同行动置于动态循环的过程之中，照此逻辑，协同行为在组织间的展开经历着"评估—协商—承诺—执行"的循环过程②。以流程为导向的协同定义必须考虑协同的非线性和紧急性质，这表明协同会随着各方的互动而不断发展。Thomson 和 Perry（2006）在对前人研究的基础上，基于"前提—过程—结果"的分析提出了协同过程中的"黑匣子"，其具体包括管理、行政、组织自治、相互关系、信任与互惠五个可变维度，共同对协同过程的复杂结构产生重要影响，从而构建出"多维协同模型"，如图 2-3 所示。

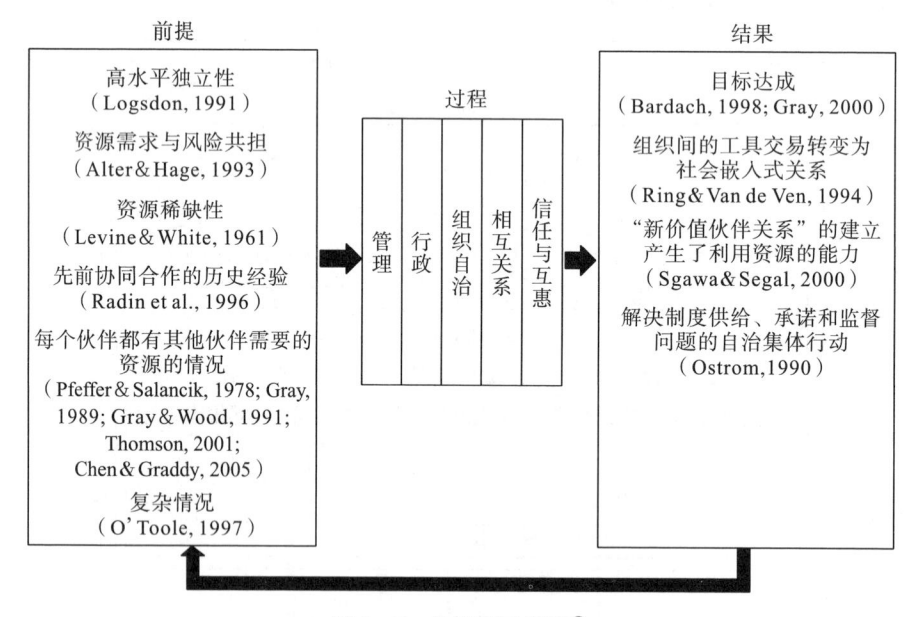

图 2-3 多维协同模型③

该模型框架表明，组织通过反复的谈判、承诺的制定与执行、展开正式和非正式的互动，随着时间的推移，协同便会发生。具体来看，此模型的五个维度中，管理与行政是结构维度，组织自治是代理维度，相互关系和信任与互惠是社会资本维度。尽管这些维度是具有显著差异性的变量，却是相互依存的，

---

① WOOD D J, GRAY B. Toward a comprehensive theory of collaboration [J]. The Journal of Applied Behavioral Science，1991，27（2）：139-162.

② RING P S, VAN DE VEN A H. Developmental processes of cooperative interorganizational relationships [J]. Academy of Management Review，1994，19（1）：90-118.

③ THOMSON A M, PERRY J L. Collaboration processes: inside the black box [J]. Public Administration Review，2006，66（S1）：20-32.

因为从一个维度到另一个维度不一定按顺序发生。五个维度的运动取决于多种因素，包括但不限于内部关系和外部因素，如先行条件、不确定性、模糊性、成员变动和多重责任。Thomson 和 Perry（2006）认为目前无法为这五个维度指定最佳水平，公共管理者和合作伙伴能够且应该尝试做的是通过相互适应和鼓励沟通谈判以寻求在各个维度之间的平衡[①]。

4. 公私协力运作模型

我国学者王千文的研究基于已有文献以公私协同合作而获得了成功的执行要件的整理，并应用德尔菲法构建出了一套公私协力运作模式。他在研究中指出公私协力关系的建立能够促使公部门开拓并善用私部门的资源及创意，其论证过程也是将研究放置于"治理"的宏观背景下，因而其构建的模型也可作为协同治理的参考模型。在该模型中，公私协力被划分为了四个阶段，具体包括策略规划、协力发展、协力执行和协力评估，体现了一种线性结构的安排，并将成功实施的相关因素归置进了适当的阶段，如图 2-4 所示。

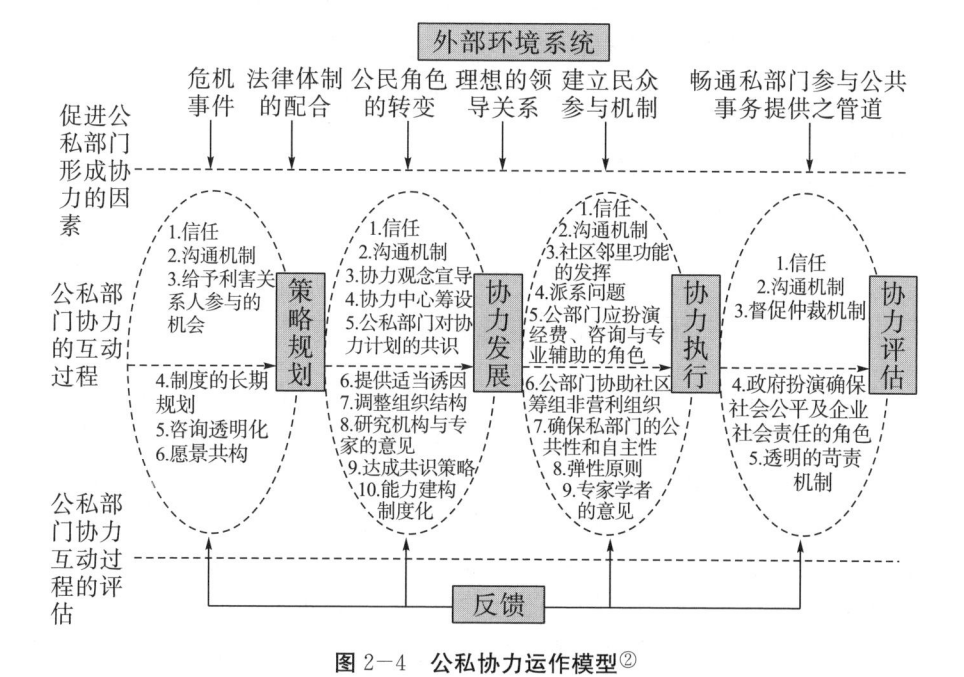

图 2-4 公私协力运作模型[②]

---

① THOMSON A M, PERRY J L. Collaboration processes: inside the black box [J]. Public Administration Review, 2006, 66 (S1): 20-32.

② 王千文. 应用德菲法建构理想的公私协力运作模式 [J]. 政策研究学报, 2009 (9): 83-146.

5. SFIC 模型

学者 Ansell 和 Gash 收集了 137 个来自不同国家、不同政策领域的案例，并对其展开了"连续近似分析"，得出了由起始条件、催化领导、制度设计和协同过程四个部分组成的模型，即 SFIC 模型（如图 2-5 所示）。这四个部分共同构成了协同治理实现高效运转的前提条件，而每部分又囊括众多被进一步细分过的变量。其中，整个模型的核心部分是协同过程，而其他部分则是为其设定背景或进行影响。

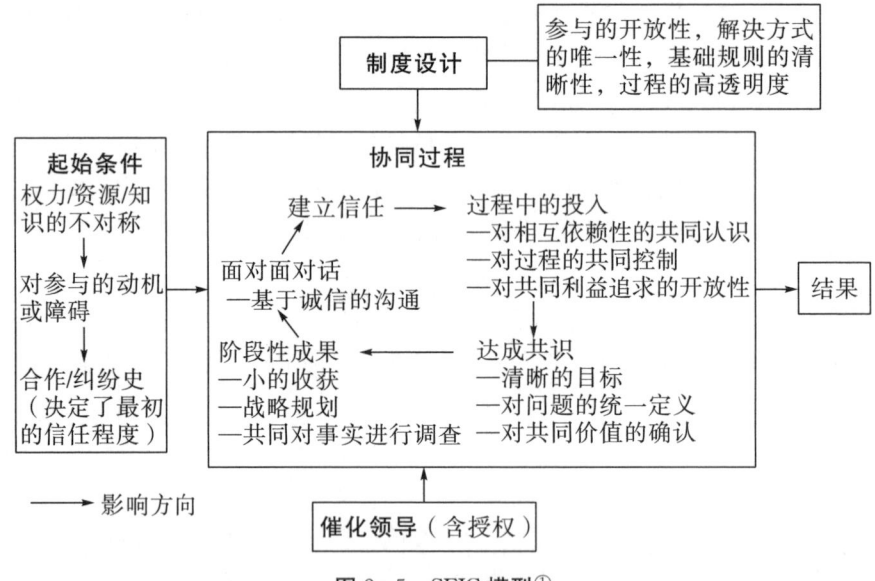

图 2-5 SFIC 模型[①]

从前面协同治理之重要元素与相关理论模型中可以看出，相关学者对协同治理进行了不同的描述，如参与式决策、共享权力安排、解决问题。尽管不同学者对协同治理呈现出不同关注点，研究也各有特点，但仍然可以清晰地看到各类研究具有以下共同点：协同是一个过程，具有动态变化性，尚且不存在一个通用的方法去创造"联合"。协同过程具有复杂性，受到多种因素的影响，其中利益、互动、信任、关系等得到了广泛关注，当各方聚在一起合作时，他们就如何共同制定工作规则做出联合决策，从而明确以下内容：谁有资格做决定，哪些行为是允许的，哪些是应被提供的必要信息，成本应如何分担、利益

---

① ANSELL C, GASH A. Collaborative governance in theory and practice [J]. Journal of Public Administration Research and Theory, 2008, 18 (4): 543—571.

应如何分配[①]。协同是基于行为的研究，关注行为产生的前提条件、行为过程与行为结果。在协同中寻求合作伙伴必须共同制定规范各方行为和关系的具体规则，这涉及合作双方的沟通、谈判及做出承诺。各研究中的描述均反映出一种共识：协同过程中的参与者不仅对达成协议负有直接责任，同时自身也需要践行集体决策的结果[②]；协同过程中信息必须具备开放性与共享性，协同过程与结果反映的是群体共识，而非联盟或强权政治[③][④]；合作并不意味着每个人都必须同意可能的最佳解决方案，只是意味着他们是否愿意支持这个决定[⑤]。协同治理过程需要普遍共识的支撑，而普遍共识的达成实质上是一种实现相对平衡的过程，在此之中伙伴间的竞争和冲突仍会发生，但他们是在更大的框架内形成关于共同确定协议及协作实施准则的普遍认同[⑥]。要达到这种平衡则需要相关参与人员在进行协同合作时理解这种治理形式所伴随的共同责任[⑦]。除此之外，协同治理在一定程度上展现出了公共性动机，其应用价值能够满足解决复杂公共问题的诉求、创造公共利益与公共价值。协同治理本身也可被视为一种公共价值的体现[⑧]；换言之，协同治理的价值理性并不仅限于达到理想的政策结果，更在于"决策在实践中更为有效的付诸实施"[⑨]。这体现了协同治理的实践过程是一个积累公共性的过程，在此过程中，参与者共同行动，摒弃等级制度和强制命令，突出强调了参与者在平等协商的基础上达成共识，并基于此来共同制定和实施相应的解决方案，这使其具备了成为公共价值的可能性。

---

① OSTROM E. Governing the commons：the evolution of institutions for collective action [M]. Cambridge：Cambridge University Press，1990：113.

② GRAY B. Collaborating：finding common ground for multiparty problems [M]. San Francisco：Jossey-Bass，1989：40.

③ MCCAFFREY D P，FAERMAN S R，HART D W. The appeal and difficulties of participative systems [J]. Organization Science，1995，6 (6)：603-627.

④ THOMSON A M. Ameri Corps organizational networks on the ground：six case studies of Indiana AmeriCorps Programs [M]. Washington DC：Corporation for National Service，1999：153.

⑤ THOMSON A M. Ameri Corps organizational networks on the ground：six case studies of Indiana AmeriCorps Programs [M]. Washington DC：Corporation for National Service，1999：51.

⑥ WARREN R L. The interorganizational field as a focus for investigation [J]. Administrative Science Quarterly，1967，12 (3)：396-419.

⑦ HIMMELMAN A T. On the theory and practice of transformational collaboration：from social service to social justice [M] //HUXHAM C. Creating collaborative advantage. London：SAGE Publications，1996：110.

⑧ AMSLER L B. Collaborative governance：integrating management，politics，and law [J]. Public Administration Review，2016，76 (5)：700-711.

⑨ 杨清华. 协同治理的价值及其局限分析 [J]. 中北大学学报（社会科学版），2011，27 (1)：6-9.

二、理论分析框架的提出与应用

目前，学前融合教育协同治理多元主体行为影响因素及路径并没有明确的理论性阐释，对于在协同治理模式下的多元主体行为影响的前因后果也没有一个明晰的框架可供参考。依据前人研究成果以及发达国家的治理经验，在学前融合教育发展过程中，众多主体均为重要的参与者，与学前融合教育协同治理的实现有着密切联系，并且对其目标的实现发挥着举足轻重的作用。如何在理论层面上将多元主体参与协同治理而展开相应的行为过程进行明晰的阐释，既是本书的创新之处，也是当下的现实要求。学前融合教育协同治理目标的实现需要考虑多方面因素，但也并非"广撒网"似的一味追求大而全，因此本书尝试聚焦于协同治理过程中的多元主体行为层面，通过逐一分析学前融合教育协同治理的多元参与主体与角色功能、参与协同治理行为的影响因素、参与协同治理的具体行为与方式方法，以及协同治理产生结果的具体表现形式，梳理出从"主体"到"过程"再到"结果"的学前融合教育协同治理逻辑，进而提出学前融合教育协同治理多元主体行为影响因素及路径的理论分析框架，如图2-6所示。

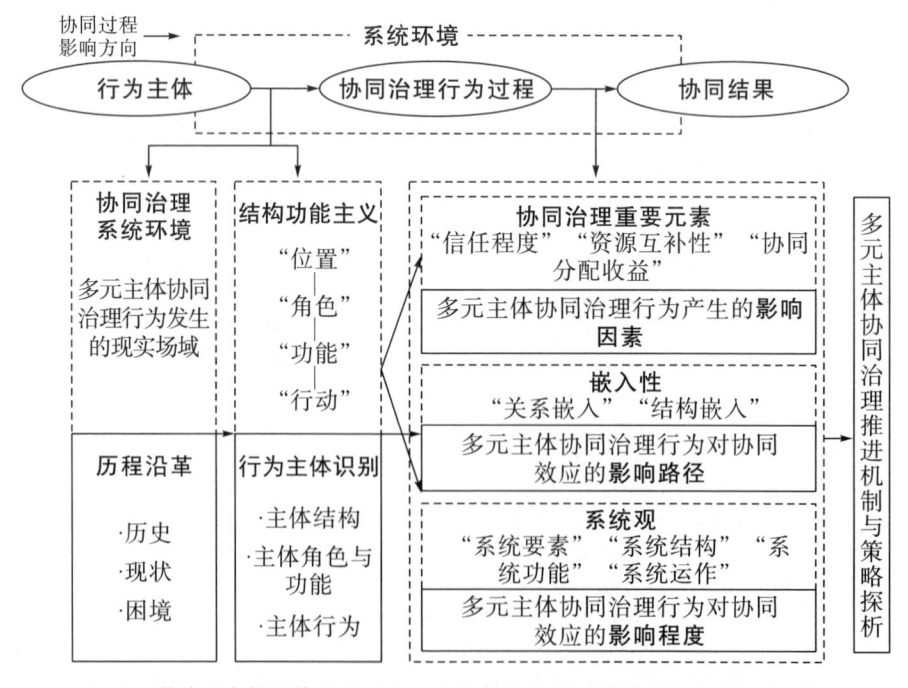

图2-6 学前融合教育协同治理多元主体行为影响因素及路径的理论分析框架

由图 2-6 可知，我国学前融合教育协同治理多元主体行为影响因素及路径的理论分析框架主要由行为主体、协同治理行为过程及协同结果三个层面构成。立足于具体操作层面，我国学前融合教育协同治理是一个囊括多元主体系统的治理体系，其中政府占据主导地位，而各治理主体互为支撑、相互约束，共同服务于学前融合教育协同治理实践而展开相应的协同行动，多元主体在学前融合教育协同治理中各自发挥着不可或缺的作用。

首先，对我国学前融合教育协同治理实践与多元主体行为展开背景性系统环境的考量是十分必要的。如前所述，协同治理的重要元素与相关理论模型中绝大部分均将协同治理实践所在的系统环境视为"前提"，并论证了协同治理的产生、维系、变迁与发展都镶嵌于特定的环境之中并深受其影响。背景性系统环境包括政治、经济、社会、文化等多层次、多面向且相互关联的因素，不仅是协同治理实践的现实场域，而且为协同治理的产生和启动提供重要条件。背景性系统环境的分析实质上是对协同治理当前所处境况的概述，是其发展机遇与面临挑战的客观审视，相关的背景性因素一方面可被视为决定协同治理能否展开的重要基础，另一方面在协同治理过程中能够对参与者之间的结构安排、互动关系等产生重要的、动态的、持续的影响。此外，协同治理过程中的参与者因其主观能动性的发挥同样会影响系统环境，进而使之发生改变。事实上，协同治理产生的核心目的在于改变问题产生、恶化或维系的系统环境条件。从动态视角来看，随着时间的推移，学前融合教育多元主体参与协同治理的行为演变对协同治理产生持续性的作用，既形成了协同治理的样态，又影响着协同治理的结果。因此，基于背景性系统环境的分析能够明确我国学前融合教育的发展现状及现实困境，通过对其展开深刻解析，进而对"多元但未充分协同"的显性问题展开理论层面的归因分析。

其次，对我国学前融合教育协同治理的多元主体进行梳理，并对影响其产生协同治理行为的重要因素进行考量。由于学前融合教育协同治理覆盖宏观、中观、微观等多层面，以及实际操作的多层次，涵盖顶层制度设计、资源供给与获取、要素流通、执行等多个环节，其中包含政策制定与执行的优化、教育体制机制的改革与调整、教育理念与方法的迭代更新、公众价值观的改变等多方面内容，是涉及政治、经济、社会和文化的复杂性系统。无论是宏观层面实现系统协同、可持续发展，还是微观层面显现出良好的协同治理成效，均依赖于特定"主体"的实施与执行，因而"主体"需要被重点关注。从政府角度看，由于受到众多条件限制，政府需要与其他组织进行协同，解决其无法独立处理的复杂社会问题。这一观点已得到了普遍认同[1]。随着社会的发展，社会组织等第三方机构与社会公众逐渐展示出了一些在公共服务中替代政府或发挥补充作用的独特优势，如组织或团体的灵活性、成员较高的投入热情、对专业需求的快速反应、解决方案的创新性等[2]。因此，基于利益相关者理论，本书认为学前融合教育协同治理活动中的重要主体囊括政府、幼儿园、社会组织以及以家长为代表的社会公众。以结构功能主义视角审视各主体在学前融合教育协同治理结构中的角色定位，明晰各自职能与行为边界，在此基础上以博弈的思想探寻各主体参与协同治理行为策略选择的重要影响因素。结合协同治理之重要元素与相关理论模型要素的分析，可将具有共性的要素用以描述协同过程实践。多数情况下，各组织参与方自身的协同意愿动机是协同治理能否得以实现的关键因素。对自身利益考量的影响、对其他利益相关者所拥有的资源即资源互补程度的影响、基于道德或伦理的行动自觉（包括信任程度所带来的影响）等因素对协同治理活动的展开产生了举足轻重的作用。此外，它们参与协同的动机可能取决于组织的构架和定位、共同或者有分歧的目标，或者与获得资源的机会相关，而最重要的则是获得政府的资金支持[3]。因此，本书也尝试借鉴这些因素，对多元主体参与学前融合教育协同治理策略选择进行分析和进一步论证。

再次，对我国学前融合教育协同治理的多元主体的行为及行为结果之间的作用路径进行关联判定，即识别多元主体的具体行为是否对学前融合教育协同治理的结果（以协同效应为例）产生了影响，梳理各自行为的影响路径。科学有效的学前融合教育协同治理行为实践是将"以儿童为中心"的发展理念落地实施的关键。总体而言，学前融合教育协同治理的维度呈现出从单一主体到多元主体层面、从区域局部层面到全域全局层面、从单一政治层面向社会综合层面不断递进的趋势。一方面，落实到不同主体的具体行为，在"位置—角色"导向下梳理各主体在各自职能范围内展开的具体行动对学前融合教育协同治理结果的直接影响路径，能够准确判定主体行为效用；另一方面，由于主体间协同合作以解决问题而形成的相

---

[1] BRINKERHOFF D W, BRINKERHOFF J M. Public−private partnerships: perspectives on purposes, publicness, and good governance [J]. Public Administration and Development, 2011, 31 (1): 2−14.

[2] LEWIS D, OPOKU−MENSAH P. Moving forward research agendas on international NGOs: theory, agency and context [J]. Journal of International Development, 2006, 18 (5): 665−675.

[3] MCLOUGHLIN C. Factors affecting state−non−governmental organisation relations in service provision: key themes from the literature [J]. Public Administration and Development, 2011, 31 (4): 240−251.

互关系是推动主体间交流和协同行为产生的关键驱动力，因而会被协同治理行为及其结果影响。协同治理基于不同组织各自综合能力的互补优势而展开，在此过程中强调了各参与主体之间交流互动的网络化、关系融合的多向化。因此，基于嵌入性理论中对嵌入性以"关系—结构"的分类，本书认为协同过程中的关系嵌入与结构嵌入作为主体行为与行为结果间的中介变量，为整合各参与方的资源并实现资源利用率的最大化创造了条件。多元主体共同参与，就学前融合教育所涉及的公共问题展开民主协商与深入讨论，使得决策获得更大程度的认可和支持。在此过程中不同主体间展开有效沟通和交流、共享资源与经验，建立紧密连结，相互作用并相互影响。在决策的实施阶段，通过明晰权责、发挥优势，进而提高执行效率与提升执行质量。构建学前融合教育多元主体协同治理理论模型并对其进行实证验证，进一步明确学前融合教育协同治理中多元主体的行为与治理手段，形成以多元主体协同参与的治理方法集成。

最后，对我国学前融合教育协同治理的多元主体各自行为对结果的影响路径进行量化，即鉴别多元主体行为对学前融合教育协同治理的结果（以协同效应为例）产生影响的程度。学前融合教育协同治理的协同效应是对其协同治理成效的客观评价。由于学前融合教育协同治理的主体行为及其产生的协同效应无法通过直接数据评估，因此本书尝试将主体行为对结果的影响关系和路径置于系统之中，以系统视角审视学前融合教育协同治理的多元主体系统中的各主体所在子系统的运作和互动，从而验证系统功能产生的协同效应。将学前融合教育协同治理视为一个整体系统，协同是系统运行所要达到的最终目标，而系统功能的实现有赖于具体行动的展开。借鉴系统理论分析方法，分别对学前融合教育协同治理各主体在治理系统中的所处位置及扮演角色进行梳理。通过系统审视不同主体的角色（包括规制者、监管者、服务者、稳定者、统领者、协调者、提供者、推广者等），每个主体所在子系统均具有适应、目标达成、整合、维持的功能。而各主体对自身责任的认知与履行及其相互间的作用关系成为系统功能实现的关键。为实现协同治理的系统目标，各个子系统必须进行调适，而其中的主体则需要对其行为展开强化或减弱的调整。在系统观指导下运用系统动力学方法构建我国学前融合教育协同治理的多元主体系统模型，建立贯穿于协同治理过程中的各子系统因果关系模型和系统流图，并对其进行仿真分析，进而量化系统中的各主体行为对学前融合教育协同治理产生协同效应的影响程度，为提升学前融合教育协同治理之协同效应提供依据；同时探索出学前融合教育协同治理多元主体系统运作的长期演化规律，进而从主体行为策略研究层面为我国学前融合教育协同治理明晰发展改革方向，最终形成"行为主体—协同治理行为过程—协同结果"完整的学前融合教育协同治理逻辑链条。

第三章　学前融合教育发展历史沿革与困境审视

自新中国成立以来我国的学前融合教育经历了从萌芽到发展再到进一步深化的漫长发展过程，在此发展过程中积累的大量政治、经济、社会、文化等重要基础，成为当前我国学前融合教育协同治理展开探索的现实条件。因此，本章立足于"过去"与"当下"的审视，对学前融合教育相关政策变迁的梳理及对政策导向下不同时期所取得的发展成果与不足的分析，为后续提出我国学前融合教育迫切需要多元主体实施有效行为而共同参与协同治理的相关分析提供现实依据。据此，本章首先梳理了改革开放以来我国学前融合教育相关政策的历史演进，通过对政策目标、政策内容的整理，把握政策特征及其变化，以及当下政策执行所带来的一系列影响；其次立足于当前现状，结合相关调研访谈，对现实困境进行深刻剖析。

第一节　学前融合教育发展历史沿革

我国是世界人口大国，而残障群体占据了相当一部分的人口比重。相关统计数据显示，我国每年先天残疾的新生儿数量大约有38万，按照每年2000万的出生人口来计算，先天缺陷率达到了1.9%。专家指出，仅1987年到1993年短短七年，国内就诞生了300万个身体或精神上有缺陷的孩子。1987年，我国首次对残疾人通过抽样方式进行了调查。从结果来看，在我国的5164万残疾人口中，年龄在18岁以下的儿童有1074万，其中在14岁以下的儿童有817.5万，占儿童总数的2.66%，而这个数据等同于匈牙利、阿拉伯整个国家的人口数量[1]。2006年，我国对残疾人口实施了第二次抽样调查，结果显示我国全部残疾人数在总人口数中占比达6.34%，总计8296万。而在残疾总人口中，年龄在14岁以下的儿童有387万人，占残疾人总数量的4.66%；0~6岁

---

[1] 徐云，施旒英. 弱智儿童教育经验精选[M]. 杭州：浙江教育出版社，1990：82.

学前残疾儿童人数为141万，占残疾人口总数的1.7%[①]。

自新中国成立以来，国家给予弱势群体特别关照，出台了许多相关法律法规和政策，鼓励特殊教育的发展。1985年，《中共中央关于教育体制改革的决定》发布，其中明确规定在实行九年制义务教育的同时，还要努力发展幼儿教育，发展盲、聋、哑、残人和弱智儿童的特殊教育。作为新中国教育体制改革的纲领性文件，这一政策的出台，表明了国家对特殊教育予以的重视，对各级地方政府提出了相应的要求，指导其建设地方性聋哑盲类的特殊学校，为特殊教育开辟了新的发展方向。在此之后，我国进一步制定并完善了与特殊教育相关的法律条文，以法律的形式为我国的残障群体能在政治、经济、教育等多方面都享有与其他公民同等的权利予以保障。经过坚持不懈的努力，我国逐渐为残疾群体建立了一个囊括学前到高等教育的全阶段特殊教育体系，基本形成以专门的特殊教育学校为骨干，以普通学校特教班和残疾人儿童、少年随班就读为主的特殊教育格局。我国特殊教育的层次结构如图3-1所示。

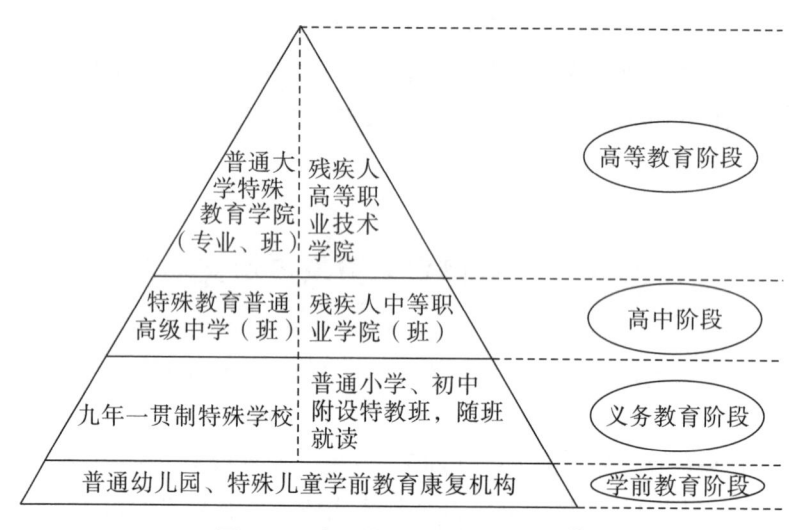

图3-1 我国特殊教育的层次结构[②]

[①] 第二次全国残疾人抽样调查领导小组，中华人民共和国国家统计局. 2006年第二次全国残疾人抽样调查主要数据公报［N］. 人民日报，2006-12-02 (7).
[②] 中国残疾人联合会. 我国初步形成的特殊教育体系是什么？［EB/OL］. (2009-05-07)［2024-03-23］. https://www.gov.cn/fuwu/cjr/2009-05/07/content_2630766.htm.

一、识别与初步探索阶段（1978—1989 年）

1951 年，我国颁布了《关于改革学制的决定》，开启了我国特殊教育法治化探索进程。受当时国情的影响，政府没有足够的人力、物力、财力来支撑"相对边缘化"的特殊教育的发展，在此后的较长时间里，特殊教育事业一直处于不断摸索之中而没有取得突破性的进展。

1978 年，党的十一届三中全会召开，做出实行改革开放的历史性决策。改革开放极大地影响了人们的价值观，社会公众对于平等观念的认知得到深化，整个社会价值观逐渐呈现出多元化发展的特征。在此背景下，国家又接连颁布了许多法律法规和政策为特殊需要儿童的教育发展保驾护航，特殊教育随之进入了具有中国特色的迅速发展阶段。1978—1989 年我国发布的与学前融合教育相关的法律法规、政策文件及内容如表 3-1 所示。

表 3-1　1978—1989 年我国发布的与学前融合教育相关的法律法规、政策文件及内容

法律法规与政策文件	内容
1982 年《中华人民共和国宪法》	国家和社会帮助安排盲、聋、哑和其他有残疾的公民的劳动、生活和教育
1983 年《教育部关于普及初等教育基本要求的暂行规定》	要加强在盲、聋哑和弱智儿童中的普及教育工作
1985 年《中共中央关于教育体制改革的决定》	在实行九年制义务教育的同时，还要努力发展幼儿教育，发展盲、聋、哑、残人和弱智儿童的特殊教育
1988 年《中国残疾人事业五年工作纲要（1988—1992 年）》	学前教育对残疾儿童尤其重要。大力提倡在残疾儿童家庭、特教学校附设的学前班、普通幼儿园增设的特教班中，对残疾儿童进行行走定向、听力语言、心理康复、智力开发和功能训练
1989 年《特殊教育补助费使用办法》	设立特殊教育补助费。按照专款专用和讲求效益的原则，特殊教育补助费主要来源有以下几个方面：财政部专项拨款，国家教委在国家计委和财政部拨给的有关专项补助费中划拨的基建投资和经费，中国社会福利有奖募捐委员会募捐资金，中国残疾人福利基金会募集的资金

续表

法律法规与 政策文件	内容
1989年《关于发展特殊教育的若干意见》	发展特殊教育要贯彻普及与提高相结合，以普及为重点的原则……发展特殊教育事业的基本方针是：着重抓好初等教育和职业技术教育，积极开展学前教育…… 多种渠道办学，充分调动各方面办学的积极性…… 多种形式办学，加快特殊教育事业的发展…… 早期发现、早期矫治、早期教育对于残疾儿童的身心发展具有重要意义。要在特殊教育学校、残疾儿童康复机构和普通幼儿园举办残疾儿童学前班，并依靠家庭的配合，对残疾儿童进行早期智力开发和功能训练。 多渠道筹措办学经费和基建投资……国家举办特殊教育学校（班）所需基建投资，由各级地方政府统筹安排，列入当地基建投资计划。各地应从已征收的教育费附加中拨出一定比例用于特殊教育。各地社会福利有奖募捐委员会和残疾人福利基金会要从募捐资金中拨出一部分用于发展特殊教育

对这一时期的政策文件的整理可以看出，学前融合教育在我国初具雏形。《中华人民共和国宪法》作为我国最高权威的法律，首次将教育福利纳入其规定范围，显示出了国家对残疾人受教育权的高度重视。我国特殊需要儿童教育事业的发展开始步入正轨，而后的政策内容开始直接涉及特殊需要儿童的学前教育领域，就"残疾儿童随班就读"的概念、特殊需要儿童接受早期康复和学前教育的内容、残疾儿童学前教育的发展模式与路径，以及其发展需要以公共教育支出进行给付等相关内容做出了详细说明。

尽管这一时期关于特殊需要儿童教育的相关法律法规和政策陆续出台，但由于我国在特殊教育领域的发展正处于刚起步的状态，因而特殊教育的发展模式、特殊教育体系的构建等仍主要借鉴西方发达国家的成功经验，欠缺本土化的发展特色。此外，这一时期我国对融合教育的探索重点在义务教育阶段，相关制度规定了经费的来源，较为先进的混校和混班的教育安置形式在该时期被逐渐推广。而从特殊教育的受众来看，其主要针对聋哑盲类别的学生，并未涉及其他问题（如孤独症、多动症等）的特殊需要儿童。政策整体上呈现出指导性与建议性的特征，但实践性并不突出，相应的实施缺乏配套保障。

二、由理念走向实践的确立阶段（1990—2013年）

20世纪90年代初期，融合教育成为全球性议题。1990年3月，联合国教育、科学及文化组织、联合国儿童基金会、联合国开发计划署和世界银行在泰国召开了"世界全民教育大会",正式发起了全民教育运动。大会讨论和通过的《全民教育宣言》对世界各国特殊教育事业的探索产生了巨大影响。此后,学前阶段的融合教育在我国被进一步重视,大量相关法律法规与政策的出台对特殊需要儿童接受学前融合教育进行了引导与规范。1990—2013年我国发布的与学前融合教育相关的法律法规、政策文件及内容如表3-2所示。

表3-2 1990—2013年我国发布的与学前融合教育相关的法律法规、政策文件及内容

法律法规与政策文件	内容
1990年《中华人民共和国残疾人保障法》	普通幼儿教育机构应当接收能适应其生活的残疾幼儿…… 残疾幼儿教育机构、普通幼儿教育机构附设的残疾儿童班、特殊教育学校的学前班、残疾儿童福利机构、残疾儿童家庭,对残疾儿童实施学前教育
1991年《关于国民经济和社会发展十年规划和第八个五年计划纲要的报告》	发展学前教育和盲、聋、残疾、弱智儿童少年的特殊教育
1994年《关于开展残疾儿童少年随班就读工作的试行办法》	残疾儿童少年随班就读,应当就近入学…… 残疾儿童随班就读的入学年龄与普通儿童相同…… 各级教育行政部门应逐步增加对残疾儿童少年随班就读的经费投入,并在教师编制、教师工作量计算、教具、学具和图书资料等方面照顾随班就读工作的需要
1994年《残疾人教育条例》	幼儿教育机构、各级各类学校及其他教育机构应当依照国家有关法律、法规的规定,实施残疾人教育。 残疾幼儿的学前教育,通过下列机构实施:残疾幼儿教育机构,普通幼儿教育机构,残疾儿童福利机构,残疾儿童康复机构,普通小学的学前班和残疾儿童、少年特殊教育学校的学前班
1996年《中国残疾人事业"九五"计划纲要(1996—2000年)》	特殊教育学校和儿童福利院开设智残儿童学前班,普通幼教机构根据生源情况设置智残儿童班并与家庭相结合,对智力残疾儿童进行生活自理和认知能力训练。 普通幼儿教育机构和普通小学附设的学前班积极招收残疾儿童随班就读并根据需要开设残疾儿童班,特教学校、儿童福利院开设学前班,与家庭相结合,开展残疾儿童的早期教育、早期康复
2001年《中国儿童发展纲要(2001—2010年)》	切实保障残疾儿童、孤儿和流动人口中儿童受教育的权利

续表

法律法规与政策文件	内容
2001年《关于"十五"期间进一步推进特殊教育改革和发展的意见》	积极发展残疾儿童学前教育……积极支持幼儿教育、特殊教育机构以及社区、家庭开展3岁以下残疾儿童早期康复、教育活动。其他已经普及九年义务教育的农村地区，要进一步发展残疾儿童学前康复、教育事业
2006年《中国残疾人事业"十一五"发展纲要》	积极开展残疾儿童学前教育
2008年《中共中央国务院关于促进残疾人事业发展的意见》	发展残疾儿童学前康复教育
2010年《关于加快推进残疾人社会保障体系和服务体系建设的指导意见》	支持对0～6岁残疾儿童免费实施抢救性康复。完善残疾人教育服务体系，不断提高残疾人受教育水平……依托各类残疾儿童康复机构、福利机构和学前教育机构开展学前残疾儿童早期干预、早期教育和康复，做好残疾儿童接受义务教育的转移衔接服务
2010年《国家中长期教育改革和发展规划纲要（2010—2020年）》	基本普及学前教育……积极发展学前教育……因地制宜发展残疾儿童学前教育
2010年《国务院关于当前发展学前教育的若干意见》	重视对幼儿特教师资的培养……建立学前教育资助制度，资助家庭经济困难儿童、孤儿和残疾儿童接受普惠性学前教育。发展残疾儿童学前康复教育。妇联、残联等单位要积极开展对家庭教育、残疾儿童早期教育的宣传指导
2011年《残疾人教育条例（修订）》	幼儿教育机构、各级各类学校及其他教育机构应当依照国家有关法律、法规的规定，实施残疾人教育。对经济困难的残疾学生，应当酌情减免杂费和其他费用。普通师范院校应当有计划地设置残疾人特殊教育必修课程或者选修课程，使学生掌握必要的残疾人特殊教育的基本知识和技能，以适应对随班就读的残疾学生的教育需要。有关部门对直接责任人员给予行政处分：拒绝招收按照国家有关规定应当招收的残疾人入学的……

续表

法律法规与 政策文件	内容
2011年《中国残疾人事业"十二五"发展纲要》	发展残疾儿童学前康复教育。 建立多部门联动的0~6岁残疾儿童筛查、报告、转衔、早期康复教育、家长培训和师资培养的工作机制，鼓励和支持幼儿园、特教学校、残疾儿童康复和福利机构等实施残疾儿童学前康复教育。实施"阳光助学计划"，资助残疾儿童接受普惠性学前康复教育。逐步提高残疾儿童学前康复教育普及程度。重视0~3岁残疾儿童康复教育。帮助0~6岁残疾儿童家长及保育人员接受科学的康复教育指导。鼓励、扶持和规范社会力量兴办残疾儿童学前康复教育机构
2012年党的十八大报告	支持特殊教育

我国这一阶段发布的政策法规从数量上有明显增加，政策内容展现出更多具象化的细则，如《中华人民共和国残疾人保障法》就残疾儿童接受"教育"与"康复"两个板块做出了严谨详细的描述，从理念到措施都有了明确的规定，为我国特殊教育的发展奠定了法律基础。与此同时，这也是首次将残疾人平等接受教育的权利纳入法律之中，成为我国特殊教育事业发展的一个重要里程碑。随着我国社会的发展，陆续出台的政策文件对残疾儿童学前教育的教育模式、保障体系等做出了进一步规定[1]，并实现了以政策法规将"随班就读"这种特殊教育形式在学前教育阶段的正式化。与幼儿园直接相关的法规更是对幼儿园就接收特殊需要儿童从思想理念、态度、安置、教育实施等细则方面提出明确要求。这一时期学前融合相关政策的出台是对我国特殊需要儿童呼吁实现"教育公平"的有效回应。此外，《残疾人教育条例》作为我国第一部有关残疾人的专项法规，以权利与义务的双重面向强调了落实"融合教育"是每个部门和个人应尽的责任和义务。值得注意的是，《残疾人教育条例》虽然明确了残疾儿童的教育可以在普通或是特殊的幼儿园中进行，但尚未在制度层面上提出要求，这一时期的残疾儿童学前教育仍缺乏规范的制度体系保障。

进入21世纪以来，我国社会主义市场经济的发展呈平稳状态，社会主义法治建设也日趋完善。2000年，我国的特殊教育学校总数已达到1539所，在普通校园中随班就读的特殊需要儿童人数达到了23.93万，在学校接受教育的残疾儿童总数达37.67万[2]。特殊需要儿童教育的普及率得到了大

---

[1] 杨希洁. 我国大陆特殊儿童早期干预研究综述[J]. 中国特殊教育, 2003(4): 64-69.
[2] 缪继光. 用十八大精神引领特教事业科学发展[J]. 现代特殊教育, 2013(3): 16-17.

幅提升，这在很大程度上得益于政府对特殊教育的重视和大力支持。2002—2009年，我国通过随班就读接受教育的残疾儿童人数占残疾学生在校总人数的比例一直保持在60%以上，其中在2015年增长幅度达到了14.85%[①]。总体而言，我国的特殊需要儿童通过随班就读的方式进入普通学校的相关实践取得了较快发展，但与西方发达国家相比整体上仍存在一定的差距。一些政策提出采用因地制宜的方式发展特殊幼儿的康复教育，使得我国的特殊需要儿童教育具有很大的灵活性。不过，"因地制宜"的方针策略虽然能够根据当地的实际情况给予特殊需要儿童不同的教育政策，促进教育的公平性，但在一定程度上也造成了各地发展的步调并不一致。此外，特殊需要儿童学前阶段教育"康复"的内容被反复提及，康复教育作为学前融合教育的重要组成部分，其重要性与迫切性不断凸显，具有一定的时代性特征。在政策导向下，经政府和相关教育部门的共同努力，特殊教育事业取得了长足发展，成为社会普遍关心的话题，呈现出前所未有的新局面。相关政策对于融合教育的关注开始从学校招生层面转向了具有关键作用的师资培养层面。2013年，华东师范大学获教育部批准，开设了全国首个"教育康复"专业，为培育专业的特殊教育人才提供支持。2021年，在根据国家战略发展目标增设的特色本科专业中，"融合教育"专业首次被设立在教育学学科类别。

整体来看，在该阶段为特殊教育制定的相关政策法规有了体系的形态，对推动学前融合教育发展的"制度化"意义重大，有效地指导了学前阶段特殊需要儿童的安置模式：由原本的"隔离式"特殊教育学校逐渐过渡到被接纳而进入普通学校，与普通儿童展开共同的学习与生活。整体而言，融合教育在学前阶段的发展在这一阶段开始有了初具规模的、系统化的制度支撑。

三、深化发展与质量同步阶段（2014年至今）

为进一步贯彻落实党和政府的方针政策，2014年出台的《特殊教育提升计划（2014—2016年）》制定了清晰明确的特殊教育发展战略与整体推进的思路，要求各地将残疾儿童的学前教育纳入当地学前教育发展规划，列入国家学前教育重大项目，鼓励普通幼儿园为残疾儿童创造学习条件。这一计划标志着我国特殊需要儿童学前教育迎来了新的发展局面。文件明确提出我国必须全方位实施融合性教育，让每一个残疾儿童都能接受到高质量的教

---

① 文桃. 关于学前融合教育的几点思考——以兰州市S幼儿园为例[J]. 西北成人教育学院学报，2017（6）：54—58.

育,并且应当将其长期贯彻实施下去;在未来的三年内,我国还将持续探寻与我国基本国情相符的教育方式。这是自 20 世纪末国际上提出融合教育以来,我国首次在政府文件中明确要求发展融合教育,有关学者开始重视融合教育,并对怎样才能让残疾儿童接受更高质量的教育展开思考。随后政府陆续出台了系列推进学前融合教育的相关政策,表 3-3 对 2014 年至今我国发布的与学前融合教育相关的法律法规、政策文件及内容进行了整理。

表 3-3 2014 年至今我国发布的与学前融合教育相关的法律法规、政策文件及内容

法律法规与政策文件	内容
2014 年《特殊教育提升计划(2014—2016 年)》	全面推进全纳教育,使每一个残疾孩子都能接受合适的教育。 积极发展残疾儿童学前教育……逐步提高非义务教育阶段残疾人接受教育的比例。 各地要将残疾儿童学前教育纳入当地学前教育发展规划,列入国家学前教育重大项目。支持普通幼儿园创造条件接收残疾儿童。支持特殊教育学校和有条件的儿童福利机构增设附属幼儿园(学前教育部)。 加强个别化教育,增强教育的针对性与有效性。开展"医教结合"实验,提升残疾学生的康复水平和知识接受能力。探索建立特殊教育学校与普通学校定期举行交流活动的制度,促进融合教育
2017 年党的十九大报告	办好学前教育、特殊教育……
2017 年《第二期特殊教育提升计划(2017—2020 年)》	以普通学校随班就读为主体,以特殊教育学校为骨干,以送教上门和远程教育为补充,全面推进融合教育。普通学校和特殊教育学校责任共担、资源共享、相互支撑。 加大力度发展残疾儿童学前教育。 加快发展非义务教育阶段特殊教育。支持普通幼儿园接收残疾儿童。在特殊教育学校和有条件的儿童福利机构、残疾儿童康复机构普遍增加学前部或附设幼儿园。在有条件的地区设置专门招收残疾孩子的特殊幼儿园。鼓励各地整合资源,为残疾儿童提供半日制、小时制、亲子同训等多种形式的早期康复教育服务。为学前教育机构中符合条件的残疾儿童提供功能评估、训练、康复辅助器具等基本康复服务

续表

法律法规与政策文件	内容
2017年《残疾人教育条例（修订）》	各级人民政府应当积极采取措施，逐步提高残疾幼儿接受学前教育的比例。县级人民政府及其教育行政部门、民政部门等有关部门应当支持普通幼儿园创造条件招收残疾幼儿，支持特殊教育学校和具备办学条件的残疾儿童福利机构、残疾儿童康复机构等实施学前教育。 残疾幼儿的教育应当与保育、康复结合实施。招收残疾幼儿的学前教育机构应当根据自身条件配备必要的康复设施、设备和专业康复人员，或者与其他具有康复设施、设备和专业康复人员的特殊教育机构、康复机构合作对残疾幼儿实施康复训练。 卫生保健机构、残疾幼儿的学前教育机构、儿童福利机构和家庭，应当注重对残疾幼儿的早期发现、早期康复和早期教育
2022年《"十四五"特殊教育发展提升行动计划》	拓展学段服务，加快健全特殊教育体系。 大力发展非义务教育阶段特殊教育。积极发展学前特殊教育，鼓励普通幼儿园接收具有接受普通教育能力的残疾儿童就近入园随班就读，推动特殊教育学校和有条件的儿童福利机构、残疾儿童康复机构普遍增设学前部或附设幼儿园，鼓励设置专门招收残疾儿童的特殊教育幼儿园（班），尽早为残疾儿童提供适宜的保育、教育、康复、干预服务。 推进融合教育，全面提高特殊教育质量。加强普通教育和特殊教育融合。探索适应残疾儿童和普通儿童共同成长的融合教育模式，推动特殊教育学校和普通学校结对帮扶共建、集团化融合办学，创设融合教育环境，推动残疾儿童和普通儿童融合。 加强特殊教育教师队伍建设……组织开展特殊教育学校和随班就读普通学校的校长、教师全员培训，将融合教育纳入普通学校教师继续教育必修内容

在这一阶段，我国各地基于国家的宏观政策，制订了地方性计划与实施条例，使得地方性的特殊教育得到了快速发展，我国特殊教育水平在总体层面也随之得到了稳步提升。此外，我国大力推动特殊教育师资队伍建设。2014年，教育部启动实施了"特殊教育卓越教师培养计划改革项目"，选取了华东师范大学等五所大学作为试验基地。2015年，国家批准南京特殊教育师范学院从专科升为本科高校。同年，教育部还公开发布了《特殊教育教师专业标准（试行）》，其中对从事特殊教育的教师提出了相应要求。截至2017年末，我国已有特殊教育院校2107所，在校学生达到了57.9万人，较五年前增长了

57.3%;专任特教教师 5.6 万人,增长了 22.8%①。这一时期的政策明确鼓励开办各类特殊幼儿园、积极发展学前融合教育,其直接带来的效应即特殊需要儿童入园人数明显增加。2017 年,残疾人事业专项彩票公益金助学项目的实施,为全国 1.9 万人次家庭经济困难的残疾儿童享受普惠性学前教育提供资助。同时,各地通过多渠道、多面向、多路径的方式争取资金支持,最终实现了对 2971 名残疾儿童给予学前教育资助①。从《中国教育统计年鉴(2019)》中获得的全国学前教育阶段特殊需要儿童入园人数统计如表 3-4 所示。

表 3-4 全国学前教育阶段特殊需要儿童入园人数统计②

年份	入园(人)	在园(人)	离园(人)
2013	10433	15788	9476
2014	7655	18293	38634
2015	7560	18063	35309
2016	10332	25557	35257
2017	11519	27113	32831
2018	13293	33575	35542
2019	12762	34072	10294

截至 2019 年,我国已有 4.48 万名特殊需要儿童在普通幼儿园中接受了学前教育③。浙江省在融合教育理念引领下,推动全省以特殊教育的学校为骨干,以随班就读为主要形式,辅以送教上门和"卫星班"的特殊教育格局的形成,通过建设特殊教育公共服务合作机制和信息共享机制,指导特殊教育科研、医学评估与鉴定、师资培训、教育安置等实践,健康实验学校设立特殊教育资源中心,为特殊教育提供支持服务。省内各地陆续规划专项经费用于特殊教育的扶持和发展,着重强调推进特殊教育的融合与延伸,大力推进融合教育在学前领域的落实,努力构建学段衔接、医教结合的特殊教育体系。其中,杭州市通过加强资源教室的标准化建设、规范随班就读工作的运作流程、完善特殊需要儿童的个性化培育方式,以及先后出台了《杭州市示范性资源教室评估

---

① 中国残疾人联合会. 2017 年中国残疾人事业发展统计公报[EB/OL]. (2018-04-25)[2024-03-23]. https://www.cdpf.org.cn/zwgk/zccx/tjgb/44f18036e0844ebd9c83b937cb421446.htm.
② 中华人民共和国教育部发展规划司. 中国教育统计年鉴(2019)[M]. 北京:中国统计出版社,2020:170.
③ 中华人民共和国教育部发展规划司. 中国教育统计年鉴(2019)[M]. 北京:中国统计出版社,2020:170.

标准》《杭州市资源教室个案工作规范》等一系列融合教育制度和规范，极大地提升了学前阶段随班就读工作中特殊需要儿童的筛查、诊断、个别化教育计划设计以及教学补救措施的科学性与规范性。杭州市不断完善特殊教育体系，逐步形成了3~18岁多障碍类别医教结合体系，随班就读规模扩大，加强了相应配备，提升了学前融合教育随班就读的教育质量，使得"随园就读""随班混读"的现象有所改观。上海市发布的《上海市学前教育三年行动计划（2019—2021年）》将"普及普惠、安全优质、多元包容"列为主要目标，其中强调了学前阶段的融合，提出了保证中重度特殊幼儿就近入园、保证随班就读幼儿接受个别化教育支持服务、保证全体幼儿园接纳随班就读幼儿的能力，同时通过增加特教编制、增加经费投入以建设资源教室、加强教师培训、发挥巡回指导教师专家的专业力量，以指导家长配合工作实现家园共育等保障途径。2021年，深圳市出台了《深圳市促进特殊教育公平融合发展行动方案》，进一步明确，要让每个孩子都能享有公平而有质量的教育，促进特殊教育公平融合发展，扩大全面覆盖范围，尽可能惠及更多残疾儿童；大力推进学前融合教育，选取公立幼儿园作为随班就读的试点场所展开示范园建设工作；提供多形式、多样化、可选择的早期干预服务，包括功能评估、训练、康复辅助器具等基本康复服务；推进残疾儿童早期干预与融合教育科学研究及后援服务；完善特殊儿童家庭教育专业指导机制。

综上所述，我国学前融合教育发展的内容与途径体现出多方面、多要素且复杂化的特征，尽管立足于我国现实的学前融合教育整体水平还有待进一步提高，但毫无疑问的是，为办好人民满意的特殊教育，全社会均在不断付诸努力，"所有儿童都应该有一个公平的机会来实现梦想"与"残疾儿童完全有能力克服融入社会的障碍"的思想理念正在逐渐渗透进我国教育治理与改革进程，我国特殊需要儿童学前教育的未来发展整体向好，这也为我国学前融合教育协同治理多元主体行为影响因素及路径研究的相关分析提供了历史渊源和现实依据。

第二节 学前融合教育发展的困境审视

学前融合教育发展面临着复杂的政治、经济与社会环境，现实中推进学前融合教育事业进程困难重重，参与学前融合教育的重要利益相关者之间的协同面临着众多现实困境。从"发现问题"入手对学前融合教育协同治理困境进行审视，是后续深入研究并找寻多元主体间协同治理"实现的可能性"以及"何以实现"的前提。据此，以严谨的逻辑思维并结合预调研和后期调研中的相关访谈内容，围绕着多元主体在复杂、动态的治理网络中的实践脉络，从治理理念、治理模式、治理权责及治理能力等方面重点解读学前融合教育的多元主体协同治理的当前困境。

一、治理主体融合理念缺乏以至于治理目标认同并未达成统一

先进的治理理念是行动的指南，学前融合教育的有效协同治理行为依赖治理理念的提升。由于我国学前融合教育事业起步较晚，发展速度相对缓慢，多元主体对于融合教育、学前融合体育的理念和客观科学认知有所缺乏。尽管我国的众多法律法规及政策文件明确规定学校不能拒收具有学习或生活障碍的儿童，许多地方政府出台的政策也包含"零拒绝"这项规定，即学校不能擅自拒绝其片区内的孩子入学。为了获取特殊需要儿童在学前阶段入园及接受相关教育的第一手资料，笔者多次联系了不同省市级的民政局、教育部门、残联的相关人员，结果发现这方面的资料并不完善，原因在于学前教育不属于九年义务教育，没有专员负责这方面的统计工作。残联的数据显示，6岁以下办理证件的儿童总人数和残疾类型有相应的数据统计，而残疾儿童就学的数据信息处于缺失状态。与相关负责人沟通发现，部分政府行政人员对幼儿园展开融合教育的重视程度不够，仍持有较为传统的观念，认为特殊需要儿童还是应该到特教学校去接受专门的康复与教育。

一些地方政府负责人的传统教育思想与理念根深蒂固，并未秉持"理解、包容与融合"的态度去了解学前融合教育发展的内涵。在社会困境面前，部分地方政府对学前融合教育的推行望而却步，并未显示出与中央政府一致的步调，在一定程度上阻碍了学前融合教育治理的推进。

幼儿园作为学前融合教育实施的主要阵地，在学前融合教育治理中占据十分重要的地位。在实际走访调研中，笔者发现，一些地区的幼儿园没有接收特殊需要儿童，对学前融合教育的实践程度尚浅，也没有完备的教育系统作为支撑。

一些幼儿园的教育和保教大多仍然以传统路径推进，幼儿园园长对融合教育的个人认同与接纳的程度对其园区是否开展学前融合教育具有很大影响，就现阶段而言，一些园长自身"包容性与融合性"的文化素养有待提升。

除此以外，学前融合教育还需要依靠幼儿教师来执行与实施，其扮演着十分重要的角色。学者对幼儿教师关于学前融合教育的态度进行了调查，研究结论并不统一，接纳与排斥的态度同时存在。在对幼儿教师展开调研访谈的过程

中，笔者也发现了相似的情况。在地方性的融合教育试点幼儿园中，幼儿教师对学前融合教育的相关理念更加了解，认知与态度更为积极，探索学前融合教育教学方法和获取相应资源都显得更为主动；但是在另外的幼儿园中，幼儿教师对学前融合教育保持着消极的态度。

通过相关访谈，笔者发现普通幼儿园的幼儿教师对融合教育的看法与态度并不一致，这也使得其行为有所区别。在学前融合教育发展进程中，普通幼儿教师渐渐开始接纳特殊需要儿童在普通班进行学习，并试图给予他们特别的关照，如"个别化教学"；但抵触也时有发生，一些幼儿教师对学前融合教育的认知从整体上讲并不科学，个体思维的狭隘性较为突出。

另外，家庭是幼儿成长的重要场所，除在学校和机构以外，儿童在家庭中的时间最长，因此家庭在对儿童的养护、发展及提升其生活质量方面有着不可推卸的责任。学前融合教育的发展对家长提出了更高的要求，呼吁和鼓励他们积极参与融合教育规划和个别家庭服务计划的制订与实施，在特殊需要儿童成长的各个环节中有效发挥其不可替代的作用。然而，从现有文献和实际调查访谈中可以看出，家长对学前融合教育发展的认识与态度也显现出明显的差异性。

总的来说，发展学前融合教育事业所涉及的一些重要主体对于特殊需要儿童和学前融合性教育依然有一些误解，受多种因素的影响，相关主体获得的信息和知识有限，对学前融合教育治理的理念认知不足，对国家政策的了解、理解度不够，态度倾向不一致，各方主体就学前融合教育协同治理的理念和看法未能实现统一，难以进行有效的协同治理。对于各个层面、各种类别的主体而言，"传统教育"的思维方式仍然占据主导，特殊需要儿童及其相关教育被视为社会福利与社会补偿要关注的，而非普通教育需兼顾的。这样片面的认知以及主动融合意识的欠缺等多方面的影响使得特殊需要儿童的学前教育在一定程度上被局限于特殊教育系统内，未能促使学前融合教育事业的纵深发展，以至于学前融合教育理念及其价值在实践中被淡化。此外，就各主体群体中的个体层面而言，协同治理的意识还不强，因而在治理中缺乏参与感，对治理内容的理解也不够透彻，多元主体协同治理整体意识较为淡薄。

二、治理主体的角色转变与过渡进程相对缓慢

学前融合教育发展需要多元主体有效实现在纵向上的协调与横向上的联动。在治理语境下，各个主体是基于平等的相互合作关系来开展相关工作的，但由于受长期行政惯性的影响，政府的角色观念在新时期从"集权"向"分

权"的转变进程中并未更新,权力下放被简单地理解为责任的移交,未能在治理中赋予学前教育机构、社会组织和社区等以平等的地位,因而在实现多元主体平等共治的道路上仍然存在一定障碍。在学前融合教育治理中,政府并非全能的治理主体。就理论层面而言,社会组织的参与能够有效弥补政府作为单一主体参与治理的不足。然而,当前社会组织对政府的依赖是由它们之间的互补性决定的,如残疾人联合会、慈善基金会、慈善联合会等社会组织在参与学前融合教育治理时,常常习惯于将自己看成政府部门的"附属组织",因此在将"治理"落实时也仍使用命令、指令等行政化的管理模式。

而社区基层组织隶属于当地人民政府管理,故其必然是政府管理部门的"附属物"[1],以至于二者尚未在短期内实现自身角色定位的转变,"配角"与"主角"的角色定位不清,边界模糊,不利于各自主动承担相应的学前融合教育治理责任。在调研过程中也明显发现,大量社区在开展残疾人家庭帮扶的相关教育活动时,并没有足够的专业资源向家长、家庭普及学前融合教育的相关知识,并未在帮助学校和家庭建立"连结"中切实发挥出相应的职能,这与西方发达国家有效学前融合教育的社会治理经验并不相符。

三、多元主体治理的权责不明晰且相互间配合较弱

我国政府目前实行的管理模式为:在横向上使各部门、各行业各司其职,在纵向上划分层级并坚持"统一领导",实现横向与纵向相结合的创新管理方式,这样便能兼顾到学前融合教育中教育和医疗的两端,每个部门都能够在相应的专业领域发挥作用。新时期学前融合教育治理模式呼吁多元主体参与,但这并不意味着政府部门在学前融合教育事务治理中的主体地位、主导权力和主要责任被否定。与此同时,由于受以往传统管理体制的影响,权力归属更倾向于政府一方,但缺乏监督机构对其权力进行监督和约束,就会出现政府将责任和义务推给公众的现象,公民或社会组织便成为实际上的管理者,但却缺失一定的权力[2]。政府作为学前融合教育治理的主要管理者,其管辖的教育、医疗等行政部门,是学前融合教育相关事务处理的主要职能部门,但是两者"各自为政",并未以合作与协同发展的方式参与。卫生、人力资源社会保障等其他相关部门的主要职责虽然不在于学前融合教育,但在相关资源供给与管理上与学前融合教育联系密切,但其职能的发挥

---

[1] 夏建中. 中国城市社区治理结构研究 [M]. 北京:中国人民大学出版社,2011:130.
[2] 陈朋. 地方治理现代化的困境与路径研究 [J]. 中国特色社会主义研究,2015(4):61-65.

并不充足。以街道办事处为代表的基层政府派出机关在实际中连接家庭与学校的职能并未真正履行。在实际调查中发现,能够为学前融合教育提供直接、优质服务的社会组织屈指可数,相关社会组织的专业建设不力,未能有效参与学前融合教育协同治理工作。

学前融合教育的发展关乎社会的各个环节,理应是政府、学校、社会组织、家长等主体之间的有机合作。但现实情况中各主体分别由不同的部门管辖,相互间的协同配合有待加强。

让所有儿童都平等地接受教育从而得到全面发展是融合教育一直以来的初衷。特殊需要儿童接受学前融合教育并以早期康复为辅助,从而融入正常的教育环境、生活环境与社会环境,享受作为社会公民的正常权利,在此过程中,他们也将充分认识到其自身潜能与价值所在,尽其所能履行相应的义务。因而幼儿园中的融合教育推动着特殊需要儿童积极正向的发展,其具体效用能够直观可视。康复机构也同样具有此功能,二者区别仅在于场所不同、专业侧重不同,但其终极目标是一致的,二者也应相辅相成,共同推动特殊需要儿童实现其自身的发展。因此,像"标准不统一""只看机构"等资金供给方式的局限也是治理主体间配合不力的原因之一。

从本质上说,特殊需要儿童多样化的需求满足有赖于各部门长期稳定的合作。理想状态下,康复机构、医院和其他有关单位为特殊需要儿童提供必要的技能培训和必要的医疗辅助,以帮助其适应生活;特殊教育专业人员为特殊需要儿童提供专业性辅导;在幼儿园,教师从课程的角度实施教育教学工作使特殊需要儿童得到全面发展。但就实际情况而言,当下三个不同层面的支持并未实现有效联合。特殊需要儿童在幼儿园接受教育后,由父母安排接受专业培训,或接受医疗康复。在这个过程中,不同机构对特殊需要儿童的具体情况的记录与反馈未能形成有效联动。同时,由于评估方式与方法的差异,特殊需要儿童所呈现出来的状况也并不完全相同。

由此可见,特殊需要儿童并未接受极具专业性、连续性、阶梯性的教育、训练与康复,这使其获得发展的成效受到了一定程度的影响。各个部门在统合过程中也会倍感吃力,并不能有效促进幼儿的全面发展。

四、多元主体中的弱势主体缺乏话语权

特殊需要儿童学前融合教育协同治理的多元主体由政府、社会组织、幼儿园及家长构成。政策能否得到各主体的支持,并不是由政策目标与愿景决定

的，而是取决于其对自身利益得失的现实判断[①]。假设主体在按照政策要求实行的过程中付出了过高代价，或该政策会让其自身利益受损，则该主体便不会积极相应政策号召，政策最终的目标将无法实现。在现行的学前教育和特殊教育运行机制中，衡量融合教育成效所需的时间、评估标准与办法的不确定性导致治理利益主体对学前融合教育发展的利益诉求并不强烈。对于幼儿园而言，重点抓住普通儿童的保教和保育工作，保证大部分儿童健康成长，提高社会公众对现有学前教育公共服务的满意度，学校履行职责以及展示工作成果就会得到上级教育主管部门的肯定。然而，当幼儿园积极落实学前融合教育治理政策，大力宣传和推进园区内的融合实践，营造包容性的环境，一些家长和教师可能会提出质疑和反对的声音，阻碍推行进程。在此过程中幼儿园还必须在推行并实施学前融合教育时投入大量的时间、金钱及人力资源，但取得的成效甚微，似乎有些"费力不讨好"，主管部门、家长对幼儿园的认可度也会降低。现实中更多幼儿园会站在当下短期利益的角度上选择第一种方案。对于家长来说，尤其是特殊需要儿童的监护人，自己小孩的一些缺陷导致整个家庭都被外界用"不一样"的目光对待，这些特殊需要儿童及家长可能被"污名化"，其中有一部分家长甚至拒绝小孩与外界接触，抗拒接受学前融合教育。若是教师对新政策的理解度和接受度尚浅，就很难改变传统的行为模式，可能对政策持怀疑的态度，甚至抱有排斥的心理，更愿意安于现状。此外，在发展学前融合教育中，社会组织主体的作用并未得到充分发挥。以残疾人联合会为例，其在学前融合教育治理过程中的话语权相对较弱，且自身在该领域的发展能力不强，没有形成以提供学前融合教育服务为主导的发展机制，在参与学前融合教育治理时显得系统性欠佳，甚至有些"心有余而力不足"。新闻媒体等对学前融合教育的关注度不够，未能有效宣传学前融合教育的价值与重要性，不利于包容性社会环境的形成。

由此得知，在学前融合教育的发展中，利益主体的自身诉求和治理的最终目标出现了不匹配的情况。学前融合教育协同治理过程中充满了矛盾，主体价值诉求兼顾有困难，治理体系内部价值取向不一致，协同联动"链"有断裂，以至于高效能的协同治理格局难以形成[②]。造成这种现象的根源就在于治理主体的范围过于狭小，主要的利益主体没有获得应有的尊重，在治理过程中还是不能享有和其他人同等的权利，意见表达受限，在政策的实施中处于被动服从

[①] 胡宏伟，袁水苹，郑翩翩. 构建健康公平促进的综合治理体系［J］. 中国社会工作，2018 (17)：20—21.

[②] 朱洪军，何子豪. 新时期我国体育旅游多元主体治理研究［J］. 山东体育学院学报，2021，37（4）：1—9.

的地位，他们的意见容易被忽视，话语权微弱[①]。因此，在治理过程中忽略了利益主体，考虑的对象就变成了短期、局部上的发展利益，长时间用这种单一狭隘的利益度量去发展学前融合教育，会逐渐与最初的愿景相背离。

综上所述，尽管社会各界已逐渐意识到由政府单一主体采取一元治理模式并不能满足我国学前融合教育多面向、多需求、动态化的发展诉求，专业知识与经验的缺乏使政府开始面向社会、市场寻求帮助，展开了与其他主体的一系列互动与合作，以多元主体协同参与实现优势互补、共同促进成为必然之势，然而在现实中仍然能够清楚地看到我国学前融合教育的治理总体呈现出"多元但未充分协同，在某些层面甚至显示出并未协同"的发展态势，因而可以从多元主体参与协同治理的行为入手，对"协同实现的可能""协同如何实现""协同实现的结果"展开相关分析，进而对我国学前融合教育协同治理多元主体行为影响因素及其影响路径进行清晰的解构。

---

① 李维安. 现代治理突围传统管理：避免陷入误区 [J]. 南开管理评论，2014，17（1）：1.

第四章　学前融合教育协同治理行为策略选择的影响因素分析

学前融合教育协同治理是通过采取系列治理措施，多元主体同心协力促进学前融合教育事业的发展，使公平优质的学前教育公共服务能够惠及全体儿童并实现普特融合理想状态的过程。伴随着我国教育体制改革的持续深化，学前融合教育的价值和功能日益凸显，其参与主体的界定也进一步被扩大。在全面理解学前融合教育协同治理行为过程之前，首要问题是需要明确"谁在参与协同治理"，厘清学前融合教育协同治理的多元主体构成并反映不同主体的协同治理行动参与情况，是多元主体协同治理推进机制建设的基础。本章基于利益相关者理论并结合结构功能主义视角对学前融合教育协同治理的多元主体进行准确识别，对其相关角色功能及行为进行分析，并在此基础上，以"行为主体—协同治理行为过程—协同结果"的分析逻辑为指导，关注行为前提，即"协同何以成为可能"，考量各主体不同的利益诉求，利用博弈论的思想构建多方演化博弈模型，分析多元主体在推动学前融合教育协同治理实践中的行为策略选择，探究主体间产生协同治理行为的重要影响因素。

第一节　多元主体识别及其角色功能、行为分析

以协商为主要决策途径，以共识为导向的协同治理，作为一种跨领域、跨部门的社会重大问题解决的新型治理模式，体现为针对问题而展开的集体、公正、平等的决策过程。协同治理模式以"多中心"化和"网络结构"为一般外显形态，而对协同治理主体的构成、功能等进行研究是分析协同治理相关问题的首要步骤。利益相关者理论为我国学前融合教育协同治理过程中多元主体的精准识别及其角色功能分析提供了基本依据与方法论指导。Hannon（1996）

也同样主张将利益相关者的观点纳入融合教育的相关干预研究[1]。

基于Freeman（1984）对利益相关者的经典释义，即"那些可以影响企业目标实现，或者可以被企业实现目标的过程影响的任何个人和群体"[2]，本书是否能够以此为参照而对学前融合教育协同治理的利益相关者进行相关界定呢？为回答上述问题，本章首先尝试探究学前融合教育协同治理和企业之间的共性与差异性。企业本身作为利益主体，其在与其他利益相关者展开互动的过程中，出于对自身利益的考虑，会将其他利益相关者置于重要位置，而企业为获得发展同样也会对其他利益相关者利益的实现带来不同程度的、或好或坏的影响。因而，企业组织与其他利益相关者的利益互动关系通过利益相关者理论得以清楚的描绘。其中，"利益"作为重要的关键词，是其他利益相关者的显性利益诉求与企业自身的隐性利益诉求的有机统一。此外，如果从主客体关系层面上加以分析，当我们提出"可以影响企业目标实现的任何个人和群体时"，企业的利益相关者承担了利益主体角色，而企业作为被影响的对象，则担当着利益表达客体的重要角色。同理可将该分析思路应用于企业作为利益主体而利益相关者作为利益表达客体的分析中。由此可见，企业的利益相关者理论深刻地反映了主客体间的利益互动关系。

但需清楚地看到，协同治理并非"实物化"的组织，其本身不具备获取利益的能动性，因此无法承担作为利益组织的角色安排。协同治理的实质是一种治理安排，是指一个或者多个公共机构直接与非政府利益攸关方参与正式、以共识为导向和协商的集体决策过程，旨在制定或执行公共政策，或管理公共项目或资产[3]。协同治理体现为一个具有动态性的实施过程，是行动的集合。在实践中，公共机构与非政府利益攸关方均扮演了协同治理的利益主体角色，协同治理活动承担了中介客体的角色，而那些受到协同治理过程影响的个人和群体，则承担了协同治理的利益表达客体角色。一方面，利益主体希望通过协同治理影响利益表达客体，进而对公共利益进行合理分配，从而使公共目标得以实现，即对利益主体而言，他们希望通过协同治理活动（中介客体）影响利益表达客体，以实现其公共利益诉求；另一方面，受协同治理影响的个人和群体（利益主体）在追求自身利益诉求的过程中，也希望协同治理活动（中介客体）

---

[1] HANNON P L. Home and school：research and practice in teaching literacy with parents [M]. London：Falmer Press，1996：34.

[2] FREEMAN R E. Strategic management：a stakeholder approach [M]. Boston：Pitman，1984：71.

[3] ANSELL C，GASH A. Collaborative governance in theory and practice [J]. Journal of Public Administration Research and Theory，2008，18（4）：543—571.

向着更有利于自身的方向进行行为的调整和改变，从而影响利益表达客体的利益诉求，以至于协同治理的目标可能偏离公共利益的价值信仰。在这种情况下，之前的利益主体又变成了被协同治理影响的利益表达客体。故协同治理与各相关利益主体之间并不能像企业组织与利益相关者之间那样建立起直接的利益互动关系。协同治理活动被视为各相关利益主体之间为了获得各自利益而对利益表达客体实施影响的载体或工具，而所谓的利益交互则发生于利益主客体之间，由于其关系在利益目标的驱使下可能出现位置的互换，因而协同过程本身的复杂程度也进一步提升。

通过以上解析，为了厘清协同治理活动中的利益相关者，特别是突出对"利益"的影响，我们将协同治理的利益相关者定义为，那些能够对协同治理过程施加影响，使他人或组织受益或受损，或者受协同治理影响而受益或受损的任何个人或组织。基于利益相关者理论对学前融合教育协同治理的多元主体给出定义：那些能够对学前融合教育协同治理过程施加影响，使他人或组织受益或受损，或者受到学前融合教育协同治理的影响而受益或受损的任何个人或组织。

一、多元主体识别及角色功能分析

英国在促进儿童教育发展与增进儿童福祉的过程中，在《每个孩子都重要》(*Every Child Matters*)的政策文本中至少提到了40次的观点：儿童、学校、家庭和专业人士之间的合作是政府推进融合教育长期战略的关键[①]。英国政府在协商的情况下，赋予所有相关地方机构和组织履行其正常职能的责任，促进儿童的福祉，并通过当地伙伴的协同合作关系安排实务与共同付出努力。这些改革的目的是围绕儿童的需求提供服务，而实现这一目标是国家、区域和地方政府、志愿和私营部门的合作伙伴以及儿童和家庭之间的共同责任。Slee（2011）也在其研究中阐释道："对特殊需要儿童进行教育，是社会中每个人的事。"[②] 通过前面对学前融合教育相关制度与政策法规的梳理，并结合相应的历史文本和制度所处的时代背景，我们发现学前融合教育协同治理涉及的利益相关者十分广泛，既包括政府部门（中央与地方政府及相关职能部门）、学前教育机构（幼儿园、特殊教育学校、福利院）、社会组织（行业协会、媒体、

---

① Department for Education and Skills. Every child matters: change for children [R]. London: Stationery Office, 2004.

② SLEE R. The irregular school: exclusion, schooling and inclusive education [M]. London: Routledge, 2011: 42.

其他社会组织）、学界（高校、研究所）、市场（专业康复机构），以及社会公众（普通儿童及其家长、特殊需要儿童及其家长）等，具体如图4-1所示。

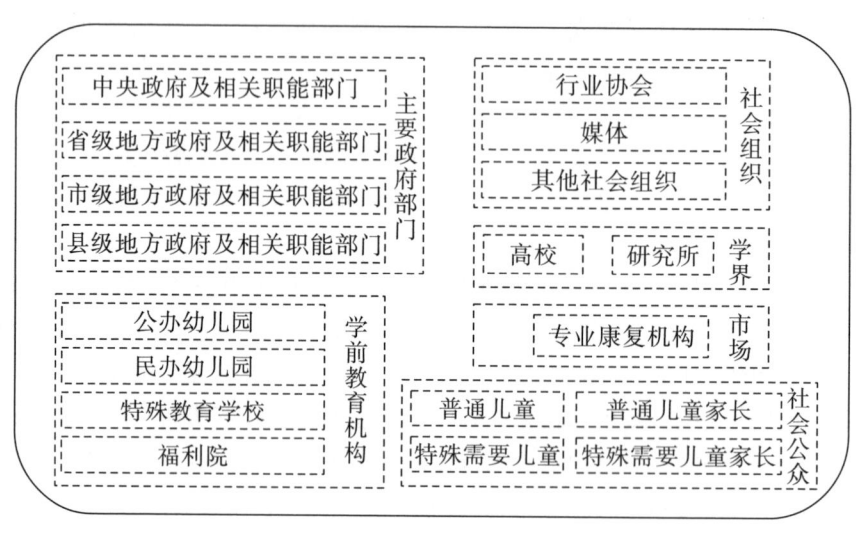

```
┌─────────────────────────────────────────────────────────────┐
│  ┌──────────────────────┐ 主   ┌──────────────┐ 社        │
│  │ 中央政府及相关职能部门 │ 要   │   行业协会    │ 会        │
│  ├──────────────────────┤ 政   ├──────────────┤ 组        │
│  │省级地方政府及相关职能部门│ 府   │    媒体      │ 织        │
│  ├──────────────────────┤ 部   ├──────────────┤           │
│  │市级地方政府及相关职能部门│ 门   │  其他社会组织  │           │
│  ├──────────────────────┤      ├──────┬───────┤ 学        │
│  │县级地方政府及相关职能部门│      │ 高校 │ 研究所 │ 界        │
│  └──────────────────────┘      └──────┴───────┘           │
│  ┌──────────────┐ 学           ┌──────────────┐ 市        │
│  │   公办幼儿园   │ 前           │   专业康复机构 │ 场        │
│  ├──────────────┤ 教           └──────────────┘           │
│  │   民办幼儿园   │ 育  ┌──────────┬──────────┐ 社        │
│  ├──────────────┤ 机  │ 普通儿童  │ 普通儿童家长│ 会        │
│  │   特殊教育学校 │ 构  ├──────────┼──────────┤ 公        │
│  ├──────────────┤    │特殊需要儿童│特殊需要儿童家长│ 众       │
│  │    福利院     │    └──────────┴──────────┘           │
│  └──────────────┘                                        │
└─────────────────────────────────────────────────────────────┘
```

图4-1　我国学前融合教育协同治理中的多元利益相关者

与协同治理相关的众多研究表明，多元主体在多数情况下会被用以描述在解决公共问题的过程中展开与其他利益相关者的合作或者以其他方式创造出公共价值并使得问题得以解决[1]。Morse与Stephens（2012）认为对政府公共治理进行分析可以结合"协同"与"治理"两个层面，将视角转向"需要依靠各社会成员共同参与到治理活动中"，从而突出了界定与确立治理参与主体在协同治理实施中的重要性[2]。然而学界对治理参与主体的界定并不完全相同，例如，Smith（1998）提出，凡是涉及关键利益的群体代表均可被视为协同治理的主要成员[3]；Ansell和Gash（2008）认为治理主体是能够直接参与到治理决策过程中的[4]，Connick和Innes（2003）则认为关键参与主体必须是那些涉

---

[1] ANSELL C, GASH A. Collaborative governance in theory and practice [J]. Journal of Public Administration Research and Theory, 2008, 18（4）: 543-571.

[2] MORSE R S, STEPHENS J B. Teaching collaborative governance: phases, competencies, and case-based learning [J]. Journal of Public Affairs Education, 2012, 18（3）: 565-583.

[3] SMITH S L. Collaborative approaches to Pacific Northwest fisheries management: the salmon experience [J]. Willamette Journal of International Law and Dispute Resolution, 1998（6）: 29-68.

[4] ANSELL C, GASH A. Collaborative governance in theory and practice [J]. Journal of Public Administration Research and Theory, 2008, 18（4）: 543-571.

及利益关系的成员①。由此可见，多元主体的界定在协同治理相关研究中还未达成共识，但利益相关者却与其相关定义产生了紧密的联系，因而其成为本书研究学前融合教育协同治理主体的依据。

纵观我国学前融合教育历史发展与政策演变，其一方面深受学前融合教育治理直接或间接、长期或短期的影响；另一方面对于过程中的部分利益相关者而言，他们同样对学前融合教育治理格局的形成、发展、更替、终止发挥着直接或间接、长期或短期的影响。从马克思主义的唯物辩证法中可知，事物的主要矛盾决定事物的性质与发展走向。因而，就本书研究而言，需要在众多利益相关者群体中首先明确重要的利益相关者，原因在于其本身能够对学前融合教育协同治理进程产生极其重要的影响，通过对他们之间所形成的利益格局、利益关系以及各自角色位置变化的分析，能把握学前融合教育协同治理的推进与演化规律。基于此，对学前融合教育协同治理利益相关者展开更为深入的研究，并以此确定重要利益相关者，将其归纳为参与的多元主体，具有一定的必要性。

基于前面对利益相关者理论的相关概念、内涵的回顾，可以明显看出大量研究成果都显示出了企业组织和利益相关者之间存在着一种基本关系，即将某一群体和企业组织之间的相互依存性视为判定是企业组织利益相关者的重要依据。正如 Alkhafaji（1989）所言："利益相关者被自己的利益和目标驱动，因此必须依靠企业；而企业为了生存，也必须依赖利益相关者。"② 因此，当一个与企业组织联系密切程度高、与整个企业组织的相互依存性强、促使企业组织依靠它而存在或发展的利益相关者即企业组织的重要利益相关者。受此启发，考虑到学前融合教育协同治理利益相关者的概念界定、围绕学前融合教育协同治理而产生的利益关系及学前融合教育协同治理本身作为实现共同利益的工具性特征，拟将那些与学前融合教育协同治理关系紧密、稳定性高，通过学前融合教育协同治理双方能够建立起强烈依存关系，其自身的生存和发展同学前融合教育协同治理紧密相关且彼此依赖的利益相关者定义为学前融合教育协同治理的重要利益相关者。学前融合教育协同治理产生的巨大协同效应以及取得良好的治理成效有赖于更多利益相关者的共同参与，与此同时，也需要对各利益相关者的利益进行协调，从而使得其利益与诉求得到尽可能的满足与实

---

① CONNICK S, INNES J E. Outcomes of collaborative water policy making: applying complexity thinking to evaluation [J]. Journal of Environmental Planning and Management, 2003, 46 (2): 177–197.

② ALKHAFAJI A F. A stakeholder approach to corperate governance: managing in a dynamic environment [M]. New York: Quorum Books, 1989: 13.

现。据此判断标准，通过对我国改革开放以来的学前融合教育政策文件的研究以及学前融合教育的相关制度在决策过程、运行过程中的时代背景信息的整理，并结合国外相关文献与实践经验，可以发现，尽管学前融合教育利益相关者均可成为协同治理的主体，但重要利益相关者所各自形成的主体能够更有效地推动多元主体协同治理格局的形成。

因此，本书认为有四类重要利益相关者是学前融合教育协同治理的重要参与主体，它们和学前融合教育协同治理均存在着强大的依存关系，其各自利益的实现均依赖于协同治理的方式，而协同治理的存在和发展也与它们密切相关。这四类主体体现了多元化的特征，主要包括政府、社会组织、幼儿园与家长。具体而言，政府包括中央政府、地方政府、财政、发展和改革等职能部门，而街道办事处、社区居民委员会等也同样属于政府治理主体的范畴。社会组织包括非营利性组织、非政府组织等第三方组织机构，如中国残疾人联合会、中国慈善总会、各类残疾人协会、助残基金会、新闻媒体等。学前教育机构主要指公立幼儿园，其中也包括相关的利益个体，如园长、普通教师等。家长作为一个统称，囊括普通儿童与特殊需要儿童的家长，是社会公众的代表。我国学前融合教育协同治理的多元主体识别与行为分析如图4-2所示。

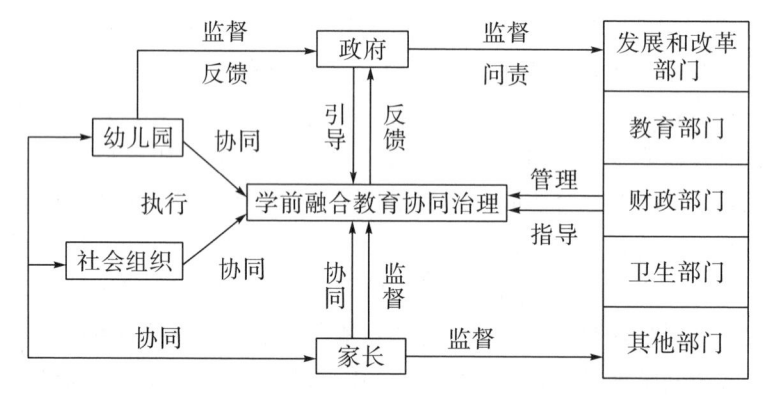

图4-2 我国学前融合教育协同治理的多元主体识别与行为分析

（一）政府

政府是学前融合教育协同治理的重要主导力量。通过前面对我国学前融合教育发展历程的梳理可以看出，以政策为典型代表的制度建设中均提出了加强政府的组织领导，学前融合教育工作的开展需要在各级政府对其进行全面领导的基础上，协调动员社会各方力量共同推进其现代化的发展，建立健全政府统一领导、部门各司其职的教育领导体制。

政府作为教育治理中教育公共机构的代表，具有公共性特征。根据我国关于教育、特殊教育、融合教育的政策文件可以看出，中央及各级地方政府是我国以学前融合教育为代表的教育协同治理主体的重要组成部分，发挥着主导作用。从物品属性上来看，尽管学前融合教育属于准公共产品，但它仍是关系民生与实现教育公平的重要公共事务，对其进行科学引导与服务供给属于政府及其行政部门的重要职能，尤其是在"办好人民满意的教育"与"办好特殊教育"上升为国家重要战略目标后，政府理所应当成为担责的主体。从西方国家的治理经验来看，其行政部门十分重视学前融合教育事业的发展，并且在国家公共服务体系的构建中使得学前融合教育拥有"一席之地"，政府主体的责任与职能定位被进一步明确，并对政府发挥其在公共教育事务中的引领作用提出了相关要求。伴随着学前融合教育的不断发展，政府对学前融合教育事业的主导策略会随实际情况而发生改变，可能会调整其主导角色定位，但其作用却不能被忽略。因此，政府被视为学前融合教育协同治理之"掌舵者"，是对全局负有总体责任的主体。其主要职责体现为科学地对学前融合教育协同治理发展进行规划、促使学前融合教育协同治理的顶层设计不断优化、建立学前融合教育协同治理体系与建立健全相应的体制机制等。

学前融合教育协同治理的主要职能部门为政府的教育行政主管部门，同时也包括财政、发展和改革等行政部门，尽管其主要职能并不在此，但同样能够发挥其本身的相关职能，进而有效地推动学前融合教育协同治理工作有序、有效地展开。教育行政管理部门主要承担管理学前融合教育工作；财政部门的主要职责体现为对学前融合教育建设过程中投入资金的预算和拨付进行管理；发展和改革部门的主要职责是对学前融合教育予以相关政策规划与制定、制度设计与改进等；作为基层人民政府派出机关的街道办事处等，在推动形成融合与接纳差异的社区文化、引导家庭实施学前融合教育、加强社区功能设施建设，为广大特殊需要儿童提供社区服务、家庭指导等方面发挥着重要作用。

（二）幼儿园

幼儿园主要指公办幼儿园，但其中亦包含相关利益个体，如园长、普通幼儿教师、普通儿童与特殊需要儿童等。园长是学前融合教育的校内第一责任人，对其园区的学前融合教育协同治理发挥着统领作用。幼儿教师是学前融合教育的主要实施者，是参与学前融合教育在微观层面重要的主体之一，其主要职责在于：课程准备，为特殊需要儿童制订合理的"个别化教育计划"；科学实施教育教学方案，为全体儿童提供公平、优质的学前教育服务；参与学前融合教育质量水平监测与评价等。从宏观治理角度来讲，应将相关利益个体纳入幼儿园组织。

幼儿园是学前融合教育协同治理任务目标的实际场所，因而其主要职责体现在以下几个方面：树立"有教无类"的教育价值理念，并将其在日常教育教学活动中予以实践；通过包容性的校园环境与友好的园区氛围的创设，将幼儿园打造成一个令所有儿童身心愉悦的场所，为其提供必要的学习、生活、娱乐等各种场地空间与物资设施，尤其是要加大对资源教室的打造与利用；发展学前融合教育特色园区文化；加强融合教育师资队伍的引进和建设，支持、管理和监督普通教师关于学前融合教育课程与实践的职前、职后培训；加强特殊需要儿童的"个别化教育计划"的管理，并依据教育目标监控融合教育任务的完成情况；密切联系家长，积极宣传并不断推广学前融合教育的价值及具体实施方法等，以促进家校合作而推进学前融合教育水平与质量的提升；同社会组织等外部专业机构保持密切联系，为特殊需要儿童接受专业性的融合指导与服务提供必要的条件；作为连接政府与家庭个体的桥梁，积极反馈特殊需要儿童及其家庭的迫切需求。

（三）社会组织

国外有些国家对于社会组织的定义是"第三部门"，它是一种社会公共关系的主体，以社会团体、社会力量、民间组织、志愿组织等为具体表现形态。本书所提及的社会组织指非营利性组织和非政府组织，如中国残疾人联合会、中国慈善总会、助残基金会、社区志愿者协会等各类别的残疾人协会以及新闻媒体等，它们在参与学前融合教育协同治理中的地位突出，发挥着重要的职能作用。社会组织在我国国家治理体系和治理能力现代化建设的逐步推进过程中贡献了众多智慧与力量。由于其社会公益属性所带来的较低的"自利"动机与较强的服务意识，因而其在学前融合教育协同治理中主要发挥着以下功能：为学前融合教育的展开提供宣传、普及讲座、专业性技术指导和公益性志愿服务等；为政府购买公共教育服务提供优质、高性价比的服务和产品；积极发展学前融合教育教师与专家培训业务；发挥监督作用，有效督导政府及其职能部门以及幼儿园的治理行为；积极参与学前融合教育协同治理决策过程，为相关政策的制定提供意见建议；整合资源，发挥其作为连接幼儿及其家庭与政府之间的桥梁的角色功能，为儿童权益与需求发声；发挥舆论优势，积极弘扬和宣传融合教育文化，引导社会公众树立"融合"教育理念等。

（四）家长

以家长为代表的社会公众是教育协同治理的重要主体，也是教育协同治理的主要参与者和受益者。治理理念认为,治理得以运转的重要物质基础是公民组织的发展和公民积极参与公共事务的共同治理。一个繁荣且活跃的社会,公民组织的自主管理能量能够得以充分释放,公民参与治理全过程,为决策的有效实施奠定强大的群众基础,并且从中受益。从公共管理角度来讲,公民在现代公共管理过程中起到了重要的助推作用,不同的组织和公益团体等积极参与公共服务能够有效提升服务效率与效果;而公民积极参加公共事务将有助于个人和社会之间良性关系的形成,也可以提高个人对社会的公益责任心[①]。本书将家长群体作为社会公众的典型代表,包括普通幼儿家长与特殊需要儿童家长。一方面,我国的学前融合教育协同治理坚持以儿童为中心的理念,要为全体儿童创造公平、优质的学前教育环境,保障全体儿童受教育权得以实现;另一方面,学前融合教育协同治理需要全体儿童及其家庭的积极参与,从整体上不断提升所有家庭对于学前融合教育协同治理的认可度和满意度。随着我国经济社会的快速发展,社会公众参与教育治理的意愿不断提高,其能力也不断提升,通过有效渠道的构建与拓展帮助以家长为代表的社会公众参与学前融合教育协同治理,将极大提高其对政府及其工作的满意度,有效减少学前融合教育协同治理推进的阻碍。家长作为参与学前融合教育协同治理的重要主体,其在参与过程中的主要职责体现为:与园长、幼儿教师等相关利益个体和社会组织保持紧密的联系,将自身诉求进行合理表达,并积极配合其工作的开展与实施;转变对特殊需要儿童"污名化"的认知与态度,树立学前融合教育的正向价值观念;接受来自幼儿园与社会组织开展的学前融合教育家庭指导宣讲与具体活动,加深对特殊需要儿童的认识与理解;为子女提供必要的接受教育的经济支持;开展家庭教育,在日常生活中注重对子女的生活行为习惯进行引导、培养和干预等。

二、多元主体行为分析

前面对学前融合教育协同治理中囊括的多元主体及其各自细分的范畴和主要职责进行了梳理分析,为学前融合教育协同治理的行为分析奠定了基础。为回应研究需要,本书着重从宏观视角对学前融合教育协同治理多元主体的行为进行解析。

---

① 党秀云. 论公共管理中的公民参与 [J]. 中国行政管理,2003 (10):32—35.

（一）政府主体行为

政府作为推进我国教育协同治理的关键力量，在发展更高水平学前融合教育事业过程中起着重要的主导作用。因此，政府主体行为对学前融合教育协同治理及协同效应产生重要影响，其具体行为主要包括：第一，对学前融合教育协同治理表示认同，并给予支持，较高的认同度会促使其他治理主体之间以积极主动的合作态度建立相应的协同关系，并为确保学前融合教育协同治理顺利实施提供全面政策和信息支持。第二，基于其主导地位，从实际情况出发，推动学前融合教育协同治理通过统筹的方式实施，将实施过程中的权利与责任进行分流与分化以明晰权责，均衡各方利益，从而提升各方主体行为的协同度，缓解矛盾冲突。第三，构建与完善学前融合教育协同治理法律和政策体系。学前融合教育协同治理的相关法律和政策是一种强制性的规定与规范。健全的学前融合教育协同治理法律体系应对治理主体的权利和义务进行明确，能够有效规范治理主体的行为。立法、执法、守法、司法等法治建设的落实，进一步提高协同治理的法治化水平。第四，监管学前融合教育协同治理中的跨部门、跨领域的合作，促进各方通过有效的交流与沟通，以行为联动与相互支持的方式提升各方在治理过程中处理问题的能力。第五，基于对学前融合教育协同治理的整体实施流程和相关内容的了解，在治理的过程中推动协同创新，科学合理地界定多元治理主体间的事权关系和界限，通过展开资源整合与信息资源共享，实现主体间的互助合作与交流的互通互联。第六，始终不遗余力地保持并不断增加协同治理过程的民主性，鼓励各方主体积极参与，不断为"发声"畅通渠道。

（二）幼儿园主体行为

在学前融合教育协同治理方面，幼儿园为其提供开展实践活动的场地，同时也把协同治理的方针政策以及措施贯穿于幼儿园整体的日常教学工作中。学前融合教育协同治理的实施情况和治理成效在很大程度上取决于幼儿园的实际行为。因此，幼儿园主体行为对学前融合教育协同治理及协同效应产生重要影响，其具体行为主要包括：第一，在思想层面接受并认同国家对于学前融合教育协同治理的理念，基于高度认同进而将"有教无类"的思想落到实处。第二，在宏观政策领导下展开充分、有效的工作，通过自身有效实践参与协同治理，不断提高政策执行力。第三，在保证所有儿童拥有公平教育机会的前提下，聚焦教育质量的提升，开展关于特殊需要儿童的"个别化教育计划"制订、家庭教育指导、融合课程开发、康复训练等活动，毫不松懈地推进学前融合教育协同治理。第四，满足特殊需要儿童接受融合教育的场地与器材等物质需求。鉴于特殊需要儿童多样化的需求，教育教学场地、资源教室和特定器材的供给数量、种类均对学前融合教育质量产生重要影响。因此，幼儿园要从多方面筹措资金，通过新建资源教室或改建教室，引入资源中心服务，购置特定的教育器材，努力改进和优化教学教具供给情况，保证和满足特殊需要儿童的"个别化教育"的场地和教具需求，提高特殊需要儿童参与的频率，进而使学前融合教育协同治理工作落实到位。第五，积极提高学前融合教育教学质量，根据儿童的一般特征与特殊特征形成多元化与个性化结合、层次性突出的学前融合教育内容体系，探索适切性强的学前融合教育课程教学方法体系，重塑园所的教学管理体系。第六，营造良好的园区融合文化与氛围，加强融合文化的宣传，将包容差异、接纳多元的价值观融入园区文化中，塑造良好的环境氛围，以正确引导幼儿园全体成员发自内心地对融合教育文化表示认同并加深理解，进一步形成融合教育的自我价值需求，从而刺激参与动机的产生，这将是其参与实践的核心内驱力。

（三）社会组织主体行为

社会组织作为学前融合教育协同治理的重要参与者，承担着为学前融合教育提供优化、多元性、个性化产品和服务的重任，故社会组织主体行为对学前融合教育协同治理及其结果具有重大影响，其具体行为主要包括：第一，学前融合教育协同治理的健康有序发展是建立在社会组织与其他相关主体良好沟通与协作的基础之上的，因而社会组织通过展开积极有效的沟通，与其他主体紧密联系，建立信任与达成合作，形成互惠互利的共赢局面。第二，社会组织作为政府"购买服务"的来源，在学前融合教育协同治理过程中被赋予了更多的角色功能定位，应为学前融合教育协同治理提供专业化资源与服务。第三，社会组织从思想上接受与认同学前融合教育协同治理的理念、手段以及方式方法，从而更好地指导其参与学前融合教育的协同治理，并在实践过程中更加深刻地挖掘自身潜能，为学前融合教育协同治理的健康有序发展提供物质保障，为实现其社会效益的最大化助力。第四，展现公共服务精神。学前融合教育协同治理是关乎社会民生与教育公平的公共事务，社会组织应坚守对社会强烈的责任感和道德感，充分发挥公共服务精神，积极推进学前融合教育协同治理工作的开展。第五，充分发挥社会组织的宣传作用。社会新闻媒体等作为信息传递的重要渠道，对学前融合教育协同治理展开积极正面的宣传，能帮助各主体建立正确的学前融合教育协同治理的观念，帮助社会公众更加全面正确地了解治理的理念、方针、措施和效果等，以引导其自觉地投入学前融合教育协同治理的事业。第六，展开对学前融合教育协同治理的舆论监督。在学前融合教育协同治理中，社会组织既是拥护者、参与者，也是监督者，通过监督各主体在治理过程中的行为，包括治理政策是否科学合理、具体的措施是否有效落实、实施策略是否存在问题等，将社会组织的舆论导向作用予以充分发挥，从而规范其他主体的行为，并对学前融合教育协同治理进程进行客观、科学、有效的把控。

（四）家长主体行为

从长远来看，学前融合教育协同治理的实际最大受益者是以家长为代表的社会公众，广大家长积极参与能够大幅度提升其获得感。随着我国经济社会的快速发展，各类教育矛盾与教育问题不断涌现，为我国的教育治理工作带来巨大的压力与挑战。通过不断探索，建立和拓宽多种渠道，让以家长为代表的社会公众积极参与学前融合教育协同治理，家长的主体地位将得到加强与巩固，其参与学前融合教育协同治理的意愿将不断得到提高。这不仅可以丰富学前融合教育协同治理决策主体的构成，也能够帮助以家长为代表的社会公众充分表达自身的意见和发表建议。将以家长为代表的社会公众对于学前融合教育的实际与迫切需求用以设计和改良学前融合教育协同治理实施方案，能极大地减少学前融合教育协同治理过程中的阻力。而该群体在学前融合教育协同治理中的知情权和参与权得到充分保障，也将不断增强学前融合教育协同治理中的基层民主建设。此外，从微观层面来看，儿童的学前融合教育的实施必须依赖于家园社的协同共育，家长与幼儿园建立紧密联系，并且从社会组织获取更多专业的关于特殊需要儿童在家庭中的教与养方面的知识与技能，能够使学前融合教育协同治理实践摆脱"时空"限制，真正实现其持续性、衔接性、全面性的落实。

第二节 基于四方博弈的多元主体协同治理行为演化分析

上一节对"多元主体的识别"回答了学前融合教育事业中"谁在参与协同治理"的问题，下面进一步全面理解学前融合教育协同治理中的多元主体行为过程，在"行为主体—协同治理行为过程—协同结果"的分析逻辑指导下，关注行为前提，即基于探索多元主体"协同治理实现的可能"，从而进一步分析与论证多元主体协同治理行为产生的影响因素。

一、基本假设及收益矩阵

演化博弈理论认为，不同的主体在有限理性下采取的行动策略的协同程度偏低，因而各主体需要在不断博弈的过程中对自身策略进行优化调整，直至达成某个最优、最稳定的策略，即演化稳定策略（Evolutionary Stable Strategy，ESS）[①]。本节在对我国学前融合教育协同治理多元主体进行识别并界定政府、幼儿园、社会组织与家长为多元主体的基础上，为探究其行为策略选择的影响因素，构建了以政府为主导、多元主体展开协同治理行为的学前融合教育协同治理多元主体博弈模型，以可视化的方式呈现演化博弈的分析结果。四方博弈主体间的逻辑关系如图4-3所示。

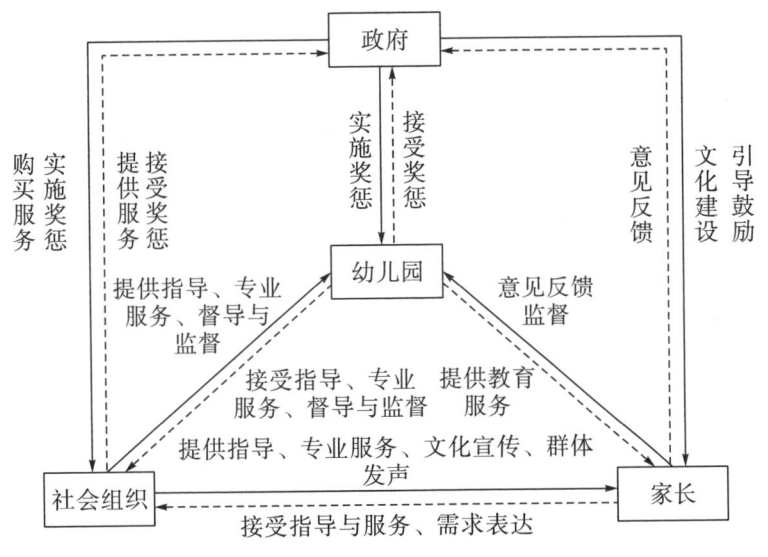

图4-3　四方博弈主体间的逻辑关系

本节主要探讨以下四个问题：

（1）政府如何实现其主导行为，采取何种行为在宏观制度建设与指导层面发挥其主导作用，从而在学前融合教育协同治理中发挥引导、监督、评估等功能？

（2）如何引导家长进行普遍参与，通过社会价值伦理导向与社会文化建构，从而重塑家长对融合的理性认知与提升其对差异的包容度？

---

① SMITH J M. Evolution and the theory of games [M]. Cambridge：Cambridge University Press，1982：10.

（3）幼儿园作为学前融合教育的主要实施者和政策的主要执行者，同时也具备自治功能，二者间相互关系如何，幼儿园的协同行为如何影响政府决策？

（4）社会组织一方面为学前融合教育提供专业人才与专业服务，另一方面对政府部门发展学前融合教育的政策制定、执行以及评估等过程发挥补充的功效，如何在学前融合教育协同治理中影响政府的治理行为与家长的认知？

由于不同假设条件下各主体会得到不同的收益，因而无法利用具体精确的数据来对博弈的收益矩阵进行构建，故对政府、幼儿园、社会组织与家长在不同策略下各自的损益通过参数设置来具体展示。结合相关研究成果和实际调研结果，提出以下假设：

假设1：学前融合教育协同治理中的政府、幼儿园、社会组织与家长四大主体都是"有限理性"的，各主体间还存在信息不对称等问题，因此在初期各主体间的协调并不顺畅。但经过多次博弈后，各主体通过不断学习、调整并修正策略，能够最终趋于最优状态。

假设2：在初始阶段将政府选择"主导"的概率设置为 P_1，"非主导"的概率即为 $(1-P_1)$；将幼儿园选择"积极参与"的概率设置为 P_2，"消极参与"的概率即为 $(1-P_2)$；将社会组织选择"积极参与"的概率设置为 P_3，"消极参与"的概率即为 $(1-P_3)$；将家长选择"积极参与"的概率设置为 P_4，"消极参与"的概率即为 $(1-P_4)$。

假设3：在学前融合教育协同治理过程中，政府可选择"主导"和"非主导"两种策略。"主导"策略即政府通过开展制度建设，鼓励、引导各主体积极参与协同治理，并对不利于协同治理活动的行为和现象依据相应规约进行处罚；"非主导"策略即政府基于"小政府大社会"的治理理念，通过"权力下放"，主要依托幼儿园、社会组织及家长对学前融合教育进行协同治理。此时，幼儿园、社会组织和家长有"积极参与"或"消极参与"两种策略可选择。前者是指幼儿园、社会组织和家长具有较高的主动性与积极性来参与学前融合教育协同治理，充分利用自身资源开展各种活动来推动学前教育中的普特融合；而后者则是指幼儿园、社会组织和家长普遍存在"搭便车"的心理，寄希望于他人投入大量资源来发展学前融合教育。

假设4：幼儿园、社会组织和家长不参与学前融合教育协同治理时，协同治理收益为0；反之，幼儿园、社会组织和家长积极参与学前融合教育协同治理，则可获得协同治理收益。学前融合教育协同治理收益是指学前融合教育协同治理的各方主体为了实现治理目标而整合各方资源展开协同活动，发挥出极大的协同效应，取得协同治理成效所产生的收益，在治理资源共享过程中资源的互补性（用 S 表示）与各主体参与协同治理的信任程度（用 T 表示）决定了其分配的比例。政府因幼儿园、社会组织和家长等主体均积极参与协同治理活动，从而提高了自身收益，记为 R；R_1 表示幼儿园、社会组织和家长中仅有一方积极地参与协同治理活动时政府的收益，R_2 表示幼儿园、社会组织和家长中仅有两方积极地参与协同治理活动时政府的收益。当幼儿园、社会组织和家长都不参与协同治理活动时，政府没有资源共享方面的收益，即收益为 0。幼儿园、社会组织和家长的收益分配系数分别用 α_1、α_2、$1-\alpha_1-\alpha_2$ 表示。各主体获得的协同治理收益越大，越有利于促进各主体调整参与策略，并且各主体间的信任程度也将随之增加。同时，协同治理中各主体之间的收益分配系数对协同治理效益也具有显著影响。综上所述，将幼儿园、社会组织和家长参与学前融合教育协同治理的收益分别用 $TS\alpha_1$、$TS\alpha_2$ 和 $TS(1-\alpha_1-\alpha_2)$ 表示。

假设 5：幼儿园、社会组织和家长的投机收益分别用 K_1、K_2、K_3 表示。幼儿园、社会组织、家长和政府参与学前融合教育协同治理活动时所付出的成本分别用 C_1、C_2、C_3、C_4 表示，且社会组织的协同治理收益高于其投机收益。由于家长作为主体参与学前融合教育协同治理在更大程度上处于接受支持与援助的一方，因此其治理成本接近于 0（$C_3=0$），可忽略不计。

假设 6：当幼儿园或社会组织选择积极参与协同治理活动的策略，则在政府主导的情境下它们会获得相应的奖励与支持，主要包括政府给予的项目资金支持、税收减免、政策扶持、评优创优等。用 G_1 和 G_2 分别表示政府对幼儿园进行协同治理的奖励和政府对社会组织进行协同治理的奖励。但当幼儿园或社会组织存在"搭便车"等投机行为，而未履行其主体责任时，则在政府主导情境下幼儿园和社会组织受到的惩罚分别用 F_1、F_2 表示。政府选择主导策略需付出的主导成本记为 C_4。

根据以上参数假设，学前融合教育协同治理各方参数假设如表 4-1 所示，学前融合教育协同治理博弈四方的收益矩阵情况如表 4-2 所示。

表 4-1 学前融合教育协同治理各方参数假设

类别	政府		幼儿园		社会组织		家长	
协同治理选择概率	主导	非主导	积极参与	消极参与	积极参与	消极参与	积极参与	消极参与
	P_1	$1-P_1$	P_2	$1-P_2$	P_3	$1-P_3$	P_4	$1-P_4$
协同治理收益 R 的分配系数	0		α_1		α_2		$1-\alpha_1-\alpha_2$	

续表

类别	政府	幼儿园	社会组织	家长
违背协同治理制度所受惩罚	0	F_1	F_2	—
执行协同治理制度所得奖励	0	G_1	G_2	—
"搭便车"投机收益	0	K_1	K_2	K_3
协同治理所付出的成本	C_4	C_1	C_2	C_3
协同治理资源互补性	\multicolumn{4}{c}{S}
协同治理各主体信任度	\multicolumn{4}{c}{T}

表4-2 学前融合教育协同治理博弈四方的收益矩阵

策略组合	政府收益	幼儿园收益	社会组织收益	家长收益
主导，积极参与，积极参与，积极参与	$R-G_1-G_2-C_4$	$TS\alpha_1+G_1-C_1$	$TS\alpha_2+G_2-C_2$	$TS(1-\alpha_1-\alpha_2)$
主导，消极参与，积极参与，积极参与	$R_2-C_4+F_1-G_2$	K_1-F_1	$-C_2+G_2$	0
主导，积极参与，消极参与，积极参与	$R_2-C_4+F_2-G_1$	$-C_1+G_1$	K_2-F_2	0
主导，积极参与，积极参与，消极参与	$R_2-C_4-G_1-G_2$	$-C_1+G_1$	$-C_2+G_2$	0
非主导，积极参与，积极参与，积极参与	R	$TS\alpha_1-C_1$	$TS\alpha_2-C_2$	$TS(1-\alpha_1-\alpha_2)$
非主导，消极参与，积极参与，积极参与	R_2	K_1	$-C_2$	0
非主导，积极参与，消极参与，积极参与	R_2	$-C_1$	K_2	0
非主导，积极参与，积极参与，消极参与	R_2	$-C_1$	$-C_2$	0
主导，消极参与，消极参与，消极参与	$F_1+F_2-C_4$	$-F_1$	$-F_2$	0
主导，积极参与，消极参与，消极参与	$R_1-C_4+F_2-G_1$	$-C_1+G_1$	K_2-F_2	0

续表

策略组合	政府收益	幼儿园收益	社会组织收益	家长收益
主导，消极参与，积极参与，消极参与	$R_1-C_4+F_1-G_2$	K_1-F_1	$-C_2+G_2$	0
主导，消极参与，消极参与，积极参与	$R_1-C_4+F_1+F_2$	K_1-F_1	K_2-F_2	0
非主导，消极参与，消极参与，消极参与	0	0	0	0
非主导，积极参与，消极参与，消极参与	R_1	$-C_1$	K_2	0
非主导，消极参与，积极参与，消极参与	R_1	K_1	$-C_2$	0
非主导，消极参与，消极参与，积极参与	R_1	K_1	K_2	0

二、演化博弈模型构建

分析学前融合教育多元主体协同治理的相关假设，可以得到各参与主体的期望收益和平均期望收益。

（一）政府的期望收益和平均期望收益

政府主导下的期望收益为：

$$\begin{aligned} E_{11} = &P_2P_3P_4(R-G_1-G_2-C_4)+ \\ &(1-P_2)P_3P_4(R_2-C_4+F_1-G_2)+ \\ &P_2(1-P_3)P_4(R_2-C_4+F_2-G_1)+ \\ &P_2P_3(1-P_4)(R_2-C_4-G_1-G_2)+ \\ &(1-P_2)(1-P_3)(1-P_4)(F_1+F_2-C_4)+ \\ &P_2(1-P_3)(1-P_4)(R_1-C_4+F_2-G_1)+ \\ &(1-P_2)P_3(1-P_4)(R_1-C_4+F_1-G_2)+ \\ &(1-P_2)(1-P_3)P_4(R_1-C_4+F_1+F_2) \end{aligned} \quad (4.1)$$

政府非主导下的期望收益为：

$$\begin{aligned} E_{12} = &P_2P_3P_4R+(1-P_2)P_3P_4R_2+P_2(1-P_3)P_4R_2+ \\ &P_2P_3(1-P_4)R_2+(1-P_2)(1-P_3)(1-P_4)\times 0+ \\ &P_2(1-P_3)(1-P_4)R_1+(1-P_2)P_3(1-P_4)R_1+ \\ &(1-P_2)(1-P_3)P_4R_1 \end{aligned} \quad (4.2)$$

101

政府的平均期望收益为：
$$\overline{E_1} = P_1 E_{11} + (1-P_1)E_{12} \tag{4.3}$$

（二）幼儿园的期望收益和平均期望收益

幼儿园积极参与学前融合教育协同治理的期望收益为：
$$\begin{aligned}E_{21} =\ & P_1 P_3 P_4 (TS\alpha_1 + G_1 - C_1) + P_1(1-P_3)P_4(-C_1 + G_1) + \\ & P_1 P_3(1-P_4)(-C_1 + G_1) + (1-P_1)P_3 P_4(TS\alpha_1 - C_1) + \\ & (1-P_1)(1-P_3)P_4(-C_1) + (1-P_1)P_3(1-P_4)(-C_1) + \\ & P_1(1-P_3)(1-P_4)(-C_1 + G_1) + (1-P_1)(1-P_3)(1-P_4)(-C_1)\end{aligned}$$
$$\tag{4.4}$$

幼儿园消极参与学前融合教育协同治理的期望收益为：
$$\begin{aligned}E_{22} =\ & P_1 P_3 P_4 (K_1 - F_1) + (1-P_1)P_3 P_4 K_1 + \\ & P_1(1-P_3)(1-P_4)(-F_1) + P_1 P_3(1-P_4)(K_1 - F_1) + \\ & P_1(1-P_3)P_4(K_1 - F_1) + (1-P_1)(1-P_3)(1-P_4) \times 0 + \\ & (1-P_1)P_3(1-P_4)K_1 + (1-P_1)(1-P_3)P_4 K_1\end{aligned}$$
$$\tag{4.5}$$

幼儿园的平均期望收益为：
$$\overline{E_2} = P_2 E_{21} + (1-P_2)E_{22} \tag{4.6}$$

（三）社会组织的期望收益和平均期望收益

社会组织积极参与学前融合教育协同治理的期望收益为：
$$\begin{aligned}E_{31} =\ & P_1 P_2 P_4 (TS\alpha_2 + G_2 - C_2) + P_1(1-P_2)P_4(-C_2 + G_2) + \\ & P_1 P_2(1-P_4)(-C_2 + G_2) + (1-P_1)P_2 P_4(TS\alpha_2 - C_2) + \\ & (1-P_1)(1-P_2)P_4(-C_2) + (1-P_1)P_2(1-P_4)(-C_2) + \\ & P_1(1-P_2)(1-P_4)(-C_2 + G_2) + (1-P_1)(1-P_2)(1-P_4)(-C_2)\end{aligned}$$
$$\tag{4.7}$$

社会组织消极参与学前融合教育协同治理的期望收益为：
$$\begin{aligned}E_{32} =\ & P_1 P_2 P_4 (K_2 - F_2) + (1-P_1)P_2 P_4 K_2 + \\ & P_1(1-P_2)(1-P_4)(-F_2) + P_1 P_2(1-P_4)(K_2 - F_2) + \\ & P_1(1-P_2)P_4(K_2 - F_2) + (1-P_1)(1-P_2)(1-P_4) \times 0 + \\ & (1-P_1)P_2(1-P_4)K_2 + (1-P_1)(1-P_2)P_4 K_2\end{aligned}$$
$$\tag{4.8}$$

社会组织的平均期望收益为：
$$\overline{E_3} = P_3 E_{31} + (1-P_3)E_{32} \tag{4.9}$$

（四）家长的期望收益和平均期望收益

家长积极参与学前融合教育协同治理的期望收益为：
$$\begin{aligned}E_{41} =\ & P_1 P_2 P_3 TS(1-\alpha_1-\alpha_2) + P_1(1-P_2)P_3 \times 0 +\\ & P_1 P_2(1-P_3) \times 0 + (1-P_1)P_2 P_3 TS(1-\alpha_1-\alpha_2) +\\ & (1-P_1)(1-P_2)P_3 \times 0 + (1-P_1)P_2(1-P_3) \times 0 +\\ & P_1(1-P_2)(1-P_3) \times 0 + (1-P_1)(1-P_2)(1-P_3) \times 0\end{aligned}$$
$$\tag{4.10}$$

家长消极参与学前融合教育协同治理的期望收益为：
$$\begin{aligned}E_{42} =\ & P_1 P_2 P_3 \times 0 + (1-P_1)P_2 P_3 \times 0 +\\ & P_1(1-P_2)(1-P_3) \times 0 + P_1 P_2(1-P_3) \times 0 +\\ & P_1(1-P_2)P_3 \times 0 + (1-P_1)(1-P_2)(1-P_3) \times 0 +\\ & (1-P_1)P_2(1-P_3) \times 0 + (1-P_1)(1-P_2)P_3 \times 0\end{aligned} \tag{4.11}$$

家长的平均期望收益为：
$$\overline{E_4} = P_4 E_{41} + (1-P_4)E_{42} \tag{4.12}$$

结合式（4.1）～式（4.3），再根据演化博弈复制动态原理可知，政府的复制动态方程为：
$$\begin{aligned}F(P_1) =\ & \mathrm{d}P_1/\mathrm{d}t \\ =\ & P_1(E_{11} - \overline{E_1}) \\ =\ & P_1(1-P_1)(E_{11} - E_{12}) \\ =\ & P_1(1-P_1)[P_3(1-P_2)(-C_4 + F_1 - G_2) +\\ & P_2(1-P_3)(-C_4 + F_2 - G_1) +\\ & (1-P_2)(1-P_3)(-C_4 + F_1 + F_2) +\\ & P_2 P_3(-C_4 - G_1 - G_2) + P_2 P_3 P_4]\end{aligned} \tag{4.13}$$

结合式（4.4）～式（4.6），再根据演化博弈复制动态原理可知，幼儿园的复制动态方程为：

$$\begin{aligned}F(P_2) &= \mathrm{d}P_2/\mathrm{d}t \\ &= P_2(E_{21} - \overline{E_2}) \\ &= P_2(1-P_2)(E_{21} - E_{22}) \\ &= P_2(1-P_2)\{(-C_1-K_1)[(1-P_3)P_4+(1-P_4)P_3] + \\ &\quad (1-P_3)(1-P_4)(-C_1) + (G_1+F_1)P_1[(1-P_3)P_4 + \\ &\quad (1-P_4)P_3+(1-P_3)(1-P_4)] + P_1P_3P_4(G_1+F_1) + \\ &\quad P_3P_4(TS\alpha_1 - C_1 - K_1)\}\end{aligned}$$

(4.14)

结合式 (4.7) ~式 (4.9), 再根据演化博弈复制动态原理可知, 社会组织的复制动态方程为:

$$\begin{aligned}F(P_3) &= \mathrm{d}P_3/\mathrm{d}t \\ &= P_3(E_{31} - \overline{E_3}) \\ &= P_3(1-P_3)(E_{31} - E_{32}) \\ &= P_3(1-P_3)\{(-C_2-K_2)[(1-P_2)P_4+(1-P_4)P_2] + \\ &\quad (1-P_2)(1-P_4)(-C_2) + (G_2+F_2)P_1[(1-P_2)P_4 + \\ &\quad (1-P_4)P_2+(1-P_2)(1-P_4)] + P_1P_2P_4(G_2+F_2) + \\ &\quad P_2P_4(TS\alpha_2 - C_2 - K_2)\}\end{aligned}$$

(4.15)

结合式 (4.10) ~式 (4.12), 再根据演化博弈复制动态原理可知, 家长的复制动态方程为:

$$\begin{aligned}F(P_4) &= \mathrm{d}P_4/\mathrm{d}t \\ &= P_4(E_{41} - \overline{E_4}) \\ &= P_4(1-P_4)(E_{41} - E_{42}) \\ &= P_4(1-P_4)[P_1P_2P_3 + P_2P_3TS(1-\alpha_1-\alpha_2)]\end{aligned}\quad (4.16)$$

三、四方主体协同治理行为演化博弈模型的稳定性分析

(一) 政府主体的策略稳定性分析

根据前面构建的政府的复制动态方程式 (4.13), 结合微分方程稳定性定理与演化稳定策略规则要求, 政府主体策略处于稳定状态必须满足: $F(P_1)=0$ 且 $F'(P_1)<0$。故对式 (4.13) 求导可得:

$$\frac{\mathrm{d}F(P_1)}{\mathrm{d}P_1} = (1-2P_1)[P_3(1-P_2)(-C_4+F_1-G_2) + \\ P_2(1-P_3)(-C_4+F_2-G_1) + \\ (1-P_2)(1-P_3)(-C_4+F_1+F_2) + \\ P_2P_3(-C_4-G_1-G_2) + P_2P_3P_4] \tag{4.17}$$

令：

$$W(P_4) = P_3(1-P_2)(-C_4+F_1-G_2) + P_2(1-P_3)(-C_4+F_2-G_1) + \\ (1-P_2)(1-P_3)(-C_4+F_1+F_2) + P_2P_3(-C_4-G_1-G_2) + \\ P_2P_3P_4$$

(4.18)

由于 $\partial W(P_4)/\partial P_4 > 0$，因此 $W(P_4)$ 关于 P_4 为增函数，故政府主体策略选择包含以下几种情况：

(1) 当 $P_4 < P_{40}$ 时，$W(P_4) < 0$，$F(P_1)|_{P_1=0} = 0$ 且 $F'(P_1)|_{P_1=0} < 0$，则 $P_1 = 0$ 具有稳定性，故政府的稳定策略是选择非主导，表示政府主体放弃发挥对协同治理的主导作用进而向非主导策略演化。

(2) 当 $P_4 > P_{40}$ 时，$W(P_4) > 0$，$F(P_1)|_{P_1=1} = 0$ 且 $F'(P_1)|_{P_1=1} < 0$，则 $P_1 = 1$ 具有稳定性，故政府主体的稳定策略是选择主导，表示政府主体十分重视其在协同治理中的主导地位并深刻认识到该地位的重要性，进而从行为选择上向主导策略演化，主导即是此刻的稳定演化策略。

(3) 当 $P_4 = P_{40}$ 时，$W(P_4) = 0$，$F(P_1) = 0$ 且 $F'(P_1) = 0$。由此可知，政府主体的策略选择均呈现出稳定态势，即为稳定策略。则 $P_1 \in [0, 1]$ 均处于稳定状态，故无法确定其稳定策略。其中阈值 P_{40} 为：

$$P_{40} = -\frac{P_3(1-P_2)(-C_4+F_1-G_2) + P_2(1-P_3)(-C_4+F_2-G_1)}{P_2P_3} - \\ \frac{(1-P_2)(1-P_3)(-C_4+F_1+F_2) + P_2P_3(-C_4-G_1-G_2)}{P_2P_3}$$

(4.19)

综上所述，政府主体的策略演化相位图如图 4-4 所示。

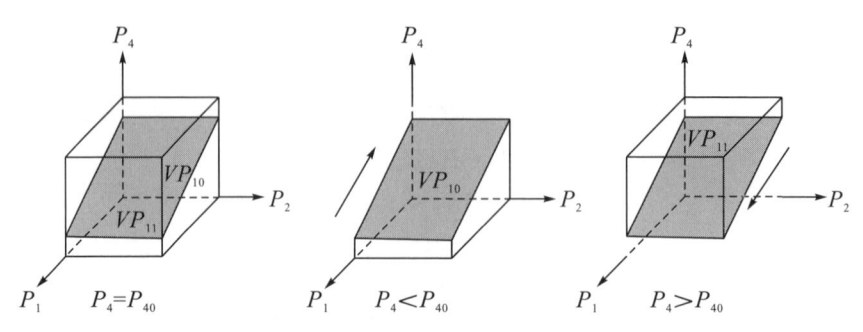

图 4-4 政府主体的策略演化相位图

（二）幼儿园主体的策略稳定性分析

根据前面构建的复制动态方程式（4.14），结合微分方程稳定性定理及演化稳定策略规则要求，幼儿园主体策略处于稳定状态必须满足：$F(P_2)=0$ 且 $F'(P_2)<0$。故对式（4.14）求导可得：

$$\frac{\mathrm{d}F(P_2)}{\mathrm{d}P_2} = (1-2P_2)\{(-C_1-K_1)[(1-P_3)P_4+(1-P_4)P_3]+$$
$$(1-P_3)(1-P_4)(-C_1)+(G_1+F_1)P_1[(1-P_3)P_4+$$
$$(1-P_4)P_3+(1-P_3)(1-P_4)]+P_1P_3P_4(G_1+F_1)+$$
$$P_3P_4(TS\alpha_1-C_1-K_1)\}$$

(4.20)

令：

$$W(P_1) = (-C_1-K_1)[(1-P_3)P_4+(1-P_4)P_3]+$$
$$(1-P_3)(1-P_4)(-C_1)+(G_1+F_1)P_1[(1-P_3)P_4+$$
$$(1-P_4)P_3+(1-P_3)(1-P_4)]+P_1P_3P_4(G_1+F_1)+$$
$$P_3P_4(TS\alpha_1-C_1-K_1)$$

(4.21)

由于 $\partial W(P_1)/\partial P_1>0$，因此 $W(P_1)$ 关于 P_1 为增函数，故幼儿园主体策略选择包含以下几种情况：

（1）当 $P_1<P_{10}$ 时，$W(P_1)<0$，$F(P_2)|_{P_2=0}=0$ 且 $F'(P_2)|_{P_2=0}<0$，则 $P_2=0$ 具有稳定性，表示幼儿园主体此时的稳定策略是选择消极参与。

（2）当 $P_1>P_{10}$ 时，$W(P_1)>0$，$F(P_2)|_{P_2=1}=0$ 且 $F'(P_2)|_{P_2=1}<0$，则 $P_2=1$ 具有稳定性，表示幼儿园主体逐渐意识到协同治理的重要性，进而向积极参与的策略演化，即幼儿园主体的稳定策略是选择积极参与。

（3）当 $P_1=P_{10}$ 时，$W(P_1)=0$，$F(P_2)=0$ 且 $F'(P_2)=0$，由此可知，幼儿园主体策略选择均呈现稳定态势且不会随时间而发生变化。此时，$P_2\in$

[0，1]均处于稳定状态，因而无法确定其稳定策略。其中阈值P_{10}为：

$$P_{10} = \frac{(C_1+K_1)[(1-P_3)P_4+(1-P_4)P_3]+(1-P_3)(1-P_4)(-C_1)}{P_3P_4(G_1+F_1)} - $$

$$\frac{(G_1+F_1)P_1[(1-P_3)P_4+(1-P_4)P_3+(1-P_3)(1-P_4)]+P_3P_4(TS\alpha_1-C_1-K_1)}{P_3P_4(G_1+F_1)}$$

(4.22)

综上所述，幼儿园主体的策略演化相位图如图4-5所示。

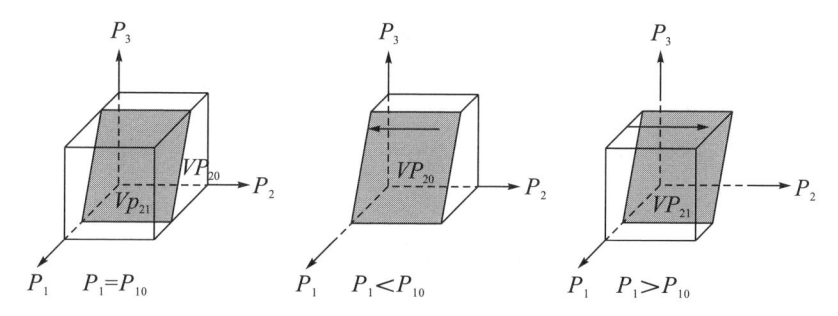

图4-5　幼儿园主体的策略演化相位图

（三）社会组织主体的策略稳定性分析

根据前面构建的复制动态方程式（4.15），结合微分方程稳定性定理及演化稳定策略规则要求，社会组织主体策略处于稳定状态必须满足：$F(P_3)=0$且$F'(P_3)<0$。故对式（4.15）求导可得：

$$\begin{aligned}\frac{dF(P_3)}{dP_3} = & (1-2P_3)\{(-C_2-K_2)[(1-P_2)P_4+(1-P_4)P_2]+ \\ & (1-P_2)(1-P_4)(-C_2)+(G_2+F_2)P_1[(1-P_2)P_4+ \\ & (1-P_4)P_2+(1-P_2)(1-P_4)]+P_1P_2P_4(G_2+F_2)+ \\ & P_2P_4(TS\alpha_2-C_2-K_2)\}\end{aligned}$$

(4.23)

令：

$$\begin{aligned}L(P_1) = & (-C_2-K_2)[(1-P_2)P_4+(1-P_4)P_2]+ \\ & (1-P_2)(1-P_4)(-C_2)+(G_2+F_2)P_1[(1-P_2)P_4+ \\ & (1-P_4)P_2+(1-P_2)(1-P_4)]+P_1P_2P_4(G_2+F_2)+ \\ & P_2P_4(TS\alpha_2-C_2-K_2)\end{aligned}$$

(4.24)

由于$\partial L(P_1)/\partial P_1>0$，因此$L(P_1)$关于$P_1$为增函数，故社会组织主体策略选择包含以下几种情况：

（1）当$P_1<P_{11}$时，$L(P_1)<0$，$F(P_3)|_{P_3=0}=0$且$F'(P_3)|_{P_3=0}<0$，

则$P_3=0$具有稳定性，表示社会组织主体的稳定策略是选择消极参与。

（2）当$P_1>P_{11}$时，$L(P_1)>0$，$F(P_3)|_{P_3=1}=0$且$F'(P_3)|_{P_3=1}<0$，则$P_3=1$具有稳定性，表示社会组织主体逐渐意识到协同治理的重要性，因而转向采取积极参与协同治理的策略，即此时社会组织主体的稳定策略是选择积极参与。

（3）当$P_1=P_{11}$时，$L(P_1)=0$，$F(P_3)=0$且$F'(P_3)=0$，由此可知，社会组织主体的策略选择均呈现稳定态势且不会随时间而发生变化。此时，$P_3\in[0,1]$均处于稳定状态，故无法确定其稳定策略。其中阈值P_{11}为：

$$P_{11}=\frac{(C_2+K_2)[(1-P_2)P_4+(1-P_4)P_2]+(1-P_2)(1-P_4)(-C_2)}{P_2P_4(G_2+F_2)}-$$

$$\frac{(G_2+F_2)P_1[(1-P_2)P_4+(1-P_4)P_2+(1-P_2)(1-P_4)]+P_2P_4(TS\alpha_2-C_2-K_2)}{P_2P_4(G_2+F_2)}$$

(4.25)

综上所述，社会组织主体的策略演化相位图如图4-6所示。

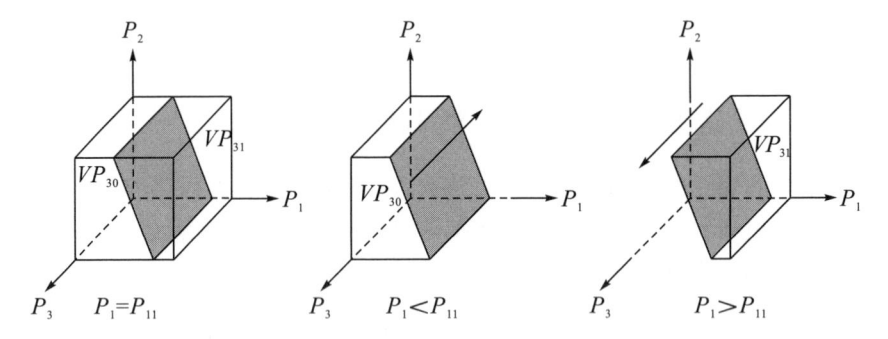

图4-6 社会组织主体的策略演化相位图

（四）家长主体的策略稳定性分析

根据前面构建的复制动态方程式（4.16），结合微分方程稳定性定理及演化稳定策略规则要求，家长主体策略处于稳定状态必须满足：$F(P_4)=0$且$F'(P_4)<0$。故对式（4.16）求导可得：

$$\frac{\mathrm{d}F(P_4)}{\mathrm{d}P_4}=(1-2P_4)[P_1P_2P_3+P_2P_3TS(1-\alpha_1-\alpha_2)] \quad (4.26)$$

令：

$$N(P_1)=P_1P_2P_3+P_2P_3TS(1-\alpha_1-\alpha_2) \quad (4.27)$$

由于$\partial N(P_1)/\partial P_1>0$，因此$N(P_1)$关于$P_1$为增函数，故家长主体策略选择包含以下几种情况：

（1）当$P_1<P_{12}$时，$N(P_1)<0$，$F(P_4)|_{P_4=0}=0$且$F'(P_4)|_{P_4=0}<0$，则$P_4=0$具有稳定性，表示家长主体的稳定策略是选择消极参与。

(2) 当$P_1 > P_{12}$时，$N(P_1) > 0$，$F(P_4)|_{P_4=1} = 0$ 且 $F'(P_4)|_{P_4=1} < 0$，则 $P_4 = 1$ 具有稳定性，表示家长主体的稳定策略是选择积极参与。

(3) 当$P_1 = P_{12}$时，$N(P_1) = 0$，$F(P_4) = 0$ 且 $F'(P_4) = 0$，由此可知，家长主体的策略选择均呈现稳定态势且不会随时间而发生变化。此时，$P_4 \in [0, 1]$ 均处于稳定状态，故无法确定其稳定策略。其中阈值P_{12}为：

$$P_{12} = \frac{-P_2 P_3 TS(1 - \alpha_1 - \alpha_2)}{P_2 P_3} \tag{4.28}$$

综上所述，家长主体的策略演化相位图如图4-7所示。

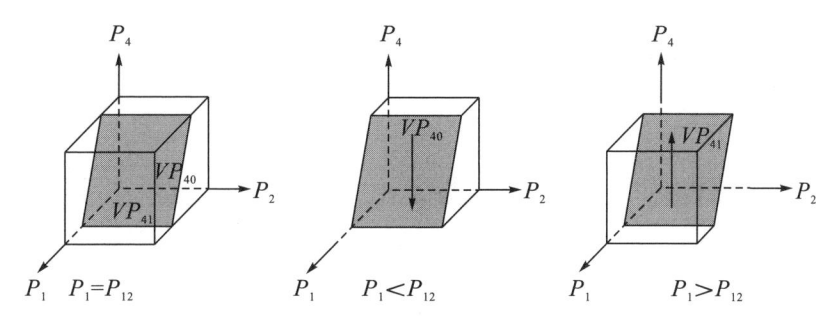

图4-7 家长主体的策略演化相位图

（五）四方主体共同作用的演化策略稳定性分析

在学前融合教育协同治理背景下，通过联合建立政府主体、幼儿园主体、社会组织主体和家长主体四方博弈的复制动态方程，可以得到一个四方演化博弈系统。四方博弈主体策略组合的稳定性可以根据李雅普诺夫（Lyapunov）第一法则进行判断。Ritzberger 和 Weibull（1995）与 Selten（1980）指出，多种群体演化博弈中的稳定解为严格纳什均衡，即一种纯策略[1][2]。因此，本书对四方演化博弈中的16种纯策略均衡点的稳定性展开进一步分析。依据各博弈主体的复制动态方程，得到复制动态系统的雅可比（Jacobian）矩阵为：

$$\boldsymbol{J} = \begin{bmatrix} \partial F(P_1)/\partial P_1 & \partial F(P_1)/\partial P_2 & \partial F(P_1)/\partial P_3 & \partial F(P_1)/\partial P_4 \\ \partial F(P_2)/\partial P_1 & \partial F(P_2)/\partial P_2 & \partial F(P_2)/\partial P_3 & \partial F(P_2)/\partial P_4 \\ \partial F(P_3)/\partial P_1 & \partial F(P_3)/\partial P_2 & \partial F(P_3)/\partial P_3 & \partial F(P_3)/\partial P_4 \\ \partial F(P_4)/\partial P_1 & \partial F(P_4)/\partial P_2 & \partial F(P_4)/\partial P_3 & \partial F(P_4)/\partial P_4 \end{bmatrix}$$

(4.29)

---

[1] RITZBERGER K, WEIBULL J W. Evolutionary selection in normal-form games [J]. Econometrica: Journal of the Econometric Society, 1995, 63 (6): 1371-1399.

[2] SELTEN R. A note on evolutionary stable strategies in asymmetric animal conflicts [J]. Journal of Theoretical Biology, 1980, 84 (1): 93-101.

1. 政府非主导下策略组合稳定性分析

当政府主体的稳定策略为非主导时：

$$P_3(1-P_2)(-C_4+F_1-G_2)+P_2(1-P_3)(-C_4+F_2-G_1)+$$
$$(1-P_2)(1-P_3)(-C_4+F_1+F_2)+$$
$$P_2P_3(-C_4-G_1-G_2)+P_2P_3P_4<0$$

(4.30)

政府非主导下的复制动态系统均衡点的渐进稳定性分析如表4-3所示。

表4-3 政府非主导下的复制动态系统均衡点的渐进稳定性分析

均衡点	特征值 $\lambda_1, \lambda_2, \lambda_3, \lambda_4$	正负符号	稳定性	条件
(0, 0, 0, 0)	$-C_4+F_1+F_2, -C_1, -C_2, 0$	$(\otimes, -, -, 0)$	不确定	①
(0, 1, 0, 0)	$-C_4+F_2-G_1, C_1, -C_2-K_2, 0$	$(-, +, -, 0)$	不稳定	—
(0, 0, 1, 0)	$-C_4+F_1-G_2, -C_1-K_1, C_2, 0$	$(-, -, +, 0)$	不稳定	—
(0, 0, 0, 1)	$-C_4+F_1+F_2, -C_1-K_1,$ $-C_2-K_2, 0$	$(\otimes, -, -, 0)$	不确定	①
(0, 1, 1, 0)	$-C_4-G_1-G_2, C_1+K_1,$ $C_2+K_2, TS(1-\alpha_1-\alpha_2)$	$(-, +, +, +)$	不稳定	—
(0, 1, 0, 1)	$-C_4+F_2-G_1, C_1+K_1,$ $TS\alpha_2-C_2-K_2, 0$	$(-, +, \otimes, 0)$	不稳定	—
(0, 0, 1, 1)	$-C_4+F_1-G_2,$ $TS\alpha_1-C_1-K_1, C_2+K_2, 0$	$(-, \otimes, +, 0)$	不稳定	—
(0, 1, 1, 1)	$-C_4-G_1-G_2+1, -TS\alpha_1+C_1+K_1,$ $-TS\alpha_2+C_2+K_2, -TS(1-\alpha_1-\alpha_2)$	$(-, \otimes, \otimes, -)$	ESS	②

注：$\otimes$表示符号不确定。①表示$-C_4+F_1+F_2<0$；②表示$-TS\alpha_1+C_1+K_1<0$且$-TS\alpha_2+C_2+K_2<0$。

由表4-3可知，当政府在学前融合教育协同治理中处于非主导地位时，若$F_1+F_2<C_4$，则该博弈收敛于均衡点为（0，0，0，0），表示当幼儿园与社会组织均选择消极参与学前融合教育协同治理时，政府因为主导成本过高而放弃选择主导地位。在此背景下的政府非主导、其余主体均消极参与是学前融合教育协同治理主体的最差选择。而当博弈收敛于均衡点（0，1，0，0）、（0，0，1，0）、（0，0，0，1）、（0，1，1，0）、（0，1，0，1）、（0，0，1，1）时，表示在幼儿园、社会组织与家长中任何一方或两方选择积极参与学前融合教育协同治理时，政府因为主导成本高于净收益而放弃选择主导地位，此时的政府非主导、其余三方中的任意一方选择积极参与而其余两方选择消极参与，或者政府非主导、其余三方中的任意两方选择积极参与而其余一方选择消极参与是学前融合教育协同治理各个主体的最终选择。值得注意的是，在此背景下存在

一种可能的稳定策略（0，1，1，1），表示在学前融合教育协同治理过程中，政府出于成本考虑，更多地选择放权与对其他主体增权赋能的方式，节约治理成本，而其余三方充分发挥自主能动性，选择积极参与学前融合教育协同治理，获得更高的自主权，自身优势可以得到最大程度的发挥。在该策略下，社会剩余（多元主体参与协同治理成本剩余与协同治理收益之和）最高，而政府对学前融合教育协同治理达成了"无为而治"的一种理想状态。此时的政府非主导而其余三方积极参与是各主体的最终选择。

2. 政府主导下策略组合稳定性分析

当政府主体的稳定策略为主导时：

$$P_3(1-P_2)(-C_4+F_1-G_2)+P_2(1-P_3)(-C_4+F_2-G_1)+$$
$$(1-P_2)(1-P_3)(-C_4+F_1+F_2)+$$
$$P_2P_3(-C_4-G_1-G_2)+P_2P_3P_4>0$$

(4.31)

政府主导下的复制动态系统均衡点的渐进稳定性分析如表4-4所示：

表4-4 政府主导下的复制动态系统均衡点的渐进稳定性分析

均衡点	特征值$\lambda_1,\lambda_2,\lambda_3,\lambda_4$	正负符号	稳定性	条件
(1, 0, 0, 0)	$C_4-F_1-F_2$，$-C_1+G_1+F_1$， $-C_2+G_2+F_2$，0	($\otimes$，+，+，0)	不稳定	—
(1, 1, 0, 0)	$C_4-F_2+G_1$，$C_1-G_1-F_1$， $-C_2-K_2+G_2+F_2$，0	(+，−，$\otimes$，0)	不稳定	—
(1, 0, 1, 0)	$C_4-F_1+G_2$，$-C_1-K_1+G_1+F_1$， $C_2-G_2-F_2$，0	(+，$\otimes$，−，0)	不稳定	—
(1, 0, 0, 1)	$C_4-F_1-F_2$，$-C_1-K_1+G_1+F_1$， $-C_2-K_2+G_2+F_2$，0	($\otimes$，$\otimes$，$\otimes$，0)	不确定	③
(1, 1, 1, 0)	$C_4+G_1+G_2$，$C_1+K_1-G_1-F_1$， $C_2+K_2-G_2-F_2$， $1+TS(1-\alpha_1-\alpha_2)$	(+，$\otimes$，$\otimes$，+)	不稳定	—
(1, 1, 0, 1)	$C_4-F_2+G_1$，$C_1+K_1-G_1-F_1$， $G_2+F_2+TS\alpha_2-C_2-K_2$，0	(+，$\otimes$，+，0)	不稳定	—
(1, 0, 1, 1)	$C_4-F_1+G_2$， $G_1+F_1+TS\alpha_1-C_1-K_1$， $C_2+K_2-G_2-F_2$，0	(+，+，$\otimes$，0)	不稳定	—
(1, 1, 1, 1)	$C_4+G_1+G_2-1$， $-G_1-F_1-TS\alpha_1+C_1+K_1$， $-G_2-F_2-TS\alpha_2+C_2+K_2$， $-1-TS(1-\alpha_1-\alpha_2)$	(+，−，−，−)	不稳定	—

注：$\otimes$表示符号不确定。③表示$-C_1-K_1+G_1+F_1<0$且$-C_2-K_2+G_2+F_2<0$。

由表 4-4 可知，政府强力主导进行学前融合教育协同治理的纯策略稳定均衡点 (1, 1, 1, 1) 并不存在。由政府强力主导、家长选择积极参与学前融合教育协同治理，但幼儿园和社会组织均选择消极参与学前融合教育协同治理时，该博弈收敛于均衡点 (1, 0, 0, 1)，此时必须满足 $C_1'+K_1>G_1+F_1$ 且 $C_2+K_2>G_2+F_2$ 的条件时，各方主体的策略选择才能实现，最终达成策略稳定。当 $F_1+F_2>C_4$ 时，该博弈收敛于均衡点 (1, 0, 0, 0)，表示当幼儿园与社会组织均选择消极参与学前融合教育协同治理时，政府出于长期收益动机而选择主导策略。若 $F_2-G_1>C_4$，此时该博弈收敛于均衡点 (1, 1, 0, 0)，表示当幼儿园选择积极参与而社会组织选择消极参与学前融合教育协同治理时，政府出于收益动机同样选择主导策略；同理，若 $F_1-G_2>C_4$，此时该博弈收敛于均衡点 (1, 0, 1, 0)，表示当幼儿园选择消极参与而社会组织选择积极参与学前融合教育协同治理时，政府出于收益动机选择主导策略。当博弈收敛于均衡点 (1, 1, 1, 0)、(1, 1, 0, 1)、(1, 0, 1, 1) 时，表示在幼儿园、社会组织与家长中任意两方选择积极参与学前融合教育协同治理时，政府出于收益动机仍然会选择主导，此时的政府主导，其余三方中的任意两方选择积极参与、一方选择消极参与是学前融合教育协同治理各个主体的最终选择。

第三节 仿真实验分析

博弈分析模型可以清楚地呈现系统达到演化均衡的状态，但其达到均衡的过程并不明确。因此，为了更直观地展示复制动态系统中关键要素对多方博弈演化过程及演化结果的影响，本书基于上述假设利用 Matlab 2019 分别对政府主导下的各主体之间博弈演化轨迹和政府非主导下的各主体之间博弈演化轨迹进行数值仿真。

政府主导下的幼儿园、社会组织和家长其中三方、仅仅一方、仅两方积极参与的收益分别为 $R=45$，$R_1=10$，$R_2=28$。治理资源共享过程中资源的互补将促进各主体关系建构、行为趋同、优势互补，资源互补性为 $S=15$，各主体参与协同治理的信任程度为 $T=6$。在学前融合教育协同治理发展过程中，幼儿园出于自身发展的考量以及应对办园、评级审核的压力，可以选择积极参与学前融合教育协同治理并执行相关政策，同时与社会组织合作研发学前融合教育相关课程以及购买校外培训对园内教师进行专业教育与指导，这需要投入更多的时间、人员以及资金，其参与成本为 $C_1=10$，而所获得的政府奖励为

$G_1=7$，所带来的对促进幼儿园自身发展的资源以及幼儿园的知名度等收益为 $TS\alpha_1=18$。社会组织为学前融合教育协同治理实践提供专业服务与人员培训，政府及幼儿园通过付费的方式购买服务，社会组织选择积极参与学前融合教育协同治理并不断提升其内部人员的专业性与服务质量，其参与成本为 $C_2=9$。同样，社会组织对学前融合教育协同治理事业的推动和贡献将得到政府的奖励为 $G_2=5$，其专业度、获得的认可度与知名度等收益为 $TS\alpha_2=27$。但由于幼儿园和社会组织在学前融合教育协同治理的过程中面临众多困境，以至于它们可能采取消极参与的做法，二者的投机收益分别为 $K_1=0.5$，$K_2=0.3$；同时均可能面临政府的问责，处罚分别为 $F_1=10$，$F_2=6$。家长选择积极参与学前融合教育协同治理，与幼儿园建立良好家园共育关系，同时接受社会组织专业指导并通过社会组织和幼儿园为自身及儿童表达需求与利益诉求，其获得的收益为 $TS(1-\alpha_1-\alpha_2)=45$；但受到自身文化水平、受教育水平以及社会文化环境的影响，家长可能会有消极参与的做法，其投机收益 $K_3=4$。幼儿园、社会组织和家长的收益分配系数分别为 $\alpha_1=0.2$，$\alpha_2=0.3$，$1-\alpha_1-\alpha_2=0.5$，且均处于 [0，1] 区间，表示各主体协同参与的收益受到比例的影响。从儿童的长远认知与行为发展角度出发，家长的收益分配系数明显较高。政府进行积极主导治理行为的成本为 $C_4=35$，各博弈方初始策略 P_1、P_2、P_3、P_4 的选择均为 0.5。

一、政府主导成本的影响

设 $C_4=\{35，20，5\}$，四方博弈主体策略演化过程及结果，即政府主导成本对各方策略演化的影响如图 4-8 所示。

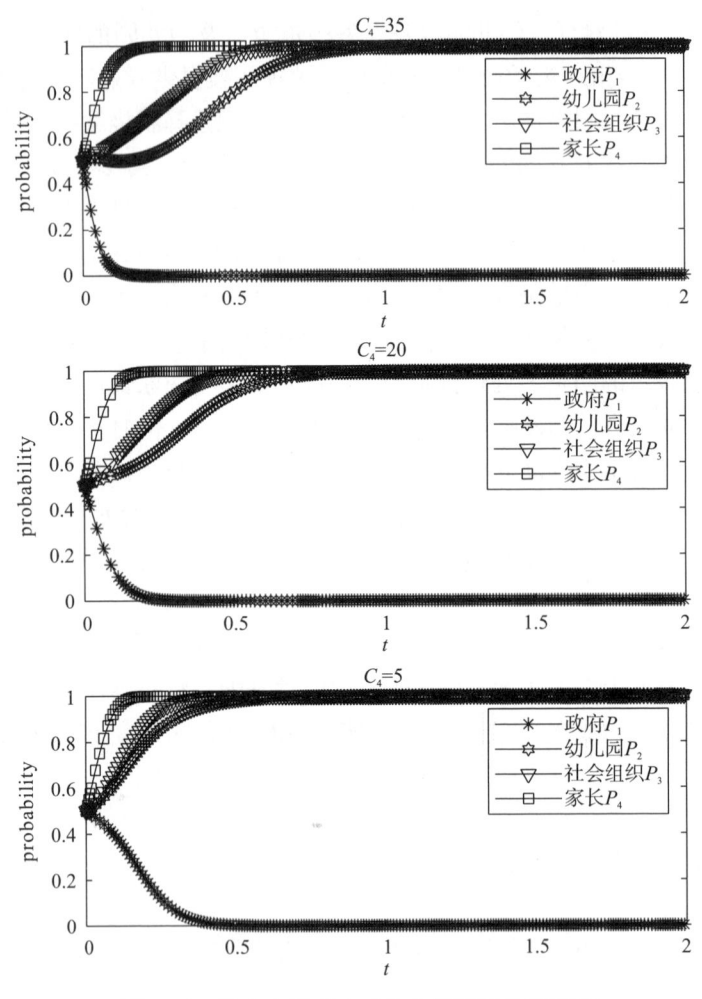

图 4-8　政府主导成本对各方策略演化的影响

由图 4-8 可知，政府、幼儿园、社会组织、家长主体的策略演化趋势均受到政府对学前融合教育协同治理的主导成本的影响。一方面，政府本身的策略演化趋势变化较为明显，随着政府主导学前融合教育协同治理的成本降低，政府主导进行学前融合教育协同治理策略的概率提升所需要的时间越短，说明政府有更强烈的意愿参与学前融合教育协同治理。因此，可以通过降低主导成本的相关途径，影响政府增加长期主导参与学前融合教育协同治理的意愿和行为动机。

二、资源互补性的影响

设 $S=\{20, 15, 10\}$，四方博弈主体策略演化过程及结果，即资源互补性对各方策略演化的影响如图 4-9 所示。

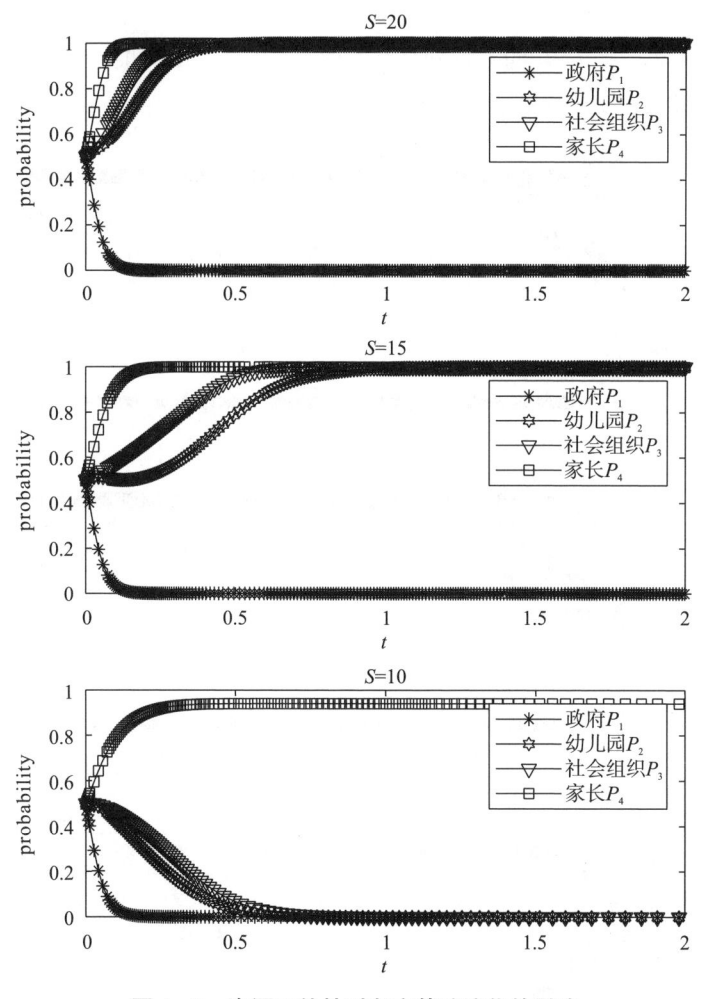

图 4-9 资源互补性对各方策略演化的影响

由图 4-9 可知，随着资源互补性的增加，幼儿园与社会组织选择积极参与学前融合教育协同治理策略的概率稳定趋近于 1 所需要的时间越短，表示两者参与学前融合教育协同治理的意愿更强。值得注意的是，当资源互补性下降并且降低到一定程度时，幼儿园与社会组织选择积极参与学前融合教育协同治理策略的概率稳定趋近于 0，此时，由于资源各自独立且缺乏互补，因此协同治理收益不足。在学前融合教育协同治理过程中应重点关注各主体所持有的资源互补以及嵌入程度，通过优势互补的方式尽可能提升资源共享程度与利用率，从而在一定程度上提高协同治理收益。

三、信任程度的影响

设 $T=\{7,6,5\}$，四方博弈主体策略演化过程及结果，即信任程度对各方策略演化的影响如图 4-10 所示。

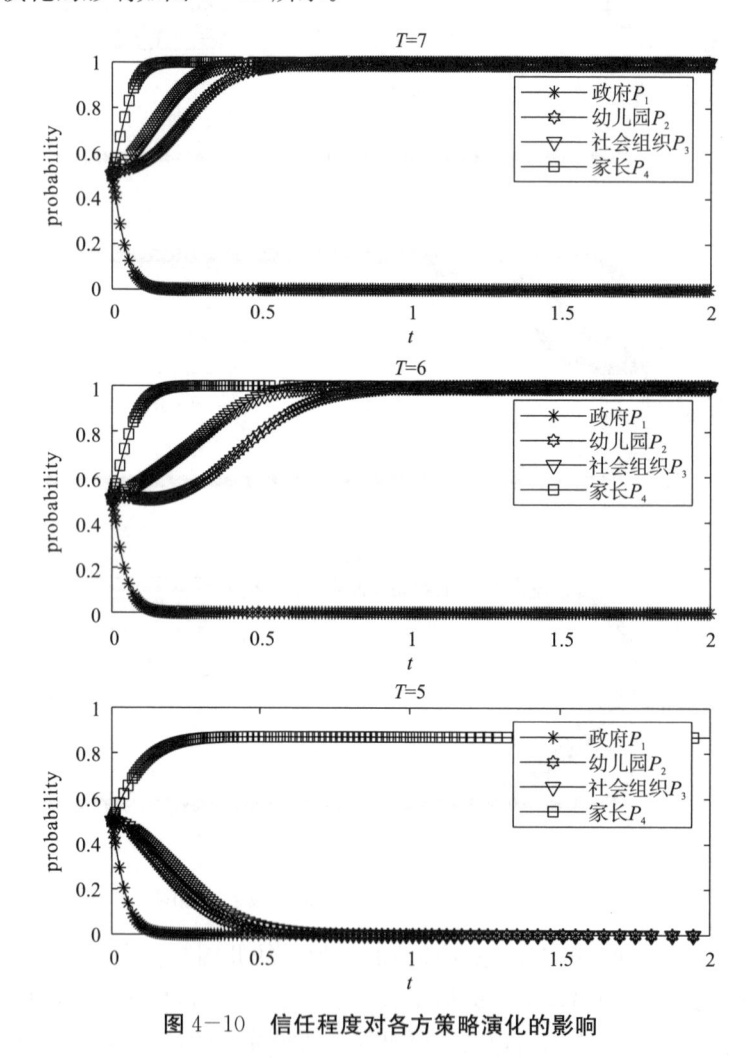

图 4-10 信任程度对各方策略演化的影响

由图 4-10 可知，随着各主体间信任程度的增加，幼儿园、社会组织与家长选择积极参与学前融合教育协同治理策略的概率稳定趋近于 1 所需要的时间越短，尤其在幼儿园与社会组织主体行为策略选择上体现得更为明显。这说明信任程度的增加将促进两者协同行为的快速产生，而此时政府反而可以逐渐选择非主导的策略，以降低学前融合教育协同治理的主导成本。因此，可以通过促使幼儿园与社会组织有效互动，建立长期有效的沟通渠道，增加彼此间的信任程度，从而促进协同治理收益的提高。

四、收益分配系数的影响

设 $(\alpha_1, \alpha_2)=\{(0.2, 0.3), (0.1, 0.3), (0.1, 0.2)\}$，四方博弈主体策略演化过程及结果，即收益分配系数对各方策略演化的影响如图 4—11 所示。

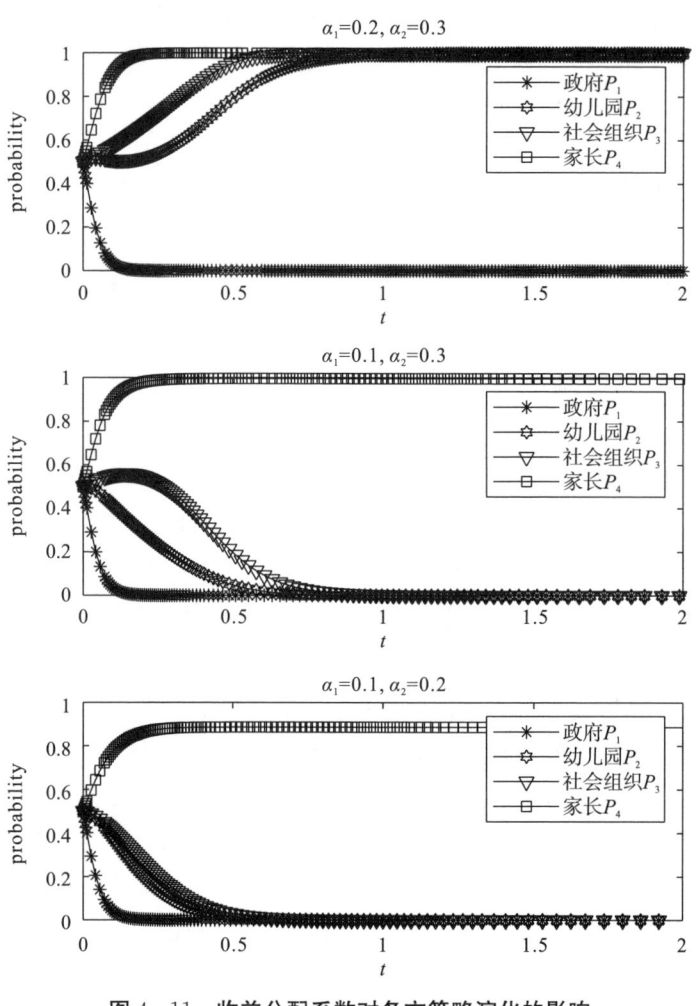

图 4—11　收益分配系数对各方策略演化的影响

由图4-11可知,当社会组织的收益分配系数不变,随着幼儿园收益分配系数的降低,幼儿园选择积极参与学前融合教育协同治理策略的概率降低并稳定趋近于0。当幼儿园的收益分配系数不变,随着社会组织收益分配系数的降低,社会组织选择积极参与学前融合教育协同治理策略的概率降低并将以更快的速度稳定趋近于0。这说明学前融合教育协同治理的各主体的策略选择与自身所获收益密切相关,无论是幼儿园还是社会组织,自身所获的收益都是刺激并激励其选择和采取学前融合教育协同治理策略、产生协同行为的重要因素。

五、政府策略选择的影响

为进一步验证政府主体行为在学前融合教育协同治理过程中的有效性与可行性,通过将初始策略概率设置为 $P_1=0$,$P_1=0.9$ 来分别表示政府进行非主导和主导的两种状态,将对幼儿园、社会组织和家长三方主体不同初始策略的演化过程置于三维空间进行仿真分析。仿真结果,即政府策略选择对各方策略演化的影响如图4-12所示。

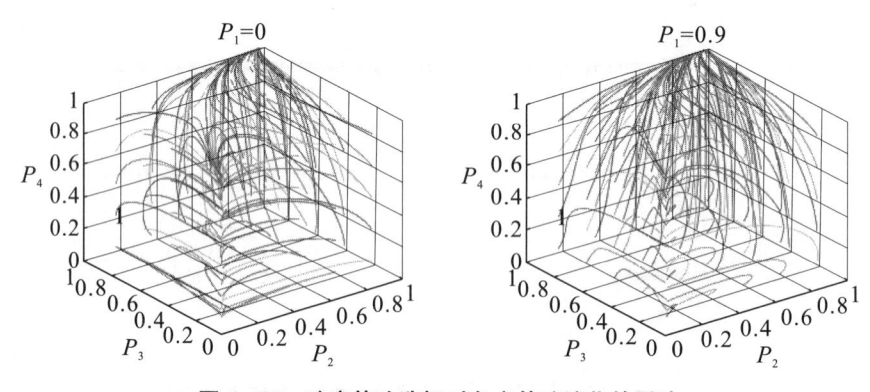

图4-12 政府策略选择对各方策略演化的影响

由图4-12可知,当 $P_1=0$ 时,即政府对学前融合教育协同治理不予主导的情况下,由于受到各方主体信任程度、资源互补性等多种因素的影响,幼儿园与社会组织的策略选择基本倾向于消极参与学前融合教育协同治理;而当 $P_1=0.9$ 时,即政府对学前融合教育协同治理进行强力主导,虽然系统不存在稳定点,但若政府能维持一定水平的主导概率,幼儿园与社会组织选择积极参与学前融合教育协同治理策略的概率大大提升,基本稳定于积极参与学前融合教育协同治理,与其他主体形成良好互动、展开协同行为,此时家长选择积极参与学前融合教育协同治理的意愿也会显著提升。同时,从图4-12可以看出,当政府长时间维持一定水平的主导策略后,其他主体的策略选择能够稳定于积极参与学前融合教育协同治理，参与的积极性与自主性明显提高，此时政府可以从强力主导转变为适度主导至最终放权而不再进行主导，在此背景下的各主体的策略选择也并未呈现出明显的消极趋势。这与前面关于政府就主导或非主导的不同策略选择下的策略组合稳定性分析结果保持一致。

第四节 研究结果及分析

本节研究是在理性经济人及期望效用理论假设的基础上展开的进一步探讨。在学前融合教育协同治理过程中，政府、幼儿园、社会组织及家长四方作为多元主体，其各自参与并展开协同治理行为的决策所受到的影响因素是多方面的。同时，当其中一方参与主体在参与学前融合教育协同治理实践过程中对其行为做出调整与改变，则协同治理的外围环境以及治理收益与效果均会随之改变，这同样也会使得其他学前融合教育协同治理主体的行为策略发生变化。由政府、幼儿园、社会组织及家长构成的四方主体之间的演化博弈分析展示了一个相互联系且互相影响的动态博弈过程，其中的各主体会对各自的行为策略进行不断的调适以寻求在学前融合教育协同治理过程中实现收益的最大化。因而需要对各参与主体的利益予以充分考虑，通过建立健全完善的学前融合教育协同治理机制，运用相关的治理工具与手段，如制度的合理设计、全面的政策保障、积极督促和加强监督、科学的激励机制等，寻求各方利益的平衡点，最大限度地激发它们对于协同治理的热情与积极性，以提升我国学前融合教育协同治理的协同效应。在学前融合教育协同治理主体演化博弈模型构建的基础上运用复制动态方程、演化策略稳定性分析及仿真实验分析，研究结果如下：

（1）幼儿园、社会组织与家长参与学前融合教育协同治理的意愿与政府层面的推动和实践相应行为密切相关。从以上的四方演化博弈分析中可以看出，政府强化其主导功能而展开行动，对其他三类主体参与学前融合教育协同治理的积极性会产生明显的影响。其中，影响最显著的是幼儿园和社会组织。当政府采取积极主导策略而展开行动时，幼儿园和社会组织在学前融合教育协同治理中获取的收益就会提高，从而能够吸引和促使它们更加积极地投入协同治理活动之中；相反，当政府在学前融合教育协同治理的过程中采取非主导策略时，协同治理的外部环境与资源条件随之变差，主体间信息沟通渠道、资源共享的途径及政策保障等受到限制，幼儿园和社会组织无法在参与学前融合教育协同治理的过程中使自身收益增加，因而参与学前融合教育协同治理的积极性不佳，参与意愿降低，难以促进协同效应的实现。因此，政府作为重要主体，对学前融合教育协同治理的客观、科学认识以及积极发展态度是促使各方主体产生协同意愿与行为的关键因素。学前融合教育协同治理理念的认同机制建设应成为学前融合教育协同治理发展与完善的重要内容。

（2）幼儿园、社会组织和家长参与学前融合教育协同治理的意愿与主体之间的信任程度紧密相关。加强参与主体间的信任关系，能够为学前融合教育协同治理的实施积累相应的社会资本。只有主体间拥有充分的信任，才能更高效地推进学前融合教育协同治理的发展。当幼儿园、社会组织和家长之间的信任系数越高，它们在参与学前融合教育协同治理的过程中的配合便会更融洽，从而获得更高收益；相反，当各参与主体之间的信任系数越低，其在学前融合教育协同治理过程中获得的收益也越少。因此，以制度的设计来促进学前融合教育协同治理各主体之间的互动，加强各主体之间的交流沟通与协作配合，增加彼此间的信任程度以获得更多的社会信任资本，是推动学前融合教育协同治理行为产生的重要手段。

（3）各主体参与学前融合教育协同治理的意愿在很大程度上取决于各主体在学前融合教育协同治理过程中获得的收益。收益的获得对幼儿园、社会组织和家长参与学前融合教育协同治理的积极性有着很大的影响。当幼儿园和社会组织在缺乏相应保障措施的条件下选择消极参与学前融合教育协同治理时，政府不能仅仅考虑协同治理收益而放弃其在学前融合教育协同治理中的主导地位，应该进一步加大投入，完善保障措施，与其余主体分享协同治理收益，推动它们在学前融合教育协同治理中选择积极参与的策略。随着学前融合教育协同治理机制的日渐完善，营造出全员、全社会共同参与学前融合教育协同治理的良好氛围，会影响各主体选择积极参与的策略趋于稳定，此时协同治理收益预期趋于明显，意味着多元主体参与学前融合教育协同治理将获得显著成效。政府要结合自身的实际情况，不断调整策略，转变自身职能，充分发挥自身优势，同时赋予社会组织、家长和幼儿园更多的职能权限，提高它们参与协同治理的效率，为其搭建有效沟通交流的平台，真正推动学前融合教育协同治理行为的践行。

（4）学前融合教育协同治理中各主体参与意愿与资源互补的程度紧密相关。资源互补是各主体在考虑是否参与学前融合教育协同治理的重要因素。当资源互补程度较高时，各参与主体均能从其他主体处获得必要且充足的资源，在此过程中还能增加自身的协同治理收益，因而其参与协同治理的意愿也会明显提升。协同治理行为增加各方收益依赖于各方主体的积极参与和资源的投入，倘若角色定位不准确或功能边界模糊将不利于协同行为的产生。因此，在初期对各方主体的权、责、利进行明晰十分必要，这将促使各主体切实落实协同治理过程中的组织协调和契约规制的具体要求，减少协同治理中的机会主义行为。因此，政府不仅要为各参与主体提供完善的政策等保障，以充分调动它们参与学前融合教育协同治理的积极性，还应考虑在设立监管制度的同时，完善奖惩机制，采取激励措施，加大对积极参与学前融合教育协同治理的各主体的奖励，从物质层面和精神价值层面激发各主体参与意愿和动机；同时，要加大对各主体消极参与学前融合教育协同治理的投机行为的惩罚力度，对机会主义行为进行有效约束。例如，可以通过对违规机构进行罚款、通报批评、限制评优评级等方法展开监管，严厉打击在学前融合教育协同治理中各主体的不负责任行为。

第五章　学前融合教育协同治理行为对协同效应的影响路径分析

学前融合教育协同治理是多元治理主体同心协力实施系列治理措施，进而推动学前融合教育事业向阳发展，使我国普特学前教育相互融合达到教育改革理想状态的过程。本章基于前面对学前融合教育多元主体识别及其协同治理行为的影响因素的分析，进一步落脚到协同治理主体行为层面，关注多元主体如何展开协同治理行为及产生了怎样的协同治理结果。以主体行为产生结果的分析逻辑提出学前融合教育协同治理理论模型的构建思路，并通过甄别选取研究变量及运用结构方程模型建立了学前融合教育协同治理假设关系模型，拟通过路径和路径系数来反映学前融合教育协同治理行为对协同治理结果（以协同效应为例）的影响关系。筛选了潜变量的观测指标，借鉴现有部分成熟的测度量表以及结合研究密切相关要素对各项变量及其测度进行有效设计，形成了调查问卷，按照小样本的调查、调查问卷的信效度检验等步骤进一步修正了问卷。通过发放正式问卷并对数据进行回收，展开描述性统计分析并进行信效度检验，利用结构方程模型验证相关研究假设。根据实证检验结果，分析与讨论学前融合教育协同治理中多元主体行为对协同效应的影响关系与路径，通过确定影响主体行为产生协同效应的关键变量和显著效果路径，并结合管理学等相关知识进行分析，为后续章节建构学前融合教育的多元主体协同治理推进路径奠定理论基础和实证支撑。

第一节　构建理论模型与提出研究假设

学前融合教育协同治理的开展离不开具象化的主体行为，因此需要具体分析多元主体各自行为的展开"如何实现了协同"，将学前融合教育协同治理的多元主体行为对行为结果的影响进行深刻剖析与展示。

一、学前融合教育协同治理理论模型构建思路

协同作为组织中的一项正式活动,涉及联合行动与结构、共享资源、利益相关者的相互依赖以及对未来伙伴关系的集体责任,将共同目标的实现视为协同结果[①]。根据前面从利益相关者角度对我国学前融合教育的多元主体进行识别,笔者认为,政府在宏观层面的战略规划、顶层设计、组织建设、文化建设等方面引导全社会共同参与学前融合教育协同治理,并对其过程进行监管,在学前融合教育事业发展中起主导作用,是影响学前融合教育协同治理的协同效应的主导主体;以幼儿园为代表的学前教育机构在普特融合学前教育执行、个别化教育计划制订、康复教育计划制订等方面对学前融合教育协同治理结果产生影响,是影响学前融合教育协同治理的协同效应的执行主体之一;社会组织作为学前融合教育协同治理中专业资源、技术、人才、平台的提供者,是影响学前融合教育协同治理的协同效应的另一执行主体;以家长为代表的社会公众是学前融合教育直接或间接的受益者,同样是影响学前融合教育协同治理的协同效应的主体之一。各主体的互动关系客观存在,关系嵌入与结构嵌入作为学前融合教育协同治理主体相互产生联系与互动的网络形态,是各主体行为动机、行为规则与行为方式选择的重要因素,其作为中介变量,能够对变量间的相互关系进行有效调节。

综上所述,政府展开引导、统筹、监管等主导行为,幼儿园提供学前融合教育服务的主体行为,社会组织提供学前融合教育专业性支持的主体行为,以及家长支持并参与学前融合教育的主体行为共同对学前融合教育协同治理协同效应产生重要影响。基于此,本书认为政府主体行为、幼儿园主体行为、社会组织主体行为与家长主体行为等共同影响着学前融合教育协同治理的协同效应,同时该效应也受到了多元主体所在网络的关系嵌入与结构嵌入的影响。因此,依据利益相关者理论、协同治理理论、嵌入性理论等,结合现有研究成果,本书提出政府主体行为、幼儿园主体行为、社会组织主体行为、家长主体行为以综合交互的方式影响我国学前融合教育协同治理的协同效应的假设思路,并甄别选取了我国学前融合教育协同治理行为的关键研究变量和测量维度,提出关系假设,构建学前融合教育协同治理模型,拟通过路径和路径系数来反映各变量间的影响关系。该模型构建的基本技术路线如图 5-1 所示。

---

① RUBIN H. Collaborative leadership: developing effective partnerships for communities and schools [M]. Thousand Oaks: Corwin Press, 2009: 53.

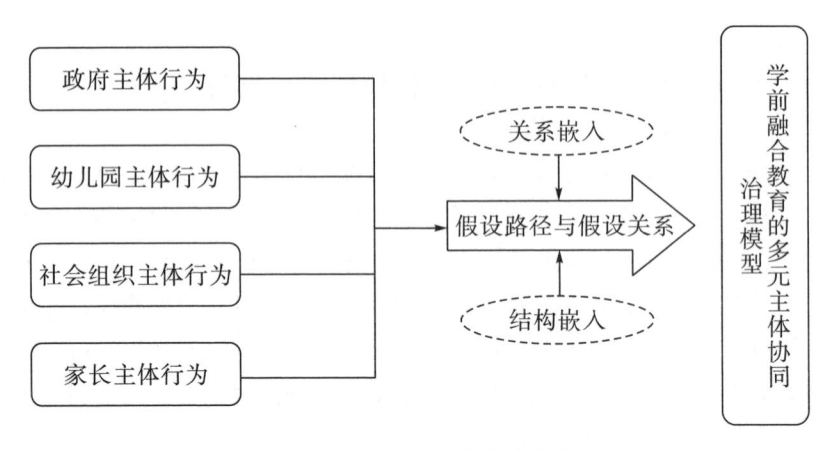

图 5-1 模型构建的基本技术路线

二、选取研究变量

以前人研究得出的结论作为基础，结合专家访谈等多种方式获得的准确结果，展开归纳演绎，进而明确了学前融合教育的多元主体协同治理有关的变量信息和具体的测量维度等，为本书搭建合理的假设模型奠定了良好的基础。另外，目前在管理学领域，这种研究方式已经获得了推广且被广泛应用于协同治理的实践领域。例如，王霄和胡军（2005）[1]、高遐等（2012）[2]、冯振伟（2019）[3]、杜建军（2019）[4] 等的研究均采用此种范式。首先，通过梳理学前融合教育治理与协同治理的国内外文献，对影响学前融合教育协同治理的各个关键主体行为维度进行整理与归纳。其次，通过访谈听取相关专家、幼儿园园长、社会组织负责人、家长以及政府相关部门负责人的建议，形成调查问卷。最后，以问卷信度为核心，以问卷效度为导向，采取分层随机调查的方式开展样本调查活动，并对获取的各项数据进行分析，继而得出相应的结论。该研究范式在汲取已有研究成果的基础上，充分考量具体实际情况，多角度、全方位、科学地呈现学前融合教育多元主体的实践现状。

---

[1] 王霄，胡军. 社会资本结构与中小企业创新——一项基于结构方程模型的实证研究 [J]. 管理世界，2005（7）：116-122.
[2] 高遐，井润田，万媛媛. 管理决断权、高管薪酬与企业绩效的实证研究 [J]. 管理评论，2012，24（4）：107-114.
[3] 冯振伟. 体医融合的多元主体协同治理研究 [D]. 济南：山东大学，2019.
[4] 杜建军. 青少年体育锻炼多主体协同治理研究 [D]. 济南：山东大学，2019.

（一）外生潜在变量

政府、幼儿园、社会组织、家长是学前融合教育协同治理的四大主体，相互之间责任共担、资源共享、支持互动、协同行动，共同作用于学前融合教育协同治理过程，并在此过程中发挥其各自效用，进而对协同治理结果产生重要影响。基于此，本书提出政府、幼儿园、社会组织与家长的主体行为分别是学前融合教育协同治理构建假设结构方程模型的四个外生潜在变量，并对学前融合教育协同治理的协同效应产生影响。学前融合教育协同治理外生潜在变量如表5-1所示。

表5-1 外生潜在变量

序号	多元主体	变量选取	职责与功能定位
1	政府	政府主体行为	引导与决策
2	幼儿园	幼儿园主体行为	协同与执行
3	社会组织	社会组织主体行为	协同与监督
4	家长	家长主体行为	协同与监督

（二）内衍中介变量

嵌入性理论的奠基者Granovetter（1985）在其研究中对嵌入性以关系嵌入和结构嵌入的二分进行了类别划分[1]。作为学术界具有代表性的分类，本书在研究时将此代表性的划分维度引入学前融合教育协同治理过程进行分析。由于个体在社会中呈现出的行为会嵌入与之相符的关系网络中，因而在研究与分析组织受到经济活动所带来的影响时，需要对各行为主体关系及其在这些关系网络中因所处的位置而与外界产生的联系等进行深度探索，以此明晰关系网络中各主体地位及其功能效用。

具体来看，学前融合教育协同治理中多元主体关系嵌入是多元主体在治理活动中建立、发展出的互动关系。本书认为多元主体的协同行为过程与关系嵌入具有内在一致性，从本质上而言，关系嵌入必然会随着协同行为的出现而发生相应变化，而这种变化同样会影响到协同行为的变动，体现为在资源获取机制的作用下，关系嵌入会影响多元主体协同行为演化。多元主体协同行为演化

---

[1] GRANOVETTER M. Economic action and social structure: the problem of embeddedness [J]. American Journal of Sociology, 1985, 91 (3): 481-510.

环节所产生的作用能够为关系嵌入形成完善的发展机制或者是演化机制等提供一定的帮助，具体体现为关系的建立、延伸、相互间渗透及整合[1]。在这种机制的帮助下，组织或者个体将会构建起相互间关系并使机制得到良性的发展。因此，关系嵌入在学前融合教育协同治理过程中为多元主体产生协同行为提供了有力支撑。学前融合教育协同治理中多元主体结构嵌入作为多元主体关系结构的重要核心，通过对网络中各主体所处位置进行分析，进而明晰各主体拥有的关系特征，这点能够体现出多元主体协同行为的运作方式。

通常关系嵌入主要是以交易主体拥有的互惠预期作为核心，侧重点往往会放在二元交易关系是否会影响行动者产生经济行为上，同时，还注重各参与者在经济活动中表现出的相互间信任度、认可度等[2]。在学前融合教育协同治理过程中，关系对治理结果的影响逻辑可归纳为"关系—行为—结果"，多元主体间良好互动关系的形成能够推动协同治理行为发挥巨大效用。在此，我们将"学前融合教育协同治理关系嵌入"视为学前融合教育协同治理假设结构方程模型中的一个内衍中介变量。

结构是固化的信息和资源传递渠道，社会的关系结构决定着行为主体的行动机会及其结果[3]，同时各治理主体同样受到它们既已形成的结构关系的影响——这也被视为一种结构。不同的结构会对协同效应产生不同的影响，实质上是个人组织力量的不同组合，而这些组合所处的社会位置与占有的社会资源是不同的，这些差异必定导致不同的协同治理结果。史密斯与马什等提出的辩证分析模型给出了"行为会受到结构的影响，而结构同样会受到行为的影响，结构、行为与环境三者间同样存在着显著的相互影响特性"的结论。因此，在学前融合教育协同治理过程中，结构对治理结果的影响逻辑可归纳为"结构—行为—结果"或"行为—结构—结果"。在此，我们将"学前融合教育协同治理结构嵌入"视为学前融合教育协同治理假设结构方程模型中的一个内衍中介变量。

（三）内衍潜在变量

协同学理论指出系统发展主要是以有序方向作为核心，正常情况下，有序能够为系统中每个子系统带来非常明显的交互效能，并推动系统和外界两者间

---

[1] 周小虎. 基于社会资本理论的中小企业国际化战略研究综述[J]. 外国经济与管理，2006，28（5）：17—22.

[2] UZZI B. Social structure and competition in interfirm networks: the paradox of embeddedness[J]. Administrative Science Quarterly, 1997, 42 (1): 37—69.

[3] 周建国. 社会转型与人际关系结构的变化[J]. 重庆社会科学，2002（5）：76—80.

在时间、空间以及功能中进行能量或者是物质上的有效交换，而这种交换可以产生显著的协同效应，并进一步突出了其非单体职能效应[①]。就系统而言，一个完整的系统通常包含的因素众多，而这些因素需要利用协同合作的方式来发挥出最大效用与价值，实现自身发展与系统功能强化的双重效益，即协同合作所产生的协同效应。本书认为，内衍潜在变量是学前融合教育协同治理的协同效应，是指政府、幼儿园、社会组织与家长通过其主体行为对学前融合教育进行协同治理而产生的一种结果，这种结果的能量产生了大于部分之和的效果，并且强调了这种结果与协同治理目的之间的匹配程度，可以充分实现公共利益的最大化。学前融合教育协同治理的目的是能够体现出各主体在竞合博弈过程中，利用建立健全协商合作机制来促进各主体间高度协同联动的行为关系的形成，使得全体儿童的公共利益得到最大限度的保障并不断增进，实现"帕累托最优"的治理愿景。因此，"学前融合教育协同治理的协同效应"是学前融合教育协同治理假设结构方程模型中的内衍潜在变量。

三、构建理论模型

围绕着学前融合教育协同治理方式对多元主体进行有效的识别和分析后得知，政府等四大主体在协同治理中有着非常明显的复杂关系，而这种关系在实践中容易相互影响，并对学前融合教育协同治理的协同效应产生直接或间接的影响。一方面，政府、幼儿园、社会组织、家长四大主体的各自行为对学前融合教育协同治理的关系嵌入、结构嵌入和协同效应产生直接影响；另一方面，四大主体的各自行为分别对学前融合教育协同治理的协同效应产生直接的影响，同时可以通过关系嵌入、结构嵌入分别对学前融合教育协同治理的协同效应产生间接的影响。在上述分析基础上构建了学前融合教育协同治理假设结构方程模型，如图5-2所示。

---

① 王孟钧，刘慧，张镇森，等. 重大建设工程技术创新网络协同要素与协同机制分析[J]. 中国工程科学，2012，14 (12)：106—112.

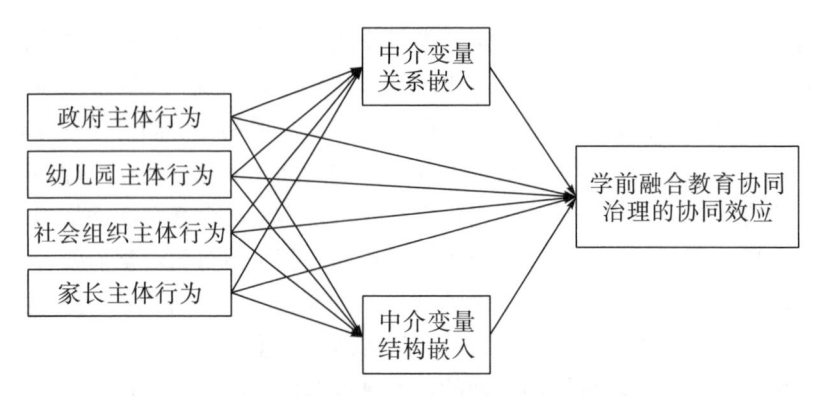

图 5-2　学前融合教育协同治理假设结构方程模型

四、提出研究假设

（一）政府主体行为对相关变量的影响

政府作为主导主体，其主体行为的实施受到政府结构、相关规则程序以及二者间协调所带来的结果的影响。所谓政府结构，主要是指围绕着协同开展的组织设计方式与架构。例如，为政府实现跨部门合作设计相应的组织布局，以专项任务小组、协同创新小组等为主要表现形式。所谓规则程序，主要指的是为了让各项程序顺利进行，围绕程序设置的规范标准。例如，为决策制定的可行性流程、为信息沟通搭建的平台等。因而诸多学者在研究后提出了对应的观点和意见来促进跨部门的协作。例如，Pollitt（2003）以协同型政府作为研究核心，研究后认为，协同型政府需要具备三种必要条件：其一为建成长期性的关系，其二为拥有可供选择的方法，其三为具备可操作性的合作方式与方法[①]。Bardach（1998）在研究时以不同主体作为核心，研究后认为，想要促使主体行为间发挥出协同效应，需要遵循五项原则：一是工作流程要完善，二是资源获取要准确，三是掌舵过程要构建，四是拥有信任而且将其凝聚，五是协商解决问题的文化要培育[②]。Ling（2002）在其研究中提出了五个重点要素，包括设置合理目标、制定问责制度、建立网络组织联盟、掌握充分技能与

[①] POLLITT C. Joined-up government：a survey [J]. Political Studies Review，2003，1（1）：34—49.

[②] BARDACH E. Getting agencies to work together：the practice and theory managerial craftsmanship [M]. Washington DC：Brookings Institution Press，1998：45.

拥有丰富知识储备、获得利益[①]。

而在学前融合教育协同治理的过程中，各层级、各区域政府及其职能部门的协同同样是也政府主体行为的具体体现，这种协同合作会受到主体结构、主体权利与义务等因素的影响。业务流程再造趋势下对现有业务流程进行调整和优化，从而整合政府在学前融合教育协同治理中被分割的职能，促进多部门合作扁平化结构的形成。在多元主体所形成的新的治理体系中，政府的管理角色由原先的资源配置控制者向资源共享的质量监督者转变，政府及其职能部门的权力边际、管理范畴、职责权利需要重新被界定。政府在协同治理过程中的监管力度需要提升，对其他主体实施协同进程的全过程进行监管，充分发挥各主体及其内部的能动性，从而实现跨界合作，切实有效提升学前融合教育的协同效能及治理能力。总之，政府需要通过自我限权、有效放权、制度化分权的方式，在对学前融合教育事业进行主导中担任掌舵者与监管者；通过关系嵌入与结构嵌入，明晰各部门在学前融合教育协同治理中的权责，从而推动"责任分担"治理格局的形成。政府主体行为通过关系嵌入与结构嵌入能促进学前融合教育协同治理协同效应的产生。因此，提出如下假设：

H1：政府主体行为对学前融合教育协同治理关系嵌入具有正向影响。

H2：政府主体行为对学前融合教育协同治理结构嵌入具有正向影响。

H3：政府主体行为对学前融合教育协同治理协同效应的产生具有正向影响。

（二）幼儿园主体行为对相关变量的影响

"十三五"期间，国家对融合教育做出了重点强调，并将其提升到国家战略高度，学前融合教育获得了新的发展契机。在学前融合教育高质量发展成为国家教育治理现代化的重要表征的背景之下，幼儿园作为学前融合教育的执行主体，将以"融合"为主题协同政府职能部门与社会组织，在网络嵌入的模式下进行顶层制度设计，构建学前融合教育顺利实施的服务机制。

在学前融合教育协同治理过程中，幼儿园是学前融合教育服务的主要供给者，拥有众多教育与康复资源，能够对学前融合教育工作的开展提供有利条件，是推动学前融合教育发展的重要抓手。作为学前融合教育的实施载体，幼儿园能够同政府、社会组织等外部环境中的主体共同实现对资源的整

[①] LING T. Delivering joined-up government in the UK: dimensions, issues and problems [J]. Public Administration, 2002, 80 (4): 615-642.

合，构建学前融合教育服务平台，进而有效供给学前融合教育相关教育与康复服务。Leung等（2019）认为幼儿园在实施学前融合教育的过程中，需要以预防为导向，并采用干预方法，在外部系统层面，与政府部门、社会组织合作，参与制定学前融合教育政策，达成专业技术的对接、互补及资源融合；在内部系统层面，为教师提供培训和咨询以支持和满足他们不同的学习需求，亦适时为家长提供咨询与培训，以及对学生进行评估与干预[①]。因此，提出如下假设：

H4：幼儿园主体行为对学前融合教育协同治理关系嵌入具有正向影响。

H5：幼儿园主体行为对学前融合教育协同治理结构嵌入具有正向影响。

H6：幼儿园主体行为对学前融合教育协同治理协同效应的产生具有正向影响。

（三）社会组织主体行为对相关变量的影响

社会组织作为社会力量的核心构成之一，在社会的各个领域发挥其独特的作用。近年来在国家和地方政府的大力支持下，我国各类教育事业实现了快速发展，诸多社会组织积极参与其中并做出了巨大的贡献。刘朔和陆根书（2009）分析了社会组织在我国教育领域中发挥的显著且重要的作用，重点体现为对社会弱势群体的重视，在一定程度上促进了教育公平的实现[②]。金绍荣和刘新智（2013）以公共教育治理为切入点进行研究发现，在实现教育现代化发展，在解决教育供给的相关问题中社会组织发挥了应有的作用并贡献了巨大的价值[③]。吕苹和付欣悦（2013）在其研究中表示，当前国内现有以普惠性为特征的幼儿教育机构属于非常具有代表性的非营利性组织，它们以实际效用的发挥开拓了学前教育资源的来源渠道，使得学前教育资源匮乏、弱势群体利益保障不足等困境得以有效缓解[④]。Selden等（2006）同样认为在早期儿童保育和教育管理中，社会组织的管理、项目和员工产出等方面同（政府与社会组织之间）跨部门合作的实现密切相关，而这种相关程度还体现在员工报酬、人事

---

① LEUNG C, LEUNG J, LEUNG S, et al. Effectiveness of the Whole Inclusive School Empowerment (WISE) project in supporting preschool children with diverse learning needs [J]. Research in Developmental Disabilities, 2019, 92: 103433.

② 刘朔, 陆根书. 发挥国际非政府组织作用 促进我国贫困地区教育公平 [J]. 复旦教育论坛, 2009, 7 (2): 56−60.

③ 金绍荣, 刘新智. 非政府组织参与公共教育治理：目标、困境与路向 [J]. 教育发展研究, 2013, 33 (5): 49−54.

④ 吕苹, 付欣悦. 普惠性幼儿教育机构发展现状及其分析：非营利组织的视角 [J]. 教育发展研究, 2013, 33 (6): 47−51.

变动和学校满意度上，跨部门合作对以上要素均产生了显著的积极影响，凸显了社会组织与政府间合作关系建立的重要性[①]。从社会组织角度而言，其承载着民主政治、公共教育、文化传播等多重职能，对学前融合教育事业的参与增加了社会公众对该事业的关注，同时也让政府更加重视学前融合教育。社会组织主体参与学前融合教育协同治理，一方面能够为政府、幼儿园及家长提供专业化的融合教育服务，协助搭建融合的载体和平台，促进学前融合教育服务在广泛的范围内落实；另一方面能够最大限度地聚合学前融合教育政策的实施效应，通过文化传播媒介影响社会公众对学前融合教育理念的认知及态度，传播融合教育文化、营造包容性的社会氛围。Buysse 与 Hollingsworth（2009）研究表明，社会组织在学前融合教育协同治理中的具体行为是美国学前融合教育协同治理取得成功的关键所在，其包括予以资金支持、高质量的项目开发以及专业人员的帮扶[②]。

在我国的学前融合教育发展中，国家鼓励社会力量的参与，为社会组织参与协同治理奠定了基础。立足于我国当下国家治理现代化的新时代背景，对西方发达国家治理经验进行反思与借鉴，可以明显看出，在学前融合教育协同治理新格局的形成过程中，社会组织已成为不可或缺的力量。社会组织的相关行为与治理网络中的关系嵌入、结构嵌入的互动效果密切相关，它以传播"融合"文化载体的身份、专业资源供给者的身份，与政府、幼儿园、家长共同构建有效的学前融合教育协同治理网络体系是实现国家战略目标与学前融合教育可持续发展的重要突破口。伴随我国学前融合教育事业的发展，社会组织应充分发挥能动性和创造性，与其他主体搭建更为密切的联系桥梁，从而进行更有效的互动，推动我国学前融合教育协同治理取得更好发展。因此，提出如下假设：

H7：社会组织主体行为对学前融合教育协同治理关系嵌入具有正向影响。

H8：社会组织主体行为对学前融合教育协同治理结构嵌入具有正向影响。

H9：社会组织主体行为对学前融合教育协同治理协同效应的产生具有正向影响。

[①] SELDEN S C，SOWA J E，SANDFORT J. The impact of nonprofit collaboration in early child care and education on management and program outcomes [J]. Public Administration Review，2006，66（3）：412−425.

[②] BUYSSE V，HOLLINGSWORTH H L. Program quality and early childhood inclusion：recommendations for professional development [J]. Topics in Early Childhood Special Education，2009，29（2）：119−128.

（四）家长主体行为对相关变量的影响

随着学前融合教育在我国的逐步推广，社会公众文化水平的普遍提升，对高质量学前教育服务的需求日益增长，以家长为代表的社会公众的需求侧与学前融合教育服务的供给侧的关系出现了较大转变，体现为更紧密的连结程度。在利用供给侧改革来提高政府现有的职能价值时，还需对特殊需要儿童呈现出的多样性需求等特性是否会为教育治理带来挑战给予高度关注。而在需求侧，学前融合教育作为教育治理体系的重要构成部分，家长对学前融合教育的关注度以及对高质量学前融合教育的要求，彰显了时代变迁的特征，也体现了社会文明发展的新方向。越来越多的特殊需要儿童在国家的政策支持下进入了普通幼儿园，获得了接受学前教育的机会，使得其切实的教育需求得到满足，家长的所盼也得以实现。需求侧的变化给供给侧的变化带来了重要影响，学前融合教育服务的多样化、专业化与个性化的需求对供给侧一端的有效性与适用性也提出更高要求。综上所述，在学前融合教育协同治理的过程中，家长主体的行为能够对学前融合教育协同治理产生一定程度的影响。因此，提出如下假设：

H10：家长主体行为对学前融合教育协同治理关系嵌入具有正向影响。

H11：家长主体行为对学前融合教育协同治理结构嵌入具有正向影响。

H12：家长主体行为对学前融合教育协同治理协同效应的产生具有正向影响。

（五）关系嵌入与结构嵌入对相关变量的影响

嵌入性理论指出，企业嵌入合作关系的网络之中，而网络影响着资源动向。嵌入性是企业间网络联系的重要特征，是网络结构与关系研究的重要工具。诸多学者的研究表明，企业绩效的产生受到了嵌入性中关系维度与结构维度的重要影响。将嵌入性的视角引入学前融合教育多元主体的协同治理活动中，嵌入性关系可以从关系与结构两个维度进行度量，关系嵌入与结构嵌入对多元主体行为选择及其实践具有密切联系，且透过嵌入性对协同行为所产生的协同效应产生影响。下面将从嵌入性的关系嵌入与结构嵌入两个方面探讨嵌入性在各主体行为与协同效应关系中的具体影响。

（1）关系嵌入对学前融合教育协同治理协同效应的影响及其在主体行为对协同效应产生作用中的影响关系。

嵌入性理论详细描述和解释了企业在社会关系网络中的行为活动情况。一般而言，网络中的相关主体能够为企业行为带来一定的影响，而这种影响也会直接或间接地影响其他主体行为。关系嵌入被认定为嵌入的重要维度之一，本书认为多元主体关系嵌入作为互相合作、交流的重要驱动力和关键载体，在协同治理活动中，通过不同团队相互协作弥补各自能力的不足，并通过随之形成的资源、技术双向流动方式，使得各主体间互动的网络化和关系融合的多向化愈加凸显[①]。关系嵌入一方面强调了不同主体各自在协同治理活动中的作用与影响，这是协同行为开展的前提和基础，主体的各自行为特征或能力等可以对协同效果产生一定的影响；另一方面针对不同主体间建立的合作关系，需要注重考量这种关系是否对协同行为产生积极影响，究其根源，其在一定程度上能够推进未来合作关系的形成，并推动后续协同行为有序展开与保证协同合作的效果。因此，关系嵌入以网络和多样化关系的建立为多元主体及其协同行动的展开提供了支持。政府、幼儿园、社会组织和家长之间的关系是协同治理运行的重要保证，对协同治理活动的开展有着直接的重要影响。在学前融合教育协同治理过程中，多元主体所呈现的不仅仅是学前融合教育服务的供给者与需求者的关系，更是相互依赖、合作共赢的协同伙伴关系，这种关系具有网络化、多元化的特点。吉峰和周敏（2007）认为，整个治理过程完全依赖于相关的合同或协议来规范和协调各参与主体的协同行为已显示出明显的不足[②]。Lewicki 和 Bunker（1995）在其研究中指出，围绕着学校和企业两者合作呈现出的关系变化来对信任关系进行划分，可以将其分为四种不同类型，分别体现为基于计算、基于了解、基于认同和基于目标的信任关系。基于以上观点，他们进一步将多元主体之间的嵌入关系划分为三个阶段，阶段不同，对学前融合教育协同治理所产生的协同效应也存在不同。关系嵌入对治理过程中协同行为的影响，如图 5-3 所示[③]。

[①] PHELPS C, HEIDL R, WADHWA A. Knowledge, networks, and knowledge networks: a review and research agenda [J]. Journal of Management, 2012, 38 (4): 1115−1166.

[②] 吉峰，周敏. 区域创新网络行为主体特性、信任建立机制与信任度关系研究 [J]. 科技管理研究, 2007, 27 (2): 47−50.

[③] LEWICKI R J, BUNKER B B. Trust in relationships: a model of development and decline [M] //BUNKER B B, RUBIN J Z. Conflict, cooperation, and justice: essays inspired by the work of Morton Deutsch. San Francisco: Jossey-Bass, 1995: 145.

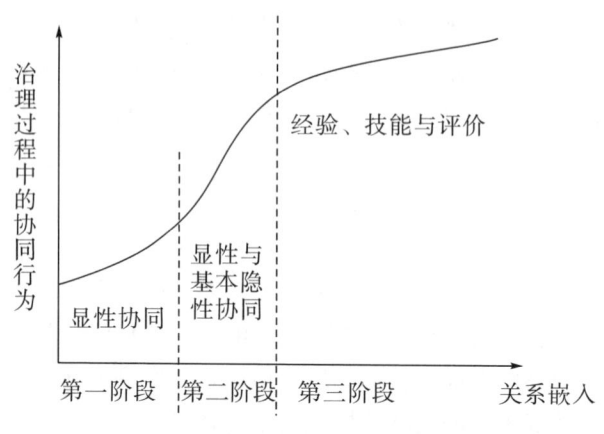

图 5-3 关系嵌入对治理过程中协同行为的影响

由图 5-3 可以看出，第一阶段主要表现为需求作为基础的关系嵌入。在此阶段，不同主体因为自身需求难以独立解决问题，因而尝试与其他主体建立合作关系，双方在并不充分了解对方的情况下达成初步的合作，因没有牢固的关系支撑，合作可能随时终止。在此关系背景下，协同过程中的不同主体拥有的隐性知识在相互间传递较少，而对显性知识（规划、战略、目标等）进行学习与交流较多。第二阶段主要表现为承诺作为基础的关系嵌入。伴随多元主体间协同模式及相应机制的构建与完善，彼此间的关系有了更深层次的了解，且协同承诺已经形成，在关系与承诺的双重驱动下，多元主体间的信任程度会随之提升，而关系嵌入也将实现更高层次的发展。以多元主体呈现出的协同行动来讲，不仅包含显性要素，还包含对基础性隐性要素（如常规知识、信息、资源等）的获取、分析与评价。第三阶段主要表现为认同作为基础的关系嵌入。多元主体之间的默契度会随着时间的延长而不断提高，其思想认同也将更加趋于一致。双方由于拥有较高的依存度，因而，一方面就政府主体而言，能够从整体、系统的角度对学前融合教育协同治理进行规划与制度设计，为其他三方主体提供指导性的协同方案参考；另一方面，就幼儿园主体、社会组织主体和家长主体而言，能够充分发挥自身所具备的优势，通过协商、讨论的方式深度参与协同治理，进一步提升治理协同效应。

此外，当主体间以共同治理目标开展合作时，信息流通和资源共享的进程基于有效的互动而得以加快。当多元主体获得的信息非常多时，各主体在对信息进行互换分析后能够从中发现诸多问题。而伴随主体间信任关系的不断稳固与信任程度的不断加深，新的问题总能通过持续不断的沟通和有效协作而得以解决。

由此可见，在解决深层次、多样化、复杂性较高的问题上，关系嵌入程度能够对问题的解决产生显著的有利影响。因此，提出如下假设：

H13：学前融合教育协同治理关系嵌入对学前融合教育协同治理协同效应的产生具有正向影响。

H14：学前融合教育协同治理关系嵌入在政府主体行为对学前融合教育协同治理协同效应的影响中起中介作用。

H15：学前融合教育协同治理关系嵌入在幼儿园主体行为对学前融合教育协同治理协同效应的影响中起中介作用。

H16：学前融合教育协同治理关系嵌入在社会组织主体行为对学前融合教育协同治理协同效应的影响中起中介作用。

H17：学前融合教育协同治理关系嵌入在家长主体行为对学前融合教育协同治理协同效应的影响中起中介作用。

（2）结构嵌入对学前融合教育协同治理协同效应的影响及其在主体行为对协同效应产生作用中的影响关系。

同样，结构嵌入被视为嵌入的另一重要维度，其原因在于它能够用于研究与分析网络中的参与者所呈现出的结构性问题，比如网络中成员所占位置的信息价值[1]。相关研究证实，通过对结构嵌入性情况进行深度研究，可以明晰企业行为或者企业绩效是否会受到网络结构特征所带来的影响[2]。Di Guardo 和 Harrigan（2012）认为，通常状况下，结构嵌入性与一个良性位置二者间有着较高程度的关联，因为处在某个位置上的企业获取信息的能力往往由其通过建立联系而形成的结构状况决定，丰富且全面的信息获得则依赖于一个优越的结构位置的建立[3]。Gulati 等（2011）认为，参与者以彼此间的联系而形成的结构特征是结构嵌入性的重要表征[4]。Lin 等（2009）认为，结构嵌入性关注的是网络结构影响企业行动的程度[5]。基于此，本书对学前融合教育协同治理的结构嵌入关注的是多元主体在所处的复杂社会网络中的位置特征对其参与学前融合教育协同治理协同效应的影响。结构嵌入被视为不同主体拓展和延

---

[1] GULATI R. Network location and learning: the influence of network resources and firm capabilities on alliance formation [J]. Strategic Management Journal，1999，20（5）：397—420.

[2] HAGEDOORN J. Understanding the cross—level embeddedness of interfirm partnership formation [J]. Academy of Management Review，2006，31（3）：670—680.

[3] DI GUARDO M C，HARRIGAN K R. Mapping research on strategic alliances and innovation: a co—citation analysis [J]. The Journal of Technology Transfer，2012，37（6）：789—811.

[4] GULATI R，LAVIE D，MADHAVAN R R. How do networks matter? The performance effects of interorganizational networks [J]. Research in Organizational Behavior，2011，31：207—224.

[5] LIN J L，FANG S C，FANG S R，et al. Network embeddedness and technology transfer performance in R&D consortia in Taiwan [J]. Technovation，2009，29（11）：763—774.

伸双边关系的重要方式。换言之，在与第三方产生间接连接后，其所形成的关联结构显示出明显的系统性特性，能够实现网络中信息、资源的水平或垂直流动。不同主体各自占据网络位置的重要性在于其获取了相关信息、知识与资源并开展了有价值的治理行动，提升了学前融合教育协同治理的协同效应，这种以绩效驱动模式发挥的作用具有直接性与间接性的双重特征。不同主体参与学前融合教育协同治理的过程对信息、知识、资源等要素存在着高度的依赖性，而结构嵌入为其获取这些关键要素提供了有效途径并且能够帮助其不断拓宽渠道，从而获得展开治理活动的必要支持。当不同主体能将所获支持要素与其自身所持要素进行有效的整合，将会提升其在学前融合教育协同治理过程中自身的整体效用价值。因此可以推断，结构嵌入在多元主体展开学前融合教育协同治理活动，对提升协同效应发挥着一定程度的影响作用。因此，提出如下假设：

H18：学前融合教育协同治理结构嵌入对学前融合教育协同治理协同效应的产生具有正向影响。

H19：学前融合教育协同治理结构嵌入在政府主体行为对学前融合教育协同治理协同效应的影响中起中介作用。

H20：学前融合教育协同治理结构嵌入在幼儿园主体行为对学前融合教育协同治理协同效应的影响中起中介作用。

H21：学前融合教育协同治理结构嵌入在社会组织主体行为对学前融合教育协同治理协同效应的影响中起中介作用。

H22：学前融合教育协同治理结构嵌入在家长主体行为对学前融合教育协同治理协同效应的影响中起中介作用。

基于此，本小节对学前融合教育的多元主体协同治理模型中的每一研究假设进行汇总，如表5-2所示。

表5-2 假设关系汇总

编号	假设关系
H1	政府主体行为对学前融合教育协同治理关系嵌入具有正向影响
H2	政府主体行为对学前融合教育协同治理结构嵌入具有正向影响
H3	政府主体行为对学前融合教育协同治理协同效应的产生具有正向影响
H4	幼儿园主体行为对学前融合教育协同治理关系嵌入具有正向影响
H5	幼儿园主体行为对学前融合教育协同治理结构嵌入具有正向影响
H6	幼儿园主体行为对学前融合教育协同效应的产生具有正向影响
H7	社会组织主体行为对学前融合教育协同治理关系嵌入具有正向影响

续表

编号	假设关系
H8	社会组织主体行为对学前融合教育协同治理结构嵌入具有正向影响
H9	社会组织主体行为对学前融合教育协同治理协同效应的产生具有正向影响
H10	家长主体行为对学前融合教育协同治理关系嵌入具有正向影响
H11	家长主体行为对学前融合教育协同治理结构嵌入具有正向影响
H12	家长主体行为对学前融合教育协同治理协同效应的产生具有正向影响
H13	学前融合教育协同治理关系嵌入对学前融合教育协同治理协同效应的产生具有正向影响
H14	学前融合教育协同治理关系嵌入在政府主体行为对学前融合教育协同治理协同效应的影响中起中介作用
H15	学前融合教育协同治理关系嵌入在幼儿园主体行为对学前融合教育协同治理协同效应的影响中起中介作用
H16	学前融合教育协同治理关系嵌入在社会组织主体行为对学前融合教育协同治理协同效应的影响中起中介作用
H17	学前融合教育协同治理关系嵌入在家长主体行为对学前融合教育协同治理协同效应的影响中起中介作用
H18	学前融合教育协同治理结构嵌入对学前融合教育协同治理协同效应的产生具有正向影响
H19	学前融合教育协同治理结构嵌入在政府主体行为对学前融合教育协同治理协同效应的影响中起中介作用
H20	学前融合教育协同治理结构嵌入在幼儿园主体行为对学前融合教育协同治理协同效应的影响中起中介作用
H21	学前融合教育协同治理结构嵌入在社会组织主体行为对学前融合教育协同治理协同效应的影响中起中介作用
H22	学前融合教育协同治理结构嵌入在家长主体行为对学前融合教育协同治理协同效应的影响中起中介作用

第二节 变量测量与问卷设计

学前融合教育的多元主体协同治理模型主要涉及的政府主体行为、幼儿园主体行为、社会组织主体行为、家长主体行为、关系嵌入、结构嵌入以及学前融合教育协同治理协同效应等变量均无法直接进行测量，因此，需要采取科学的方式来选取最佳观测指标，并利用有效的可操作化测量反映潜变量间的具体关系和路径联系。遵循选定变量维度与观测指标、编制与发放问卷、收集整理数据的步骤，验证学前融合教育的多元主体协同治理理论模型与数据的拟合度。

一、变量测量

变量测量是定量研究的基础，其测量结果的准确性和可靠性在很大程度上会影响到定量分析的结果。作为变量获取最直接有效的方式，量表被视为能够开展描述性研究的度量工具，其作用不容小觑。基于此，本书以前人研究结果为基础，通过分析优化了对变量指标的测度，以提升测量的有效性。

（一）变量指标测算方式的选择

潜变量由于具备一定的抽象性而无法进行直接构念，需要选取多项指标来开展测量工作，且多个一致性下的测量指标是提高信度的保证，因此采用多项指标并应用其对应的可操作化测度题项来进行变量的测度已被广泛接纳与应用。目前，诸多研究者在对协同治理领域进行探索与分析时主要采用的是效果型指标。基于此，本书沿用学术界主流的指标选择方式，即效果型指标，结合研究对象，从相关概念效果出发直接询问学前融合教育协同治理的主体相关人员的感受与观点，通过问卷调查获取数据，用以展开统计分析。

（二）变量指标体系的构建

经过前面概念模型的构建与研究假设的逻辑推理，形成了模型构建中需要测量的7个潜变量，分别为外生潜变量——政府主体行为变量、幼儿园主体行为变量、社会组织主体行为变量、家长主体行为变量；内衍中介变量——关系嵌入与结构嵌入；内衍潜变量——学前融合教育协同治理的协同效应。以前人研究成果为基础，借鉴关于协同治理研究中较为完善的测量题项，结合本书研究所需，构建了初始量表。

1. 政府主体行为的测度

政府主体参与学前融合教育协同治理而展开的主体行为主要表现在统筹规划和构建组织等方面。所谓政府主体的主体行为，主要指在发展融合教育的现实背景下，基于协同治理的理念，在制度设计、政策法规等方面所采取的一切为实现我国学前融合教育协同治理稳步推进的积极行为。在具体的可操作化定义上，借鉴协同治理中政府主体行为的研究成果以及政府主体在推动普特融合教育改革中的行为转向，设计出的测度题项共有7个，如表5-3所示。

表 5—3 政府主体行为的可操作化测度题项

变量	可操作化测度题项	题项编码
政府主体行为	规划学前融合教育协同治理战略目标	GoV1
	搭建多元主体协同治理组织架构	GoV2
	顶层设计学前融合教育协同治理框架	GoV3
	构建学前融合教育协同治理运行机制	GoV4
	为学前融合教育协同治理提供资源保障	GoV5
	积极展开并强力监管学前融合教育协同治理的多元合作	GoV6
	推广并践行学前融合教育理念，开展指导	GoV7

2. 幼儿园主体行为的测度

幼儿园主体是学前融合教育协同治理政策执行中服务的提供者，其主体行为主要表现在学前融合教育教学、个别化教育计划制订、教育康复、融合与包容性文化氛围的营造等学前融合教育服务的多个方面。本书对幼儿园主体行为的具体定义是：为使全体学龄前儿童现有学前教育需求得到切实满足，以公办幼儿园为代表的学前教育机构从多方获取支持，进而保障学前融合教育教学服务供给。在操作层面，结合国内外相关文献以及专家访谈，参考张国栋等（2015）[1]、Vlachou 与 Fyssa（2016）[2]、梁梦君等（2020）[3] 研究后所设计出的测度题项共有 6 个，如表 5—4 所示。

表 5—4 幼儿园主体行为的可操作化测度题项

变量	可操作化测度题项	题项编码
幼儿园主体行为	积极落实学前融合教育协同治理的方针、政策等	KiG1
	基于自身发展目的参与学前融合教育协同治理	KiG2
	认同并推广学前融合教育发展理念与教育方式	KiG3
	构建学前融合教育"家校社"合作平台	KiG4
	营造良好的园区融合包容文化氛围	KiG5
	积极配合资源教室的建设及其利用率的提升	KiG6

---

[1] 张国栋，曹漱芹，朱宗顺. 国外学前融合教育质量：界定、评价和启示 [J]. 中国特殊教育，2015（4）：3—8.

[2] VLACHOU A, FYSSA A. 'Inclusion in practice': programme practices in mainstream preschool classrooms and associations with context and teacher characteristics [J]. International Journal of Disability, Development and Education, 2016, 63 (5): 529—544.

[3] 梁梦君，宋国语，陈夏尧，等. 我国残疾儿童学前教育发展现状、问题与对策 [J]. 残疾人研究，2020（2）：12—22.

3. 社会组织主体行为的测度

社会组织主体是学前融合教育协同治理实施的重要载体，其主体行为表现在理解学前融合教育发展的宏观战略意义，倡导社会包容与融合的价值观念，营造全社会接纳的文化氛围，同时与其他主体之间形成信息、资源、人才与技术的共享、互补与流通，为学前融合教育协同治理事业的发展注入新鲜血液。本书把社会组织主体行为界定为，在积极发展融合教育的背景下，社会组织为学前融合教育协同治理提供专业化支持，并与其他主体展开广泛合作，构建学前融合教育协同治理管理与服务平台，营造社会融合的氛围，促进全体儿童获得公平、优质学前融合教育的行为。在操作层面，结合 Amsler（2016）[1] 和沈克印（2017）[2] 观点，设计出的测度题项共有 5 个，如表 5-5 所示。

表 5-5　社会组织主体行为的可操作化测度题项

变量	可操作化测度题项	题项编码
社会组织主体行为	参与学前融合教育协同治理制度体系构建	SoI1
	为政府购买提供高质量与专业化的服务	SoI2
	从社会责任出发，强调社会组织的公共服务精神	SoI3
	拥有在学前融合教育协同治理中的话语权	SoI4
	对学前融合教育协同治理的宣传、督导与问责	SoI5

4. 家长主体行为的测度

家长主体是学前融合教育协同治理的直接参与者，特殊需要儿童的家长在一定程度上是直接受益者，而普通家长从长远角度来看是间接受益者。随着国家与社会对融合教育、融合思想的普及以及融合所带来的长远性的益处宣传，加之家长文化素质的提升，其对融合教育的认知、理解与接受程度开始逐渐增加，对待学前融合教育的态度也随之向开放与包容转变。家长主体行为表现出对子女接受优质学前教育并健康快乐成长的强烈渴望。本书把家长主体行为界定为，在发展融合教育的背景下，家长主体主动提升对学前融合教育的认知与参与意愿，积极配合其他参与主体获得相关教育资源与服务的行为。综合马忠

---

[1] AMSLER L B. Collaborative governance: integrating management, politics, and law [J]. Public Administration Review, 2016, 76 (5): 700-711.

[2] 沈克印. 政府与体育社会组织协同治理的地方实践与推进策略——以常州市政府购买公共体育服务为例 [J]. 武汉体育学院学报, 2017, 51 (1): 12-19.

虎（1999）[①]、Fuller 和 Olsen（2003）[②] 以及 Hilbert（2014）[③] 的观点和专家意见后，设计出的测度题项共有 4 个，如表 5-6 所示。

表 5-6　家长主体行为的可操作化测度题项

变量	可操作化测度题项	题项编码
家长主体行为	个人深刻理解学前融合教育的价值与功能	FaM1
	认同并接纳学前融合教育理念与教育教学模式	FaM2
	拥有对学前融合教育的发声权与话语权	FaM3
	积极主动参与学前融合教育协同治理活动，接受家庭指导	FaM4

5. 关系嵌入的测度

在社会网络中，由于信息具有强烈的流动性特征，其透明度也较高，因此多元化的治理主体在网络中可以及时地进行信息的共享、交换和反馈。社会关系的嵌入为各治理主体提供了更多的协同治理机会，节约了治理成本，强化了治理效果，从而也在一定程度上提高了多元利益主体参与协同治理的主动性和积极性。关系嵌入可以从多个维度进行分析和度量，许多学者就关系嵌入的测量维度进行了研究。

Granovetter（1985）和 Uzzi（1997）认为，社会网络中的行动者在进行交易活动时，其交往和联系的路径往往与其社会网络关系模式相重叠，即经济活动和业务关系均嵌入社会网络之中，而嵌入的主要机制是信任[④⑤]。因此，对相关问题的解决依赖于两者间建立高度的信任感以及实现信息的共享[⑥]。作为治理机制的一种重要类型，信任从本质上能够避免机会主义行为的产生，使企业行为特征由自利性转变为互惠性，并且加强企业资源共享、信息交流与流动等能力。信任是大多数互相依赖的关系形成的前提条件，也是社会资本发挥

[①] 马忠虎. 家校合作 [M]. 北京：教育科学出版社，1999：121.

[②] 富勒，奥尔森. 家庭与学校的联系——如何成功地与家长合作 [M]. 谭军华，译. 北京：中国轻工业出版社，2003：107.

[③] HILBERT D. Perceptions of parents of young children with and without disabilities attending inclusive preschool programs [J]. Journal of Education and Learning，2014，3（4）：49-59.

[④] GRANOVETTER M. Economic action and social structure：the problem of embeddedness [J]. American Journal of Sociology，1985，91（3）：481-510.

[⑤] UZZI B. Social structure and competition in interfirm networks：the paradox of embedde-dness [J]. Administrative Science Quarterly，1997，42（1）：37-69.

[⑥] COLEMAN J S. Social capital in the creation of human capital [J]. American Journal of Sociology，1988，94：S95-S120.

积极作用的基本构件[1]。因而关系信任度越高，主体间出现的互动频率和交易频率越高，这对形成稳定的协同合作有着极大的帮助。

作为关系嵌入的重要维度之一，承诺也逐渐引起了学术界诸多研究者的重视与关注。Dyer 和 Singh（1998）认为，承诺是对合作关系所做出的显性或隐性的保证，并预示着为长期利益而可能对短期利益做出牺牲[2]。共同解决问题作为关系嵌入的维度同样激发了诸多学者的研究兴趣。Heide 和 Miner（1992）认为，共同解决问题是指行为者在多大程度上承担问题解决和关系维护两者的责任[3]。Uzzi（1997）提出合理制定共同解决问题的方案和对策，不仅有助于问题得到妥善解决，更有利于减少问题解决环节出现的偏差，提高组织解决问题的速度[4]。此外，就上面所提到的合作伙伴之间的信任和承诺的程度，Granovetter（1973）首次提出了"连带强度"的概念，并进一步指出强连带拥有包括时间长度、情感强度、亲密性及互惠服务四种特性[5]。Nelson（1989）将强连带定义为友谊、互惠以及经常接触，并指出接触频率是其主要单一衡量依据值[6]。Rindfleisch 和 Moorman（2001）在其关于关系交换的研究中引入了连带理论，并提出了连带强度的四个题项，包括感激伙伴过去的付出、始终保持亲密社会关系、满意当下的伙伴关系以及长久协作[7]。Capaldo（2007）在其研究中指出，强连带主要的构成要素包括时间维、资源维与社会维。相对弱连带，无论是在互动时间、资源承诺方面，还是在人际关系的紧密度或以信任为基础的组织间连结度等方面，强连带均得到了较高分

---

[1] KNACK S，KEEFER P. Does social capital have an economic payoff? A cross-country investigation [J]. The Quarterly Journal of Economics，1997，112（4）：1251-1288.

[2] DYER J H，SINGH H. The relational view：cooperative strategy and sources of interorganizational competitive advantage [J]. Academy of Management Review，1998，23（4）：660-679.

[3] HEIDE J B，MINER A S. The shadow of the future：effects of anticipated interaction and frequency of contact on buyer-seller cooperation [J]. Academy of Management Journal，1992，35（2）：265-291.

[4] UZZI B. Social structure and competition in interfirm networks：the paradox of embeddedness [J]. Administrative Science Quarterly，1997，42（1）：37-69.

[5] GRANOVETTER M. The strength of weak ties：a network theory revisited [J]. Sociological Theory，1973，1（6）：201-233.

[6] NELSON R E. The strength of strong ties：social networks and intergroup conflict in organizations [J]. Academy of Management Journal，1989，32（2）：377-401.

[7] RINDFLEISCH A，MOORMAN C. The acquisition and utilization of information in new product alliances：a strength-of-ties perspective [J]. Journal of Marketing，2001，65（2）：1-18.

值[①]。王家宝（2011）认为，在对组织间关系的强度进行衡量时，可以从以下三方面着手，即关系的持续时间、协同合作的频率以及协同合作的强度[②]。

基于对现有研究的整理，本书认为在学前融合教育协同治理过程中，各主体在时间、空间、资源维度上的连接与各自协同行为联系紧密，为了实现多元主体的协同效应最大化，各主体在长期的互动过程中会形成相对稳定的关系模式，这种关系是各主体之间的互惠性与亲密程度的体现。在参考已有研究结论和测度量表后，结合关系嵌入的内涵与特征，本书采用信任、承诺、共同解决问题以及连带强度四个维度来表征多元主体在协同网络中的关系嵌入。参考章威（2009）[③]和王家宝（2011）[④]的观点，设计出的测度题项共有 5 个，如表 5-7 所示。

表 5-7 关系嵌入的可操作化测度题项

变量	维度	可操作化测度题项	题项编码
关系嵌入	信任	多元主体之间是彼此理解与相互认可的	ReE1
	承诺	多元主体均高度重视与他人的合作关系	ReE2
	共同解决问题	多元主体共同负责以达成目标	ReE3
	连带强度	多元主体间维持长久的、密切的互动合作关系	ReE4
		多元主体对协同合作关系感到满意	ReE5

6. 结构嵌入的测度

在学前融合教育协同治理过程中的结构嵌入是多元主体间相互联系的多维总体性结构，强调了结构对各主体行为和协同结果（主要强调协同效应）所带来的影响。有关结构嵌入的内容研究，Burt（1992）、Coleman（1994）等选取了网络位置、网络异质性、网络中心度及网络规模等测量指标[⑤][⑥]。在此基础上，Dhanaraj 和 Parkhe（2006）通过对结构嵌入性进行细化分析，认为其

---

① CAPALDO A. Network structure and innovation: the leveraging of a dual network as a distinctive relational capability [J]. Strategic Management Journal，2007，28（6）：585-608.

② 王家宝. 关系嵌入性对服务创新绩效的影响关系研究 [D]. 上海：上海交通大学，2011.

③ 章威. 基于知识的企业动态能力研究：嵌入性前因及创新绩效结果 [D]. 杭州：浙江大学，2009.

④ 王家宝. 关系嵌入性对服务创新绩效的影响关系研究 [D]. 上海：上海交通大学，2011.

⑤ BURT R S. Structural holes: the social structure of competition [M]. Cambridge: Harvard University Press，1992：183.

⑥ COLEMAN J. Foundations of social theory [M]. Cambridge: Harvard University Press，1994：135.

应囊括网络中心度、网络开放度以及网络规模三个方面[1]。Tsai（2001）的研究表明企业所获的创新绩效在很大程度上会受到其在网络中的嵌入性的影响[2]。综上所述，本书采用网络中心度、网络规模和结构洞三个维度来表征学前融合教育协同治理中的结构嵌入要素。

就网络中心度而言，Beckman和Haunschild（2002）认为企业如若所处的位置位于网络中心点，则其将网络中的各项资源进行整合后，能够为新品研发和技术创新发展提供一定的帮助[3]。另外，这种位置还有利于企业获得更多有效的信息，提高其在信息上的把控能力。而在学前融合教育协同治理网络中，不同主体在所在位置特别是处于网络中心位置时，其获取的异质性的知识对于行为选择的影响非常关键。就网络规模而言，Ahuja（2000）指出企业获取信息会受到网络规模大小所产生的影响，而这种影响可能会影响企业创新绩效的增长[4]。此外，Burt（1995）提出结构洞也是结构嵌入研究中的另一重要维度。结构洞也称为"社会网络中的空隙"，主要是指在同一社会网络中的某些个体间产生直接联系而并未与其他个体产生直接联系或关系间断的现象。而后他又进一步指出联结的价值并不取决于其本身强弱，而取决于其是否跨越了结构洞[5]。Friedkin（1980）的研究认为，如若行为者的位置处于结构洞，则其拥有跨越结构洞的"桥连结"，基于此该行为者与彼此间本不熟悉即没有直接连结的行为者产生了连结。而这些行为者很可能在自身背景、经验和技能等方面具有较大的异质性，因而该行为者能够获得的信息与资源大部分体现出"非冗余"的特性，在这些信息与资源的帮助下，其创造或发现机遇的可能性会大大提升。另外，结构洞会将关系稠密地带进行有效的链接，通过链接达到优化网络结构的目的，待网络结构实现优化后，其拥有的新资源会更多，继而竞争优势也将逐步得到提升；与此同时，当行为者拥有的结构洞非常多时，能够极大地改善网络整体信息的有效性结构。在学前融合教育协同治理网络中，

---

[1] DHANARAJ C, PARKHE A. Orchestrating innovation networks [J]. Academy of Management Review, 2006, 31 (3): 659-669.

[2] TSAI W. Knowledge transfer in intraorganizational networks: effects of network position and absorptive capacity on business unit innovation and performance [J]. Academy of Management Journal, 2001, 44 (5): 996-1004.

[3] BECKMAN C M, HAUNSCHILD P R. Network learning: the effects of partners' heterogeneity of experience on corporate acquisitions [J]. Administrative Science Quarterly, 2002, 47 (1): 92-124.

[4] AHUJA G. Collaboration networks, structural holes, and innovation: a longitudinal study [J]. Administrative Science Quarterly, 2000, 45 (3): 425-455.

[5] BURT R S. Structure holes: the social structure of competition [M]. Cambridge: Harvard University Press, 1995: 94.

拥有结构洞数量较多的主体在信息和资源获取上展现出的能力会更强,能够发挥出更强的协同效应。

基于已有研究对指标的筛选与验证,本书采用网络中心度、网络规模和结构洞作为变量的观测维度,进而结合文献与访谈,参考庄小将(2016)[①] 对于结构性嵌入维度的选择,设计出的测度题项共有 5 个,如表 5-8 所示。

表 5-8 结构嵌入的可操作化测度题项

变量	维度	可操作化测度题项	题项编码
结构嵌入	网络中心度	当需要专业支持时,不同主体均能从其他主体那里获取	StE1
		多元主体彼此间的行为能够互相影响,协调各自的冲突与矛盾	StE2
	网络规模	多元主体间合作交流的数量	StE3
	结构洞	多元主体能够从网络中高效地获取信息、知识并进行传递	StE4
		缺乏任意一个主体,网络中很多协同合作行动都无法顺利开展	StE5

7. 学前融合教育协同治理协同效应的测度

学前融合教育协同治理协同效应是多元主体通过协同治理,实现"以儿童为中心"的社会福祉,获得全体儿童公共利益最大化的目标追求。其表现形式主要包括政府间的协同(中央政府与地方政府),政府与幼儿园、社会组织、家长间的协同,幼儿园与社会组织、家长间的协同,社会组织与家长间的协同。多元主体之间的协同需要通过各要素之间的协同得以实现,主要体现为目标匹配(多元主体在学前融合教育发展目标上的匹配程度,多元主体各自目标并不相同,协同即需要克服这种差异性)、运营相容(多元主体提供管理与服务时的协调与配合)、资源互补(多元主体在知识、信息、专业技术上的共享)、技术协同(多元主体在相关领域中的技术研发、专业性提升等路径上的协调)、风险把控(多元主体共同在协同治理过程中针对已有或可能存在的风险采取有效的预防、管控和规避措施,对全过程进行实时追踪和监控,实现对

[①] 庄小将. 结构嵌入性对集群企业技术创新绩效的影响[J]. 技术经济与管理研究,2016(2):19-24.

其闭环控制)。本书参考陈伟和殷妙仲(2016)[①] 的观点以及 Dorn 等 (2016)[②] 对协同效应相关研究的维度划分,设计出的测度题项共有 4 个,如表 5-9 所示。

表 5-9 学前融合教育协同治理协同效应的可操作化测度题项

变量	可操所化测度题项	题项编码
学前融合教育协同治理协同效应	学前融合教育协同治理中政府间的协同	SyE1
	学前融合教育协同治理中政府与幼儿园、社会组织、家长间的协同(四方)	SyE2
	学前融合教育协同治理中幼儿园与社会组织、家长间的协同(三方)	SyE3
	学前融合教育协同治理中社会组织与家长间的协同(两方)	SyE4

二、问卷设计

(一) 问卷设计原则

通过问卷调查,获取第一手数据资料,是本书研究的基本方法。荣泰生(2005)认为,问卷设计需要遵循的原则有以下几点:第一,内容有一定的契合度;第二,内容精简;第三,问题明确;第四,前后问题不会产生冲突;第五,尽量规避触及私人问题;第六,小规模调查所得结果符合要求后再开展大规模调查[③]。综上所述,本书在问卷设计环节,围绕荣泰生提出的观点对问卷设计进行逐步完善,具体包括:明确调查目的,围绕调查目的设计问卷题项;规避重复题项出现;借鉴学术界现有的成熟题项,确保语言简意赅;在问卷开始部分阐明问卷测量用途,仅用作学术研究,不涉及个人隐私。

---

① 陈伟,殷妙仲. 协同治理下的服务效能共谋——一个华南"混合行动秩序"的循证研究 [J]. 学习与实践, 2016 (10): 82-93.
② DORN S, SCHWEIGER B, ALBERS S. Levels, phases and themes of coopetition: a systematic literature review and research agenda [J]. European Management Journal, 2016, 34 (5): 484-500.
③ 荣泰生. 企业研究方法 [M]. 北京:中国税务出版社, 2005: 276.

（二）问卷内容与形式

1. 问卷内容

问卷内容，具体包括封面信、指导语、个人基本信息及问题与答案四部分。问卷的正式测量部分围绕着以下几个方面展开：影响学前融合教育多元主体治理的协同效应的政府主体行为变量及其测度、幼儿园主体行为变量及其测度、社会组织行为变量及其测度、家长主体行为变量及其测度；影响学前融合教育多元主体治理的协同效应的中介变量——关系嵌入与结构嵌入以及对二者的测度；对学前融合教育协同治理协同效应的测度。

2. 问卷形式

问卷排序按照先后顺序依次分为三个部分：封面信、指导语及问卷内容。就问卷内容所含题项的测量形式而言，学者 Schumacker 和 Lomax（2010）、Kline（2011）认为，李克特（Likert）7 级量表在结构方程模型运行中更为合适，其内部一致性更为理想[1][2]。因此，本书采取李克特 7 级量表，其中对于语义差别的测量，范围从"非常不认同"到"非常认同"，对应的分值由 1 到 7。被调查者可根据问卷题项，结合自身实际情况填写对应分值。如若分值比较高，则证明该变量测项在被调查者心中的认同度非常高；反之则非常低。

（三）问卷设计具体步骤

本次问卷设计主要按照四个流程来进行：第一，以前人研究成果为基础，结合专家访谈，对研究主线进行科学把握，明确问卷设计路线，形成初始的问卷；第二，展开小范围内的组织访谈，进而对现有测度题项进行调整和优化；第三，采取抽样的方式进行小样本预测试，结合测试结果对问卷进行修订与完善；第四，发放及收回问卷并对所获数据进行信度、效度检验。

具体步骤如下：首先，梳理汇总学术界现有成果，以此为基础初步设计本次问卷的测度题项。其次，进行小范围访谈试验。为了提升概念模型的合理性及测度量表的可靠性，我们邀请了 8 位相关领域的学者、5 位幼儿园园长、4 位特殊需要儿童的家长及 4 位普通儿童的家长展开小组深入访谈试验，从而对测量量表进行逻辑梳理，不断调整和修正题项。最后，进行了小样本预测试，

---

[1] SCHUMACKER R E, LOMAX R G. A beginner's guide to structural equation modeling [M]. 3rd ed. New York: Routledge, 2010: 52.

[2] KLINE R B. Principles and practice of structural equation modeling [M]. 3rd ed. New York: The Guilford Press, 2011: 88.

进一步完善测度题项。我们选择了20位从事学前融合教育实践或相关研究的人员,对问卷进行测试,将各项测试结果进行汇总,进而对问卷题项做出适当调整与优化,在此基础上形成本书的正式调查问卷。

三、小样本预调查

初始问卷确定后,需要对其进行检验,进一步修正或者删除不合适的测量题项以提升问卷的信度与效度,而后才能在大范围内进行正式发放。利用"两岸残障人士交流嘉年华"会议群、"广东省学前融合交流研讨会"讨论组、特殊教育家校社交流群中从事与学前融合教育事业相关人数较多、目标人群匹配度较高的优势,随机抽取相关人员进行小样本预调查。问卷调查周期为2021年7月底至8月中旬。问卷发放主要有两种:一种为纸质问卷,一种为电子问卷。累计发放问卷总数量为120份,经问卷回收后,剔除无效问卷11份,获得有效问卷共计109份,问卷有效率为90.8%。

(一)小样本数据情况

1. 人口统计学及背景变量描述

将性别、年龄、单位性质、岗位等级、受教育情况、从事时间作为关键人口统计学及背景变量,样本的分布情况如表5-10所示。

表5-10 样本的分布情况（N=109）

变量	分类	频数（人）	百分比（%）
性别	男	41	37.6
	女	68	62.4
年龄	18~25岁	13	11.9
	26~35岁	64	58.7
	36~45岁	30	27.5
	46~60岁	2	1.8
单位性质	政府部门	8	7.3
	学前教育机构	48	44.0
	社会组织	30	27.5
	其他	23	21.1

续表

变量	分类	频数（人）	百分比（%）
岗位等级	高层管理人员	23	21.1
	中层管理人员	16	14.7
	基层工作人员	70	64.2
受教育程度	博士	2	1.8
	硕士	13	11.9
	本科	49	45.0
	本科以下	45	41.3
从事时间	<1年	23	21.1
	1～3年	53	48.6
	4～7年	27	24.8
	>7年	6	5.5

对本次问卷数据进行汇总分析后发现，在性别分布中，男性占比为37.6%，女性占比为62.4%，由于受到学前教育、特殊教育职业特征限制，女性数量偏多是合理的；在单位性质方面，政府部门、学前教育机构和社会组织的占比为78.8%，这部分人群作为学前融合教育协同治理多元主体的主要参与者和实施者，能够反映基本的实际情况；在受教育程度方面，样本分布集中在本科和本科以下，这主要是由于学前教育幼儿教师的职业准入要求与学历门槛相对较低，因此这部分被调查者总体的受教育程度均偏低。另外，博士和硕士的占比很低，这与博士本身的绝对数量相对偏少以及从事学前教育一线工作的高学历人才数量偏少有关。综合分析后我们认为，本次问卷调查的代表性和有效性较强。

2. 正态性检验

本书所提出的结构模型包括7个变量，36个题项。所有量表均采用李克特7级量表，最大值为7，最小值为1；分值越高，其对应的认同度越高。为了提高数据分析结果的准确性，首先，需要借助描述性统计分析法计算出各项数据的标准差和均值等数值；其次，借助SPSS统计软件对问卷调查数据进行深度分析。各变量题项的描述性统计结果如表5-11所示。

表 5-11　各变量题项的描述性统计结果

题项编码	均值	标准差	偏度	峰度
GoV1	5.01	1.213	−0.525	0.901
GoV2	4.61	1.401	−0.478	−0.128
GoV3	4.92	1.211	−0.701	0.858
GoV4	4.28	1.678	−0.377	−0.647
GoV5	4.96	1.239	−0.494	0.277
GoV6	5.00	1.202	−0.782	1.362
GoV7	5.05	1.243	−0.531	0.382
KiG1	4.62	1.586	−0.593	−0.260
KiG2	4.98	1.381	−0.547	−0.140
KiG3	4.85	1.477	−0.708	−0.113
KiG4	4.86	1.494	−0.558	−0.491
KiG5	4.76	1.484	−0.636	0.041
KiG6	4.86	1.323	−0.574	−0.181
SoI1	5.08	1.285	−0.771	0.799
SoI2	5.16	1.263	−0.693	0.521
SoI3	5.09	1.191	−0.616	0.572
SoI4	5.03	1.301	−0.822	0.966
SoI5	5.02	1.240	−0.630	0.525
FaM1	5.00	1.711	−0.678	−0.446
FaM2	4.90	1.638	−0.607	−0.456
FaM3	4.98	1.655	−0.644	−0.384
FaM4	4.91	1.647	−0.598	−0.348
ReE1	5.10	1.291	−0.691	0.322
ReE2	5.00	1.298	−0.750	0.561
ReE3	5.17	1.295	−0.966	0.765
ReE4	5.06	1.335	−0.809	0.501
ReE5	4.96	1.394	−0.519	−0.237
StE1	5.18	1.422	−0.863	0.361

续表

题项编码	均值	标准差	偏度	峰度
StE2	5.29	1.307	−1.019	0.845
StE3	5.34	1.300	−1.018	0.802
StE4	5.39	1.262	−1.179	1.506
StE5	4.89	1.691	−0.691	−0.541
SyE1	5.41	1.256	−0.998	1.058
SyE2	5.33	1.139	−0.873	1.310
SyE3	5.51	1.085	−0.744	0.796
SyE4	5.24	1.193	−1.074	0.988

从表5-11看出，概念模型中的测度题项均值分布区间在4.28～5.51，均值分布较为均衡；题项的标准差最小为1.085，标准差最大为1.711，均与总分7相差较大，由此可知小样本数据的离散程度较低。一般在对数据正态分布情况进行判断时，主要围绕着两方面来进行：一是偏度，即绝对值满足小于3的标准；二是峰度，即绝对值满足小于10的标准。如若数据满足这些标准，则代表数据拥有一定的正态分布特性；如若峰度和偏度分别满足小于7的标准和小于2的标准，则证明单变量拥有一定的正态分布特性，适合进行下一步分析。

（二）小样本量表检验

为了保证问卷调查的质量，首先，利用预检测的方式对小样本数据开展有效的检测工作，具体检测需要从两方面着手：一是信度检验，二是效度检验。其次，结合检验结果来完善和健全现有的调查问卷。问卷检测主要采用两种方式：第一，CITC分析法；第二，α信度系数。目前，关于这两种检测方式，学术界常用的标准为：若CITC值满足小于0.3的标准，则需要题项进行删除；若α信度系数出现了增长情况，则需要删除对应题项。由于这些标准目前已经趋近于成熟，所以本次检测也遵循上述标准。关于量表检测，本次选择的测度量表总计36个，经检测后发现，有2个题项所得CITC值满足小于0.3的标准，即GoV4和StE5题项。将2个题项删除后，α值为0.916，显然比0.7的标准要高，这反映出问卷拥有较高的一致性，满足本次调查所需。项目分析汇总如表5-12所示（表中黑体代表的为未满足标准的测度题项）。

表 5-12 项目分析汇总

题项编码	题总相关（CITC）	删除题项后的 α 值	未达标数目	保留/删除
GoV1	0.473	0.913	0	保留
GoV2	0.391	0.914	0	保留
GoV3	0.482	0.913	0	保留
GoV4	**0.173**	**0.918**	**2**	**删除**
GoV5	0.428	0.914	0	保留
GoV6	0.453	0.914	0	保留
GoV7	0.410	0.914	0	保留
KiG1	0.421	0.914	0	保留
KiG2	0.415	0.914	0	保留
KiG3	0.610	0.911	0	保留
KiG4	0.512	0.913	0	保留
KiG5	0.558	0.912	0	保留
KiG6	0.556	0.912	0	保留
SoI1	0.532	0.913	0	保留
SoI2	0.474	0.913	0	保留
SoI3	0.471	0.913	0	保留
SoI4	0.499	0.913	0	保留
SoI5	0.548	0.912	0	保留
FaM1	0.485	0.913	0	保留
FaM2	0.535	0.912	0	保留
FaM3	0.480	0.913	0	保留
FaM4	0.375	0.915	0	保留
ReE1	0.502	0.913	0	保留
ReE2	0.542	0.912	0	保留
ReE3	0.518	0.913	0	保留
ReE4	0.472	0.913	0	保留
ReE5	0.438	0.914	0	保留
StE1	0.601	0.912	0	保留

续表

题项编码	题总相关（CITC）	删除题项后的 α 值	未达标数目	保留/删除
StE2	0.593	0.912	0	保留
StE3	0.420	0.914	0	保留
StE4	0.399	0.914	0	保留
StE5	**0.283**	**0.916**	**2**	**删除**
SyE1	0.381	0.914	0	保留
SyE2	0.414	0.914	0	保留
SyE3	0.384	0.914	0	保留
SyE4	0.570	0.912	0	保留
判断标准	≥0.3	<0.916	—	—

（三）探索性因子分析

效度分析，即有效性分析，具体指测量工具测出所要测量对象的准确程度，涵盖内容效度、准则效度与结构效度三个方面[1]。内容效度是衡量实际测量内容与所要测量内容之间的吻合度，即样本数据的有效代表性程度。在特殊情况下对个体行为进行有效性衡量即为"准则效度"的测量；而测验某种理论结构或特质的程度即为"结构效度"的测量。另外，为了准确选择关联度较高的样本，需要利用两种方式来对问卷进行分析：一种为内容效度，另一种为准则效度。针对结构效度进行检测时，常用的方式主要有两种：一种为模型拟合系数，另一种为标准化因子载荷[2]。如若考察内容和样本数据拥有的匹配度非常高，则证明效度比较高，反之则相对较低。与此同时，标准化因子载荷所得数值满足 0.45 的标准，则证明效度一般；如若满足 0.71 的标准，则证明效度非常高。

本书选用两种方法对相关变量开展因子分析：第一种为抽样适合性（KMO）检验，第二种为巴特利特（Bartlett）球形检验。如若 KMO 检验所得数值临近于 1，则证明有利于因子分析；如若 KMO 检验所得数值比标准值 0.5 要低，则证明不利于因子分析。另外，Bartlett 球形检验所得数值非常大，

---

[1] 邱皓政，林碧芳. 结构方程模型的原理与应用 [M]. 2 版. 北京：中国轻工业出版社，2019：81.

[2] 侯杰泰，温忠麟，成子娟. 结构方程模型及其应用 [M]. 北京：教育科学出版社，2004：16.

且满足 0.001 的显著性标准，则证明有助于因子分析[①]。两种检验方式所得结果如表 5−13 所示。经分析后得知，两种检验方式所得结果均满足对应要求，可以进行有效的因子分析。

表 5−13　KMO 检验和 Bartlett 球形检验

KMO 检验		0.810
Bartlett 球形检验	近似卡方值	3081.323
	自由度	561
	显著性	0.000

运用 SPSS 23.0 软件对小样本数据展开探索性因子分析，从总方差解释率所得结果来看，如若单个因子得到的特征值比标准值 1 更高，并且解释率满足 3% 以上标准时，需要对独立因子进行提取。表 5−14 展示的为因子提取结果，对其进行分析后得知，本次提取的因子总数共计 8 个。

表 5−14　总方差解释度

因子	初始特征值			旋转载荷平方和		
	总计	方差（%）	累积（%）	总计	方差（%）	累积（%）
1	9.532	28.036	28.036	4.540	13.352	13.352
2	3.988	11.729	39.766	4.007	11.785	25.137
3	3.374	9.924	49.690	3.635	10.693	35.830
4	3.237	9.521	59.211	3.522	10.359	46.189
5	2.451	7.209	66.419	3.186	9.370	55.559
6	1.722	5.064	71.484	3.136	9.225	64.784
7	1.615	4.751	76.235	2.871	8.444	73.228
8	1.027	3.020	79.256	2.049	6.028	79.255
9	0.717	2.109	81.365			
10	0.573	1.687	83.051			
11	0.535	1.575	84.626			
12	0.507	1.491	86.117			
13	0.446	1.311	87.428			

---

① 袁方. 社会研究方法教程［M］. 北京：北京大学出版社，2004：583.

续表

因子	初始特征值			旋转载荷平方和		
	总计	方差（%）	累积（%）	总计	方差（%）	累积（%）
14	0.425	1.249	88.676			
15	0.393	1.157	89.833			
16	0.352	1.037	90.870			
17	0.324	0.953	91.823			
18	0.306	0.900	92.722			
19	0.280	0.824	93.547			
20	0.270	0.794	94.341			
21	0.251	0.738	95.079			
22	0.227	0.666	95.746			
23	0.194	0.570	96.316			
24	0.185	0.545	96.861			
25	0.176	0.517	97.378			
26	0.155	0.456	97.834			
27	0.146	0.429	98.262			
28	0.122	0.360	98.622			
29	0.107	0.315	98.938			
30	0.100	0.295	99.233			
31	0.082	0.241	99.473			
32	0.076	0.225	99.698			
33	0.061	0.178	99.876			
34	0.042	0.124	100.000			

Lederer 和 Sethi（1991）在其研究中表示，关于探索性因子分析所遵循的标准具体有三项：第一，因子所得载荷值需要满足比 0.5 标准值高的要求，如若未满足要求，则需将相关题项删除；第二，因子所得载荷值需要与标准值 1 相近，而其他因子则需与标准值 0 相近；第三，相同测量题项中有最低两个因

子所得载荷值满足比 0.4 标准值高的要求，否则需要将相关题项删除[1]。另外，萃取因子如若所得方差值满足小于 70% 的标准，则证明题项效果非常好，如若满足小于 60% 的标准，则证明公因子有着较高的可信度[2]。表 5-14 显示，8 个因子的累计方差解释度为 79.255%，可以解释绝大部分的变异。确定 8 个因子，将其旋转后的成分矩阵（共同度）如表 5-15 所示，把因子载荷值小于 0.4、共同度小于 0.4 归类为不当、表意重复题项，需要删除。

表 5-15 旋转后的成分矩阵（共同度）

因子 题项编号	1	2	3	4	5	6	7	8	共同度
GoV1	0.885								0.820
GoV2	0.790								0.643
GoV3	0.856								0.771
GoV5	0.776								0.705
GoV6	0.855								0.805
GoV7	0.899								0.838
KiG1		0.842							0.746
KiG2								**0.870**	**0.926**
KiG3		0.786							0.812
KiG4		0.892							0.848
KiG5		0.824							0.793
KiG6		0.753							0.734
SoI1				0.789					0.772
SoI2				0.802					0.743
SoI3				0.757					0.684
SoI4				0.817					0.766
SoI5				0.768					0.720
FaM1					0.857				0.802
FaM2					0.909				0.899

---

[1] LEDERER A L, SETHI V. Critical dimensions of strategic information systems planning [J]. Decision Sciences, 1991, 22 (1): 104-119.

[2] 吴明隆. 结构方程模型——AMOS 的操作与应用 [M]. 重庆：重庆大学出版社, 2009：227.

续表

因子 题项编号	1	2	3	4	5	6	7	8	共同度
FaM3				0.912					0.896
FaM4				0.909					0.856
ReE1						0.871			0.836
ReE2						0.811			0.831
ReE3						0.798			0.763
ReE4						0.778			0.760
ReE5								**0.853**	**0.923**
StE1					0.822				0.859
StE2					0.769				0.785
StE3					0.839				0.763
StE4					0.846				0.781
SyE1							0.784		0.668
SyE2							0.857		0.841
SyE3							0.866		0.812
SyE4							0.613		0.743

注：提取方法为因子分析法。旋转方法为凯撒正态化最大方差法，旋转在7次迭代后已收敛。

由表5-15可知，KiG2和ReE5题项需要删除，最终剩余32个题项。在删除了KiG2和ReE5题项后，剩下7个因子与本次的问卷设计相符合，于是对因子命名进行检验。

第一个因子主要是跟政府主体行为有关系，可命名为政府主体行为，包括GoV1、GoV 2、GoV 3、GoV 5、GoV 6、GoV 7，方差解释度为13.352%。

第二个因子主要是跟幼儿园主体行为有关系，可命名为幼儿园主体行为，包括KiG1、KiG3、KiG4、KiG5、KiG6，方差解释度为11.785%。

第三个因子主要是跟社会组织主体行为有关系，可命名为社会组织主体行为，包括SoI1、SoI2、SoI3、SoI4、SoI5，方差解释度为10.693%。

第四个因子主要是跟家长主体行为有关系，可命名为家长主体行为，包括FaM1、FaM2、FaM3、FaM4，方差解释度为10.359%。

第五个因子主要是跟学前融合教育协同治理关系嵌入有关系，可命名为学前融合教育协同治理关系嵌入,包括 ReE1、ReE2、ReE3、ReE4,方差解释度为 9.370%。

第六个因子主要是跟学前融合教育协同治理结构嵌入有关系,可命名为学前融合教育协同治理结构嵌入,包括 StE1、StE2、StE3、StE4,方差解释度为 9.225%。

第七个因子主要是跟学前融合教育协同治理的协同效应有关系,可命名为学前融合教育协同治理的协同效应,包括 SyE1、SyE2、SyE3、SyE4,方差解释度为 8.444%。

至此,基于 CITC 分析法删除 GoV4 和 StE5 两项,基于探索性因子分析删除 KiG2 和 ReE5 两项,本次正式调查问卷中的 32 个测量题项分布于 7 个潜变量之中。

第三节 问卷调查与模型检验

对上一节的量表进行整理后,形成正式的调查问卷。本节主要通过汇总问卷数据,对数据进行整理分析,进而对相关假设进行验证。基于对所获得的样本数据展开描述性统计分析与信效度检验,并运用结构方程模型展开相关假设路径的检验,得出实证研究结果并结合管理学等相关知识进行分析讨论,从而为学前融合教育协同治理的推进机制构建与策略探析提供支撑。

一、问卷调查

(一)正式问卷

在正式发放问卷前,需要进一步完善问卷调查的测度量表。第一步,归纳梳理现有成熟的相关研究量表并结合本次调查所需,在借鉴已有研究成果的基础上对相关的变量测度量表进行设计,并以此形成问卷初稿;第二步,结合专家访谈等方式对问卷进行调整、修正;第三步,对问卷进行信度、效度检验,设计出最终的测度量表(如表 5-16 所示)。关于正式调查问卷,详见附录一。

表 5-16　正式测度量表

变量	题项编号	题项
政府主体行为	ZF1	规划学前融合教育协同治理战略目标
	ZF2	搭建多元主体协同治理组织架构
	ZF3	顶层设计学前融合教育协同治理框架
	ZF4	为学前融合教育协同治理提供资源保障
	ZF5	积极开展并强力监管学前融合教育协同治理的多元合作
	ZF6	推广并践行学前融合教育理念，开展指导
幼儿园主体行为	YY1	积极落实学前融合教育协同治理的方针、政策等
	YY2	认同并推广学前融合教育发展理念与教育方式
	YY3	构建学前融合教育"家校社"合作平台
	YY4	营造良好的园区融合包容文化氛围
	YY5	积极配合资源教室的建设及其利用率的提升
社会组织主体行为	SZ1	参与学前融合教育协同治理制度体系构建
	SZ2	为政府购买提供高质量与专业化的服务
	SZ3	从社会责任出发，强调社会组织的公共服务精神
	SZ4	拥有在学前融合教育协同治理中的话语权
	SZ5	对学前融合教育协同治理的宣传、督导与问责
家长主体行为	JZ1	个人深刻理解学前融合教育的价值与功能
	JZ2	认同并接纳学前融合教育理念与教育教学模式
	JZ3	拥有对学前融合教育的发声权与话语权
	JZ4	积极主动参与学前融合教育协同治理活动，接受家庭指导
学前融合教育协同治理关系嵌入	GX1	多元主体之间是彼此理解与相互认可的
	GX2	多元主体均高度重视与他人的合作关系
	GX3	多元主体共同负责以达成目标
	GX4	多元主体间维持长久的、密切的互动合作关系
学前融合教育协同治理结构嵌入	JG1	当需要专业支持时，不同主体均能从其他主体那里获取
	JG2	多元主体彼此间的行为能够互相影响，协调各自的冲突与矛盾
	JG3	多元主体间合作交流的数量
	JG4	多元主体能够从网络中高效地获取信息、知识并进行传递

（二）问卷发放与回收

为了进一步节省调查时间，提高问卷回收率，本次发放的问卷有两种形式：一种为纸质问卷，另一种为电子问卷。关于被调查对象的选择，需要综合考虑学前融合教育事业在我国的实际发展、地区差异、人群差异等多方面的影响。调查地点选取东部地区的浙江省、广东省、北京市、上海市，中部地区的河南省、安徽省，西部地区的四川省、重庆市8个样本区域进行问卷投放。由于学前融合教育协同治理涉及的相关主体较多，充分考虑了研究需求后，本次调查选取政府职能部门行政人员、幼儿园园长及在园教师、社会组织相关负责人、特殊需要儿童的家长和普通儿童家长，以及从事学前融合教育协同治理相关研究的学者为调查对象进行问卷调查。以各地方残联、地方学前融合教育相关政府职能部门（多数依托于学前教育部门与特殊教育部门）、各地方融合性幼儿园为调查范围，调查对象包括各组织管理人员与基层人员、特殊需要儿童与普通儿童的家长等。同时，笔者参加了相关社会组织帮扶残疾儿童家庭项目和幼儿园融合教育培训项目的志愿活动，与特殊需要儿童家长、社会组织人员、幼儿园园长等人员进行充分沟通，以提高问卷的回收率及覆盖面。

（三）有效样本基本情况

本次调查发放的问卷共计700份，其中，题项遗漏、前后矛盾或出现明显规律性作答情况的样本被视为无效样本被剔除，共计37份，经整理后得到的有效问卷共计663份，问卷调查有效率为94.7%。

本次调查选取性别、年龄、单位性质、岗位等级、受教育程度、从事（学前融合教育协同治理相关实践或研究）时间等内容作为被调查对象的背景信息。对被调查对象分布情况和选择情况进行分析后发现，被调查对象具有一定的代表性，问卷信度较高，符合调查要求与需要。有效样本的基本情况如表5—17所示。

表5—17　有效样本的基本情况（$N=663$）

变量	分类	频数（人）	百分比（%）
性别	男	162	24.4
	女	501	75.6
年龄	18~25岁	182	27.5
	26~35岁	395	59.6
	36~45岁	73	11.0
	46~60岁	13	2.0

续表

变量	分类	频数（人）	百分比（%）
单位性质	政府部门	37	5.6
	学前教育机构	324	48.9
	社会组织	128	19.3
	其他	174	26.2
岗位等级	高层管理人员	83	12.5
	中层管理人员	153	23.1
	基层工作人员	427	64.4
受教育程度	博士	12	1.8
	硕士	49	7.4
	本科	265	40.0
	本科以下	337	50.8
从事时间	<1年	137	20.7
	1～3年	326	49.2
	4～7年	164	24.7
	>7年	36	5.4

对问卷数据进行统计分析后得知，男、女性数量占比分别为24.4%和75.6%，男、女性别分布与小样本检验一致，男性数量偏少受限于学前教育领域的师资性别集中于女性群体。在年龄分布方面，主要集中在18～45岁。这部分群体是学前融合教育的关注者、参与者和实施者，群体整体偏年轻化，能够代表新时期主要实践群体对学前融合教育发展的态度，也能体现出学前融合教育协同治理主体成员的观点，由此可见，样本数据有较好的代表性。在受教育程度方面，调查对象的学历大多数为本科及以下学历，这同样与学前教育和特殊教育从业者资质要求有关。该部分群体是学前融合教育的主要实践者、执行者，他们对学前融合教育的理解和参与程度对学前融合教育的质量以及发展水平影响较大。在单位性质方面，将调查对象分为政府部门、学前教育机构、社会组织与其他（面向家长）四大类别。从得出的结果可以看出，超过70%的调查对象是学前融合教育的管理者与服务者，他们长期从事与学前融合教育相关的工作，对学前融合教育的理解度、认同度相对较高，能够基本反映学前融合教育协同治理的影响关系。在从事学前融合教育相关工作或实践的时间方面，73.9%的调查对象的从事时间为1～7年，这与我国学前融合教育发展相关政策出台的

时间基本同步。在职业岗位等级方面，中层管理人员和基层工作人员占比为87.5%，表明大部分的调查对象是普通、直接的执行者与实施者，是具有普遍代表性的参与主体的成员。综上所述，问卷调查的代表性与有效性较为理想。

二、数据分析与信效度检验

为了进一步了解各变量间的相互影响关系，对变量间的路径关系进行检验，需采取多种方式对问卷调查所获数据在描述性统计、信度与效度检验、结构方程模型等方面展开深入分析，以确保正式量表的可靠性。在此基础上，分析变量之间的路径关系，从而验证本书所提出的概念模型。

（一）描述性统计分析

采用 SPSS 软件对样本数据从均值、标准差、偏度、峰度四个方面展开描述性统计分析，描述样本数据的集中趋势、离散程度与分布形态。本书提出的结构模型中涉及 32 个题项和 7 个变量；量表则沿用学术界使用频率最高的李克特 7 级量表。各变量测量项的描述性统计结果如表 5-18 所示。

表 5-18 各变量测量项的描述性统计结果

题项编号	均值	标准差	偏度	峰度
ZF1	5.03	1.341	−0.588	0.110
ZF2	4.94	1.301	−0.781	0.364
ZF3	4.98	1.259	−0.639	0.234
ZF4	4.89	1.416	−0.569	−0.010
ZF5	5.03	1.244	−0.803	0.595
ZF6	5.04	1.281	−0.722	0.320
YY1	5.02	1.381	−0.675	0.297
YY2	4.94	1.302	−0.590	0.365
YY3	5.12	1.284	−0.824	0.732
YY4	5.04	1.330	−0.843	0.571
YY5	5.01	1.327	−0.687	0.376
SZ1	5.12	1.342	−0.667	0.252
SZ2	5.11	1.293	−0.752	0.472
SZ3	5.16	1.291	−0.704	0.165
SZ4	5.25	1.325	−0.849	0.589
SZ5	5.07	1.285	−0.607	0.243

续表

题项编号	均值	标准差	偏度	峰度
JZ1	4.91	1.369	−0.501	−0.152
JZ2	4.89	1.380	−0.588	−0.147
JZ3	4.87	1.343	−0.483	−0.324
JZ4	4.86	1.355	−0.491	0.022
GX1	5.11	1.275	−0.816	0.676
GX2	5.05	1.162	−0.552	0.407
GX3	5.15	1.201	−0.747	0.786
GX4	5.04	1.230	−0.658	0.507
JG1	5.08	1.227	−0.60	0.270
JG2	5.10	1.192	−0.732	0.684
JG3	5.03	1.232	−0.685	0.450
JG4	5.12	1.211	−0.772	0.795
XY1	5.00	1.228	−0.560	0.314
XY2	4.93	1.201	−0.454	0.161
XY3	4.96	1.134	−0.210	0.003
XY4	4.95	1.173	−0.325	−0.200

由表5-18可知，最大标准差和最小标准差分别为1.416和1.134，从这点上可以看出，数据呈现出的离散程度非常低。同时，在偏度和峰度的绝对值均满足小于2和小于7的标准，说明数据具有单变量的正态分布特征，满足下阶段研究要求。

（二）信度与效度检验

关于信度的检验，主要是从四方面来着手，具体包括内容效度、区分效度、收敛效度以及相关分析。在编制问卷时，采取探索性因子分析量表的因子结构，以确保调查问卷的构建效度。在确定量表的各个因子与其对应的题项后，进一步探讨测量量表的因素结构是否拟合样本数据，研究测量题项变量能否有效地测量潜变量。因此，在正式的调查问卷中，通过验证性因子分析判断量表的信效度较为合理。我们运用了AMOS软件对正式调查问卷所得到的数据进行验证性因子分析。

1. 数据的整体适配度

对量表运用AMOS软件展开验证性因子分析，根据探索性因子分析结果建立整体量表的验证性因子模型（如图5-4所示）。通过结构方程拟合指标判断构建的验证性因子模型是否合理，如若满足相关标准，则证明构建的模型可以有效地展开相关潜变量的测量。模型整体适配度的主要评价指标及评价标准如表5-19所示。整体量表的模型拟合指标如表5-20所示。

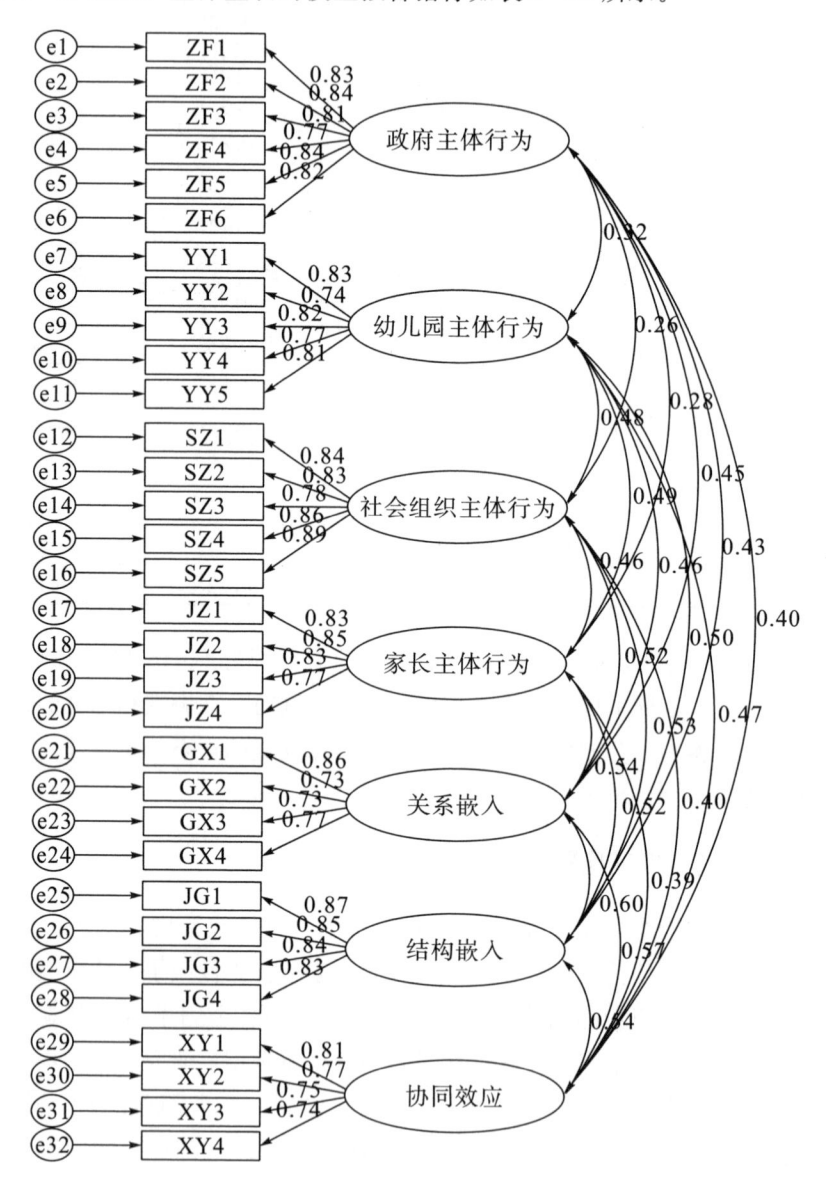

图5-4 整体量表的验证性因子模型

表 5-19　模型整体适配度的主要评价指标及评价标准

指标	取值范围	理想值
χ^2/df	大于 0	小于 5，小于 3 更佳
RMSEA	大于 0	小于 0.1，拟合较好；小于 0.08，拟合很好；小于 0.05，拟合非常好；小于 0.01，拟合非常出色
GFI	0~1	大于 0.8 可以接受，大于 0.9 最佳
CFI	0~1	大于 0.8 可以接受，大于 0.9 最佳
TLI	0~1	大于 0.8 可以接受，大于 0.9 最佳
NFI	0~1	大于 0.8 可以接受，大于 0.9 最佳
AGFI	0~1	大于 0.8 可以接受，大于 0.9 最佳

表 5-20　整体量表的模型拟合指标

项目	χ^2/df	GFI	AGFI	NFI	TLI	CFI	RMSEA
统计值	2.017	0.925	0.910	0.940	0.965	0.969	0.039
参考值	<5	>0.9	>0.9	>0.9	>0.9	>0.9	<0.08
达标情况	达标	达标	达标	达标	达标	达标	达标

由表 5-20 所知，整体量表的模型拟合指标为：$\chi^2/df=2.017$，小于 5；GFI=0.925，AGFI=0.910，NFI=0.940，TLI=0.965，CFI=0.969，均大于 0.9；RMSEA=0.039，小于 0.08。对照整体适配度的评价标准，模型拟合指标均满足相关要求，适合进行模型分析。

2. 信度分析

信度，又叫可靠性，即问卷的可信程度，着重表现为检验结果的一贯性、一致性、再现性和稳定性。本书采用学术界研究中运用频率较高的 α 系数来代表量表内的一致性信度。如若计算出的 α 数值非常大，则证明结果的一致性非常高，且可信度较高。如若 α 值比标准值 0.9 要高，则代表问卷数据的稳定性非常强；如若 α 值处在 0.7 至 0.8 区间，则证明问卷数据的稳定性一般[①]。利用现有的检验公式来对问卷各变量信度进行有效计算，各变量的信度检验如表 5-21 所示。

---

① FORNELL C，LARCKER D F. Structural equation models with unobservable variables and measurement error：algebra and statistics [J]. Journal of Marketing Research，1981，18（3）：382-388.

表 5-21　各变量的信度检验

变量	题目数	信度系数（α 值）
政府主体行为	6	0.922
幼儿园主体行为	5	0.896
社会组织主体行为	5	0.923
家长主体行为	4	0.893
关系嵌入	4	0.855
结构嵌入	4	0.911
协同效应	4	0.854

由表 5-21 可知，本次问卷调查 7 个变量信度值分布于 0.854~0.923，结果稳定性较高，因此量表具有一定的可信度。

3. 效度分析

（1）探索性因子分析。

量表的效度指标可以通过探索性因子分析进行判断。KMO 检验和 Bartlett 球形检验结果如表 5-22 所示。在探索性因子分析结果中，当 KMO 值>0.6，且 Bartlett 球形检验显著性<0.05 时，则表明问卷非常适合进行主成分分析（因子分析）。

表 5-22　KMO 检验和 Bartlett 球形检验结果

KMO 取样适切性量数		0.937
Bartlett 球形检验	近似卡方值	14565.620
	自由度	496
	显著性	<0.001

由表 5-22 可知，本次因子分析结果 KMO 值=0.937>0.6，且 Bartlett 球形检验显著性<0.001，该量表适合进行因子分析。

根据变量情况，在总方差解释度结果中，提取特征值大于 1 的 7 个因子，并采用凯撒正态化最大方差法对成分矩阵进行旋转，结果如表 5-23 所示。

表 5-23　总方差解释度

因子	初始特征值			旋转载荷平方和		
	总计	方差（%）	累积（%）	总计	方差（%）	累积（%）
1	11.601	36.253	36.253	4.503	14.071	14.071

续表

因子	初始特征值			旋转载荷平方和		
	总计	方差（%）	累积（%）	总计	方差（%）	累积（%）
2	3.405	10.641	46.894	3.934	12.293	26.364
3	2.252	7.036	53.930	3.641	11.377	37.741
4	1.848	5.776	59.706	3.075	9.608	47.349
5	1.794	5.606	65.313	2.929	9.153	56.502
6	1.505	4.703	70.015	2.814	8.794	65.297
7	1.176	3.674	73.689	2.686	8.393	73.689
8	0.586	1.830	75.519			
9	0.517	1.616	77.135			
10	0.507	1.584	78.719			
11	0.485	1.517	80.236			
12	0.457	1.428	81.664			
13	0.446	1.395	83.058			
14	0.411	1.285	84.343			
15	0.395	1.234	85.577			
16	0.379	1.184	86.761			
17	0.352	1.100	87.861			
18	0.347	1.083	88.944			
19	0.336	1.050	89.994			
20	0.321	1.005	90.999			
21	0.314	0.980	91.979			
22	0.300	0.938	92.917			
23	0.284	0.887	93.803			
24	0.265	0.828	94.631			
25	0.253	0.789	95.421			
26	0.246	0.767	96.188			
27	0.238	0.743	96.931			
28	0.232	0.725	97.656			
29	0.210	0.657	98.314			

续表

因子	初始特征值			旋转载荷平方和		
	总计	方差（%）	累积（%）	总计	方差（%）	累积（%）
30	0.199	0.621	98.935			
31	0.178	0.556	99.491			
32	0.163	0.509	100.000			

注：提取方法为因子分析法。

前 7 个因子的特征值分布较均衡，分别为 4.503、3.934、3.641、3.075、2.929、2.814、2.686，7 个因子的累计方差解释度为 73.689%，说明 7 个因子能够很好地概括 32 个题项所包含的信息，能够解释大部分的变异量。

一般情况下，数据收集环节容易出现共同方法偏差。所谓共同方法偏差，主要指的是受到评分者或者其他因素影响，预测变量或者是效标变量出现了共变的情况。一般问卷测量误差主要有两种类型：一是随机误差，二是系统误差[1]。为了防止统计分析所得结果出现失真，在对共同方法偏差进行检验时，本书主要采用的方式为"Harman 单因素法"，这种方式主要是以量表所有题项为核心，以探索性分析方法中的因子分析为主要分析工具，对特征值中满足高于标准 1 的因子进行抽取。本次特征值共选取 7 个，在未旋转前首个因子解释方差得到的数值是 36.253%，未大于 40%，不存在一个公因子解释了大部分变异量。由此证明，本量表可以借助同源法偏差来进行有效检验[2]。

采用最大方差的方法对因子进行有效旋转，旋转后成分矩阵如表 5-24 所示。为了便于观察，表中未显示载荷值低于 0.5 的数值。

表 5-24 旋转后的成分矩阵

因子 题项编号	1	2	3	4	5	6	7
ZF1	0.825						
ZF2	0.821						
ZF3	0.820						
ZF4	0.792						

---

[1] 杜建政，赵国祥，刘金平. 测评中的共同方法偏差 [J]. 心理科学，2005，28（2）：420-422.

[2] 尹苗苗，彭秀青，彭学兵. 中国情境下新企业投机导向对资源整合的影响研究 [J]. 南开管理评论，2014，17（6）：149-157.

续表

因子 题项编号	1	2	3	4	5	6	7
ZF5	0.819						
ZF6	0.830						
YY1			0.799				
YY2			0.743				
YY3			0.814				
YY4			0.768				
YY5			0.801				
SZ1		0.809					
SZ2		0.789					
SZ3		0.769					
SZ4		0.843					
SZ5		0.864					
JZ1				0.814			
JZ2				0.796			
JZ3				0.793			
JZ4				0.808			
GX1							0.762
GX2							0.765
GX3							0.702
GX4							0.672
JG1					0.776		
JG2					0.772		
JG3					0.787		
JG4					0.729		
XY1						0.758	
XY2						0.772	
XY3						0.775	
XY4						0.736	

注：提取方法为因子分析法。旋转方法为凯撒正态化最大方差法，旋转在6次迭代后已收敛。

由表 5-24 可知，政府主体行为、幼儿园主体行为、社会组织主体行为、家长主体行为、关系嵌入、结构嵌入、协同效应 7 个因子对应题项的因子载荷值均在 0.5 以上，由此证明，每个题项均能反映出较为准确的属性信息。

（2）验证性因子分析。

目前围绕调查数据开展统计分析有多种方式，而最具有代表性的为验证性因子分析。由于这种方式在学术界中的运用频率非常高，因此本书在对各潜变量区分与收敛两种效度进行分析时，将沿用此方式。一般情况下，观测变量所得到的标准化因子载荷如若满足比标准值 0.5 高的要求，则证明量表建构效度非常好。另外，在对量表质量进行判断时，常用的标准有组合信度，即 CR，如若其所得数值满足高于 0.7 的标准，则证明各观测变量均能有效解释与分析潜变量。具体计算方式如下，其中，观测变量拥有的标准化因子载荷和测量误差分别用 λ 和 θ 进行表示。

$$CR = \frac{(\sum \lambda)^2}{[(\sum \lambda)^2 + \sum(\theta)]}$$

$$\theta = 1 - \lambda^2$$

目前，学术界中诸多研究者在对量表潜变量区分和收敛两种效度进行分析时，常用方式为平均方差萃取量。一般情况下，如若其所得数值比较大，则证明测量误差会非常小；另外，参考前人研究所得结果，如若萃取量数值满足高于 0.5 的标准，并且潜变量所得到的算术平方根比各潜变量计算得出的相关系数值大时，则证明量表无论是收敛效度还是区分效度均非常好。具体计算方式如下，其中，观测变量所得到的标准化因子载荷和测量误差分别用 λ 和 θ 进行表示。

$$AVE = \frac{\sum \lambda^2}{[\sum \lambda^2 + \sum(\theta)]}$$

$$\theta = 1 - \lambda^2$$

（3）内容效度。

所谓内容效度，即实测内容与所需测量内容之间的吻合度与匹配度。笔者在前期全面收集和整理了学术界现有的成熟量表，尽可能借用被众多学者肯定的成熟量表或题项，基于规范标准设计构建问卷量表，并充分考虑了本书研究的实际情况后，进一步修改与完善了量表。同时，邀请了学前教育学、特殊教育学、管理学、统计学等领域专家以小组访谈形式对问卷初稿做出有效评价与分析，而后对问卷不足之处进行修改与调整，以此提高问卷内容整体的效度。

(4) 收敛效度。

收敛效度，即当采用两种不同的测量工具来测量同一概念时所获得的分类是高度相关的。本书依据荣泰生（2009）[①] 的建议，通过建构信度（CR）和平均方差提取值（AVE）来对收敛效度进行检验。整体量表的收敛效度分析如表 5-25 所示。

表 5-25　整体量表的收敛效度分析

潜变量	题项编号	b	S.E.	C.R.	P	β	CR	AVE
政府主体行为	ZF1	1.000	—	—	—	0.832	0.9229	0.6664
	ZF2	0.975	0.038	25.913	***	0.836		
	ZF3	0.909	0.037	24.510	***	0.806		
	ZF4	0.977	0.043	22.921	***	0.770		
	ZF5	0.932	0.036	25.903	***	0.836		
	ZF6	0.936	0.037	24.961	***	0.816		
幼儿园主体行为	YY1	1.000	—	—	—	0.833	0.8968	0.6352
	YY2	0.841	0.039	21.341	***	0.743		
	YY3	0.920	0.037	24.614	***	0.824		
	YY4	0.887	0.040	22.271	***	0.767		
	YY5	0.939	0.039	24.211	***	0.814		
社会组织主体行为	SZ1	1.000	—	—	—	0.836	0.9237	0.7082
	SZ2	0.958	0.037	26.025	***	0.831		
	SZ3	0.903	0.038	23.832	***	0.785		
	SZ4	1.016	0.037	27.448	***	0.860		
	SZ5	1.022	0.035	29.125	***	0.892		
家长主体行为	JZ1	1.000	—	—	—	0.832	0.8929	0.6762
	JZ2	1.036	0.040	25.651	***	0.854		
	JZ3	0.977	0.040	24.597	***	0.828		
	JZ4	0.920	0.041	22.396	***	0.773		

[①] 荣泰生. AMOS 与研究方法 [M]. 重庆：重庆大学出版社，2009：226.

续表

潜变量	题项编号	b	S.E.	C.R.	P	β	CR	AVE
关系嵌入	GX1	1.000	—	—	—	0.859	0.8573	0.6014
	GX2	0.774	0.037	20.788	***	0.730		
	GX3	0.802	0.038	20.885	***	0.732		
	GX4	0.869	0.039	22.496	***	0.774		
结构嵌入	JG1	1.000	—	—	—	0.872	0.9109	0.7189
	JG2	0.943	0.033	28.270	***	0.847		
	JG3	0.972	0.035	28.111	***	0.844		
	JG4	0.936	0.034	27.161	***	0.828		
协同效应	XY1	1.000	—	—	—	0.811	0.8539	0.5939
	XY2	0.932	0.045	20.597	***	0.773		
	XY3	0.856	0.043	19.983	***	0.752		
	XY4	0.878	0.044	19.764	***	0.745		

注：*** 表示 $P<0.001$。

分析表5—25后得知，每个因素所得到载荷值均保持在0.730至0.892，由此证明问卷收敛度非常高；另外，CR和AVE两者均满足比标准值0.7和标准值0.5高的要求，说明本量表具有良好的收敛效度。

(5) 区分效度。

按照Fornell和Larcker(1981)[①]的观点，如若各潜变量所计算出的AVE数值相对比其相关系数平方明显要高，则证明潜变量满足区分效度标准提出的各项要求。对区分效度（如表5—26所示）进行分析后得知，各潜变量所得到的AVE值相对比其系数平方值要高，故说明该量表有很好的区分效度。

表5—26 区分效度分析

潜变量	1	2	3	4	5	6	7
协同效应	0.771						
政府主体行为	0.470	0.816					
幼儿园主体行为	0.472	0.315	0.797				

---

① FORNELL C, LARCKER D F. Structural equation models with unobservable variables and measurement error: algebra and statistics [J]. Journal of Marketing Research, 1981, 18 (3): 382—388.

续表

潜变量	1	2	3	4	5	6	7
社会组织主体行为	0.402	0.265	0.432	0.842			
结构嵌入	0.539	0.430	0.504	0.528	0.848		
关系嵌入	0.566	0.452	0.462	0.516	0.683	0.776	
家长主体行为	0.395	0.277	0.486	0.493	0.524	0.511	0.822

（6）相关分析。

采用皮尔逊积差相关分析方法比较各变量以及不同维度之间的相关性，变量之间的相关系数矩阵如表5-27所示。

表5-27 相关系数矩阵

潜变量	1	2	3	4	5	6	7
政府主体行为	1						
幼儿园主体行为	0.287**	1					
社会组织主体行为	0.252**	0.401**	1				
家长主体行为	0.248**	0.436**	0.448**	1			
关系嵌入	0.405**	0.408**	0.475**	0.446**	1		
结构嵌入	0.396**	0.458**	0.494**	0.469**	0.608**	1	
协同效应	0.413**	0.417**	0.366**	0.345**	0.492**	0.477**	1

注：** 表示 $P<0.01$。

三、假设检验

基于先验理论与已有的成熟量表，搭建起各潜变量间的相应关系并以此形成本书的测量量表，并以验证性因子分析对潜变量与测量指标间的关系进行验证。而后运用 AMOS 26.0 软件对理论模型进行相关结构方程模型的构建。通过所获得的样本数据分析该模型，依照相应的评价指标及修正原则，对模型进行合理调试与修正，使之趋向合理。根据拟合指标展开对结构方程模型的科学评价，通过数据的分析来检验相关路径的关系假设。

（一）结构方程模型构建

前面提出的理论构念模型涉及7个潜变量，围绕着这些潜变量来搭建符合本书研究所需的结构方程模型，如图 5-5 所示。

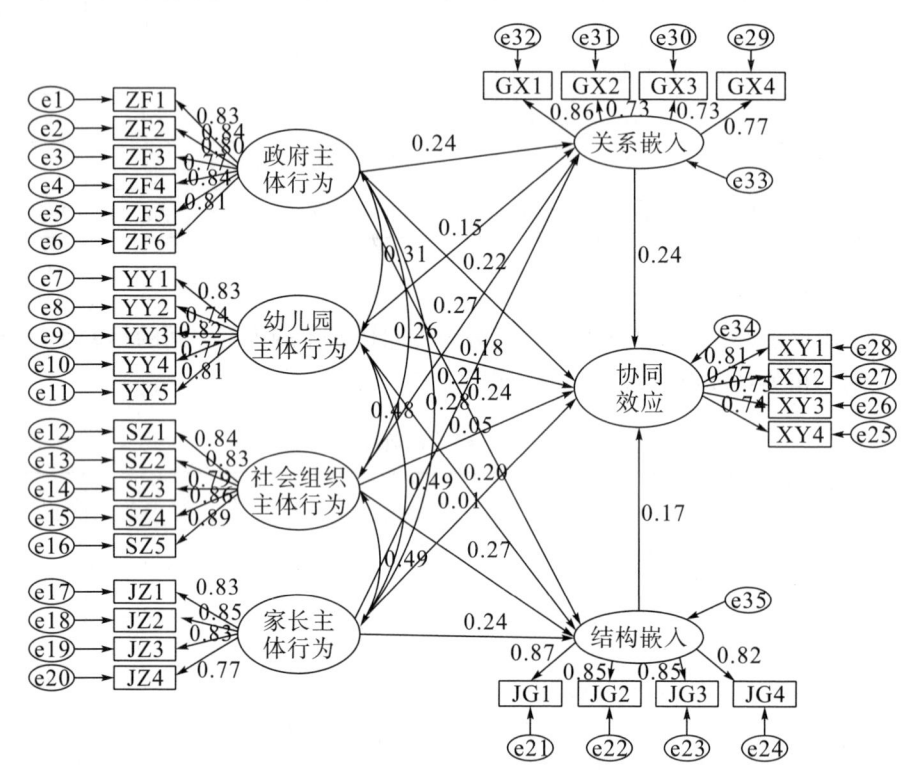

图 5-5 结构方程模型（初始模型）

（二）模型拟合与假设检验

在检验结构模型前，要分析结构模型的拟合度。初始模型的结构方程模型拟合指标如表 5-28 所示。

表 5-28 初始模型的结构方程模型拟合指标

指标	χ^2/df	GFI	AGFI	NFI	TLI	CFI	RMSEA
统计值	2.190	0.919	0.903	0.934	0.959	0.963	0.042
参考值	<5	>0.9	>0.9	>0.9	>0.9	>0.9	<0.08
达标情况	达标	达标	达标	达标	达标	达标	达标

由表 5-28 可知，初始模型的结构方程模型拟合指标为：$\chi^2/df=2.190$，小于 5；GFI＝0.919，AGFI＝0.903，NFI＝0.934，TLI＝0.959，CFI＝0.963，均满足比标准值 0.9 大的要求；RMSEA＝0.042，满足比标准值 0.08 小的要求。初始模型的各变量之间的路径分析如表 5-29 所示。

表 5-29 初始模型的各变量之间的路径分析

路径分析			β	b	S.E.	C.R.	P
关系嵌入	←	政府主体行为	0.274	0.276	0.039	7.160	***
关系嵌入	←	幼儿园主体行为	0.153	0.165	0.047	3.533	***
关系嵌入	←	社会组织主体行为	0.266	0.256	0.041	6.257	***
关系嵌入	←	家长主体行为	0.239	0.251	0.047	5.283	***
结构嵌入	←	政府主体行为	0.237	0.217	0.033	6.517	***
结构嵌入	←	幼儿园主体行为	0.204	0.200	0.041	4.906	***
结构嵌入	←	社会组织主体行为	0.268	0.235	0.036	6.586	***
结构嵌入	←	家长主体行为	0.236	0.225	0.041	5.453	***
协同效应	←	政府主体行为	0.217	0.197	0.040	4.925	***
协同效应	←	幼儿园主体行为	0.182	0.176	0.046	3.850	***
协同效应	←	社会组织主体行为	0.047	0.041	0.042	0.990	0.322
协同效应	←	家长主体行为	0.012	0.011	0.047	0.238	0.812
协同效应	←	关系嵌入	0.244	0.221	0.049	4.537	***
协同效应	←	结构嵌入	0.168	0.167	0.052	3.225	0.001

注：*** 表示 $P<0.001$。

由初始模型的各变量之间的路径分析可以看出，有两条路径的验证结果未能通过假设检验：社会组织主体行为对学前融合教育协同治理协同效应的产生具有正向影响（H9），家长主体行为对学前融合教育协同治理协同效应的产生具有正向影响（H12）。这两条路径的原定假设关系不成立，因此需删除这两条不成立的路径，重新验证调整后的模型。

（三）模型修正

出于对模型所研究的实际对象的考虑，在研究过程中可通过将非显著路径进行删除，以此来调整、修正结构方程模型[①]。通过进一步运算并完成修正后的结构方程模型（如图 5-6 所示）和结构方程模型拟合指标（如表 5-30 所示）。

---

① 吴明隆. 结构方程模型——AMOS 的操作与应用 [M]. 重庆：重庆大学出版社，2009：227.

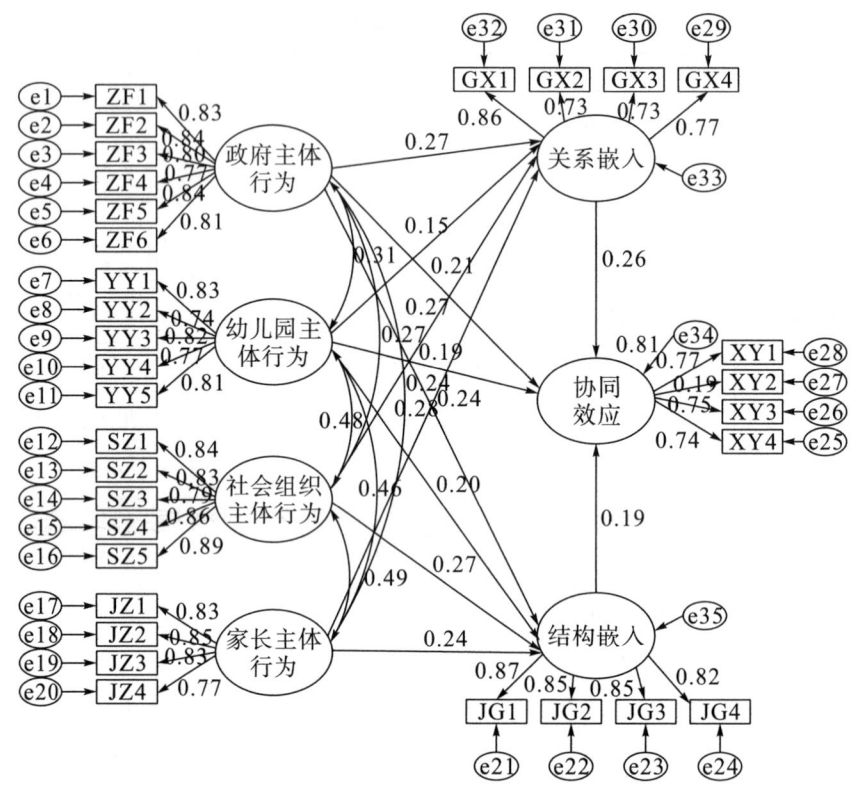

图 5-6 结构方程模型（修正模型）

表 5-30 结构方程模型拟合指标（修正模型）

指标	χ^2/df	GFI	AGFI	NFI	TLI	CFI	RMSEA
统计值	2.183	0.918	0.903	0.934	0.959	0.963	0.042
参考值	<5	>0.9	>0.9	>0.9	>0.9	>0.9	<0.08
达标情况	达标	达标	达标	达标	达标	达标	达标

由表 5-30 可知，修正模型的结构方程模型拟合指标为：$\chi^2/df=2.183$，明显满足比标准值 5 小的要求；而 GFI 和 AGFI 分别为 0.918 和 0.903，TLI、CFI 以及 NFI 分别为 0.959、0.963 以及 0.934，均满足比标准值 0.9 大的要求；RMSEA=0.042，满足比标准值 0.08 小的要求。由此证明，模型中选取的各项拟合指标均满足研究所需，可以对模型路径开展深入的研究与分析。

本书采用 AMOS 26.0 对模型路径进行分析。正常情况下，变量间拥有的相关程度或者是影响关系等能够通过路径系数有效反映，临界比例 C.R. 用以判断回归系数显著与否，一般认为 C.R. 值大于或等于 1.96，即可说明在

0.05 显著水平下有显著差异①。修正模型的各变量之间的路径分析,如表 5-31 所示。

表 5-31 修正模型的各变量之间的路径分析

路径分析			β	b	$S.E.$	$C.R.$	P
关系嵌入	←	政府主体行为	0.274	0.275	0.038	7.155	***
关系嵌入	←	幼儿园主体行为	0.152	0.163	0.047	3.506	***
关系嵌入	←	社会组织主体行为	0.268	0.258	0.041	6.308	***
关系嵌入	←	家长主体行为	0.240	0.251	0.047	5.298	***
结构嵌入	←	政府主体行为	0.236	0.217	0.033	6.510	***
结构嵌入	←	幼儿园主体行为	0.204	0.200	0.041	4.888	***
结构嵌入	←	社会组织主体行为	0.269	0.235	0.036	6.602	***
结构嵌入	←	家长主体行为	0.236	0.225	0.041	5.460	***
协同效应	←	政府主体行为	0.213	0.193	0.040	4.889	***
协同效应	←	幼儿园主体行为	0.192	0.187	0.045	4.162	***
协同效应	←	关系嵌入	0.264	0.239	0.044	5.451	***
协同效应	←	结构嵌入	0.186	0.185	0.047	3.946	***

注:*** 表示 $P<0.001$。

1. 政府主体行为和关系嵌入之间关系的假设验证

政府主体行为对关系嵌入的路径系数为 0.274,C.R. 值为 7.155,对应的显著性 $P<0.001$,因此,政府主体行为对关系嵌入具有显著的正向影响,故假设成立。

2. 幼儿园主体行为和关系嵌入之间关系的假设验证

幼儿园主体行为对关系嵌入的路径系数为 0.152,C.R. 值为 3.506,对应的显著性 $P<0.001$,因此,幼儿园主体行为对关系嵌入具有显著的正向影响,故假设成立。

3. 社会组织主体行为和关系嵌入之间关系的假设验证

社会组织主体行为对关系嵌入的路径系数为 0.268,C.R. 值为 6.308,对应的显著性 $P<0.001$,因此,社会组织主体行为对关系嵌入具有显著的正向

---

① 温忠麟,侯杰泰,张雷. 调节效应与中介效应的比较和应用 [J]. 心理学报,2005,37 (2):268—274.

影响，故假设成立。

4. 家长主体行为和关系嵌入之间关系的假设验证

家长主体行为对关系嵌入的路径系数为 0.240，C.R. 值为 5.298，对应的显著性 $P<0.001$，因此，家长主体行为对关系嵌入具有显著的正向影响，故假设成立。

5. 政府主体行为和结构嵌入之间关系的假设验证

政府主体行为对结构嵌入的路径系数为 0.236，C.R. 值为 6.510，对应的显著性 $P<0.001$，因此，政府主体行为对结构嵌入具有显著的正向影响，故假设成立。

6. 幼儿园主体行为和结构嵌入之间关系的假设验证

幼儿园主体行为对结构嵌入的路径系数为 0.204，C.R. 值为 4.888，对应的显著性 $P<0.001$，因此，幼儿园主体行为对结构嵌入具有显著的正向影响，故假设成立。

7. 社会组织主体行为和结构嵌入之间关系的假设验证

社会组织主体行为对结构嵌入的路径系数为 0.269，C.R. 值为 6.602，对应的显著性 $P<0.001$，因此，社会组织主体行为对结构嵌入具有显著的正向影响，故假设成立。

8. 家长主体行为和结构嵌入之间关系的假设验证

家长主体行为对结构嵌入的路径系数为 0.236，C.R. 值为 5.460，对应的显著性 $P<0.001$，因此，家长主体行为对结构嵌入具有显著的正向影响，故假设成立。

9. 政府主体行为和协同效应之间关系的假设验证

政府主体行为对协同效应的路径系数为 0.213，C.R. 值为 4.889，对应的显著性 $P<0.001$，因此，政府主体行为对协同效应具有显著的正向影响，故假设成立。

10. 幼儿园主体行为和协同效应之间关系的假设验证

幼儿园主体行为对协同效应的路径系数为 0.192，C.R. 值为 4.162，对应的显著性 $P<0.001$，因此，幼儿园主体行为对协同效应具有显著的正向影响，故假设成立。

11. 关系嵌入和协同效应之间关系的假设验证

关系嵌入对协同效应的路径系数为 0.264，C.R. 值为 5.451，对应的显著

性 $P<0.001$，因此，关系嵌入对协同效应具有显著的正向影响，故假设成立。

12. 结构嵌入和协同效应之间关系的假设验证

结构嵌入对协同效应的路径系数为 0.186，C.R. 值为 3.946，对应的显著性 $P<0.001$，因此，结构嵌入对协同效应具有显著的正向影响，故假设成立。

此外，由于关系嵌入与结构嵌入是本研究中的中介变量，因此，需采取相关方式对其中介效应进行检验。综合考虑，本书选用 Bootstrap 法直接检验其中介效应是否存在。根据路径分析结果可以看出，假设检验是成立的。为进一步探究显著路径中的中介效应，本书在 AMOS 软件中运行 Bootstrap 法，置信区间标准为 95%，选择重复 5000 次，通过偏差校正法进行检验。

中介效应检验设置了 8 条中介路径，其结果如表 5-32 所示。如若中介路径的上区间和下区间均不包含 0，且 P 值满足小于 0.05 的显著水平，则证明假设成立，中介效应明显；如若中介路径的上区间和下区间包含 0，P 值大于 0.05 的显著水平，则证明假设不成立，中介效应并不存在。

表 5-32 中介效应检验

回归路径	效应量	SE	95%下限	95%上限	P
政府主体行为→关系嵌入→协同效应	0.066	0.019	0.034	0.11	0.000
幼儿园主体行为→关系嵌入→协同效应	0.039	0.017	0.012	0.082	0.002
社会组织主体行为→关系嵌入→协同效应	0.062	0.019	0.03	0.106	0.000
家长主体行为→关系嵌入→协同效应	0.06	0.02	0.029	0.108	0.000
政府主体行为→结构嵌入→协同效应	0.04	0.014	0.017	0.073	0.001
幼儿园主体行为→结构嵌入→协同效应	0.037	0.015	0.014	0.077	0.001
社会组织主体行为→结构嵌入→协同效应	0.043	0.017	0.015	0.083	0.002
家长主体行为→结构嵌入→协同效应	0.042	0.017	0.016	0.084	0.001

根据表 5-32 可知，设置的 8 条中介路径的上区间和下区间均不包含 0，且 P 值满足小于 0.05 的显著水平，故 8 条假设均成立，8 条路径中的中介效应均存在。

对以上关系路径分析及检验结果数据做进一步梳理和总结后，可以获得最终的结构模型与路径系数，相应结果如图 5-7 所示。

• 学前融合教育协同治理研究

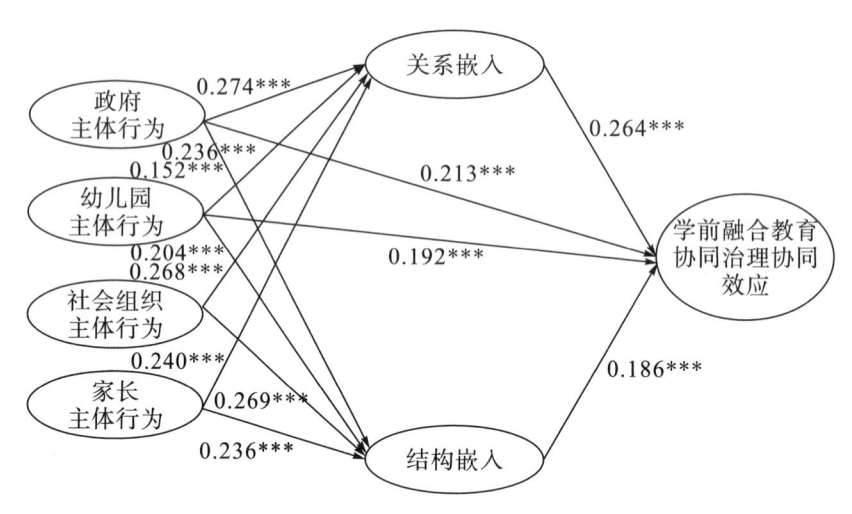

图 5-7 结构模型与路径系数

注：*** 表示 $P<0.001$。

根据模型的路径相关系数和各潜变量之间的关系，将其进行综合和汇总，最终得到研究假设检验结果，如表 5-33 所示。

表 5-33 假设检验结果

假设	假设描述	验证结果
H1	政府主体行为对学前融合教育协同治理关系嵌入具有正向影响	支持
H2	政府主体行为对学前融合教育协同治理结构嵌入具有正向影响	支持
H3	政府主体行为对学前融合教育协同治理协同效应的产生具有正向影响	支持
H4	幼儿园主体行为对学前融合教育协同治理关系嵌入具有正向影响	支持
H5	幼儿园主体行为对学前融合教育协同治理结构嵌入具有正向影响	支持
H6	幼儿园主体行为对学前融合教育协同治理协同效应的产生具有正向影响	支持
H7	社会组织主体行为对学前融合教育协同治理关系嵌入具有正向影响	支持
H8	社会组织主体行为对学前融合教育协同治理结构嵌入具有正向影响	支持
H9	社会组织主体行为对学前融合教育协同治理协同效应的产生具有正向影响	不支持
H10	家长主体行为对学前融合教育协同治理关系嵌入具有正向影响	支持
H11	家长主体行为对学前融合教育协同治理结构嵌入具有正向影响	支持
H12	家长主体行为对学前融合教育协同治理协同效应的产生具有正向影响	不支持

续表

假设	假设描述	验证结果
H13	学前融合教育协同治理关系嵌入对学前融合教育协同治理协同效应的产生具有正向影响	支持
H14	学前融合教育协同治理关系嵌入在政府主体行为对学前融合教育协同治理协同效应的影响中起中介作用	支持
H15	学前融合教育协同治理关系嵌入在幼儿园主体行为对学前融合教育协同治理协同效应的影响中起中介作用	支持
H16	学前融合教育协同治理关系嵌入在社会组织主体行为对学前融合教育协同治理协同效应的影响中起中介作用	支持
H17	学前融合教育协同治理关系嵌入在家长主体行为对学前融合教育协同治理协同效应的影响中起中介作用	支持
H18	学前融合教育协同治理结构嵌入对学前融合教育协同治理协同效应的产生具有正向影响	支持
H19	学前融合教育协同治理结构嵌入在政府主体行为对学前融合教育协同治理协同效应的影响中起中介作用	支持
H20	学前融合教育协同治理结构嵌入在幼儿园主体行为对学前融合教育协同治理协同效应的影响中起中介作用	支持
H21	学前融合教育协同治理结构嵌入在社会组织主体行为对学前融合教育协同治理协同效应的影响中起中介作用	支持
H22	学前融合教育协同治理结构嵌入在家长主体行为对学前融合教育协同治理协同效应的影响中起中介作用	支持

第四节　研究结果分析与讨论

一、政府主体行为对学前融合教育协同治理关系嵌入、结构嵌入和协同效应的影响

本书假设政府主体行为直接对学前融合教育协同治理关系嵌入、学前融合教育协同治理结构嵌入和学前融合教育协同治理协同效应的产生具有正向影响，实证研究结果表明，这三条研究假设（H1、H2、H3）均通过了验证，同研究的预期一致。

其中，政府主体行为对学前融合教育协同治理协同效应的产生直接影响的

效果为 0.213。除此以外，由中介变量分析得出的政府主体行为对学前融合教育协同治理协同效应通过关系嵌入与结构嵌入产生非常明显的中介效应，且影响效果为 0.116（0.274×0.264+0.236×0.186）。基于此，政府主体行为所产生的总体协同效应为 0.329（0.213+0.116），对比其他三方主体的总体协同效应 0.270、0.121、0.107 可以看出，政府主体行为在学前融合教育的多元主体协同治理中的影响效力最为明显。当政府主体在学前融合教育协同治理中的行为力度增强时，学前融合教育协同治理所产生的协同效应越大。此结论与宋官东（2012）[①]、李中原和庞立生（2020）[②] 的研究结论基本一致，政府在发展学前融合教育中的作用相当关键。中央政府为学前融合教育事业发展把握宏观方向、进行制度设计，在办好特殊教育、积极发展融合教育的国家重要战略部署下各级地方政府构建组织架构，通过相应职能部门发挥作用，转变对特殊需要儿童学前教育的"隔离式"发展观念，制定科学、合理、系统的学前融合教育政策法规，对学前融合教育事业的发展目标、组织、各主体的权责进行规范化的安排；通过规范多元主体的价值取向，对其他主体行为进行制度性的引导、规范、监督。制度化的建设直接关系到学前融合教育的有效落实，有利于促进其他主体参与学前融合教育协同治理，从而提升治理的协同效应。同时，政府主体行为对学前融合教育协同治理关系嵌入与结构嵌入均产生了正向影响，表明政府主体在促进学前融合教育协同治理网络形成与演进中发挥着重要作用。通过政府主体行为促进关系的嵌入与结构的嵌入，能够将不同主体纳入学前融合教育协同治理中。政府一方面以组织框架构建形成紧密的结构网络，另一方面通过创造条件与交流平台的搭建，能够促成主体间信任的产生与合作的发生，这与 Capaldo（2007）[③] 的研究结论一致。

在对样本各变量测量项的描述性统计分析中，政府主体行为所有题项的均值分别为 5.03、4.94、4.98、4.89、5.03、5.04，总体均值为 4.99，相对偏大，这就意味着被测者对政府主体重要性的认同程度较高，对政府主体在学前融合教育协同治理中发挥主导作用认同感较强。因此，在学前融合教育协同治理中，成立由发展改革、教育、卫生、民政、财政等职能部门构成的政府主导部门，站在"全民教育"与"终身教育"战略的高度，理解"教育公平"的深刻内涵，知晓学前融合教育协同治理的战略意义，从顶层设计学前融合教协

---

① 宋官东. 教育公共治理及其机制研究 [D]. 沈阳：东北大学，2012.

② 李中原，庞立生. 国家治理视角下高等教育协同治理机制构建研究 [J]. 现代教育管理，2020（1）：50—56.

③ CAPALDO A. Network structure and innovation: the leveraging of a dual network as a distinctive relational capability [J]. Strategic Management Journal，2007，28（6）：585—608.

同治理的框架，为学前融合教育协同治理发展指引方向。政府需要重视相互间的连接关系并积极促进合作互动机制的构建与完善，创造条件促成多元主体间协同模式的形成，使得多元主体互相明晰各自职责，明白其积极参与学前融合教育协同治理开展协同合作从国家和社会的长远发展来看是合作共赢的。

二、幼儿园主体行为对学前融合教育协同治理关系嵌入、结构嵌入和协同效应的影响

幼儿园主体行为对学前融合教育协同治理的影响路径包括三条：第一条是幼儿园主体行为对学前融合教育协同治理协同效应的产生具有正向影响，第二条是幼儿园主体行为对学前融合教育协同治理关系嵌入具有正向影响，第三条是幼儿园主体行为对学前融合教育协同治理结构嵌入具有正向影响。研究结果表明，这三条研究假设（H4、H5、H6）均通过了验证，同本研究的预期一致。经计算，幼儿园主体行为对学前融合教育协同治理的间接影响、总体影响和直接影响所得数值分别为 0.078、0.270、0.192。

幼儿园主体是学前融合教育的直接实践者，是学前融合教育服务的供给侧。第一条路径说明幼儿园主体直接关系到学前融合教育服务的供给，是学前融合教育协同治理协同效应在学前融合教育服务中的具体体现。在政府的主导下，幼儿园受到制度的引导规范，其自身应优化学前融合教育服务供给。例如，强化自身对学前融合教育理论与现实价值的认知，在教育公平端口为特殊需要儿童提供一定比例的学位、在学前融合教育实施过程中保障教育质量、加大园区教师实施融合教育的力度，促使学前融合教育实践朝着普特科学融合、循序渐进的方向发展。从内部影响来看，Baumfield（2003）认为教学法的改变将推动学校进一步走向融合：思维技能方法提供了强大的教学策略，构成了一个可管理的变革单元，并支持教师发展，这样有利于变革性学习的发生和包容性课堂氛围的营造[1]。幼儿园积极实践学前融合教育将有利于其自身的发展、师资力量的强化以及课程体系的有效开发。同时，幼儿园主体行为对学前融合教育协同治理关系嵌入与结构嵌入均具有正向影响，表明幼儿园在促进学前融合教育协同治理网络形成与演进中同样扮演着重要角色。幼儿园主体行为促进学前融合教育协同治理关系的嵌入与结构的嵌入，同样能够连接多元主体并促成相互之间信息、资源与专业技术的共享。因此，幼儿园参与学前融合教

---

[1] BAUMFIELD V. Democratic RE: preparing young people for citizenship [J]. British Journal of Religious Education, 2003, 25 (3): 173-184.

育协同治理的意愿与行为动机的产生需要政府建立相应的激励机制与保障机制。

三、社会组织主体行为对学前融合教育协同治理关系嵌入、结构嵌入和协同效应的影响

本书中社会组织主体行为是学前融合教育协同治理的社会层面的反映，假设社会组织主体行为对学前融合教育协同治理关系嵌入具有正向影响（H7），社会组织主体行为对学前融合教育协同治理结构嵌入具有正向影响（H8），社会组织主体行为对学前融合教育协同治理协同效应的产生具有正向影响（H9）。研究结果表明，社会组织主体行为对学前融合教育协同治理协同效应的产生具有正向影响的假设（H9）未能通过检验，但社会组织主体行为对关系嵌入与结构嵌入具有正向影响的假设（H7、H8）通过了检验，这同研究的预期一致。

社会组织主体行为并未对学前融合教育协同治理协同效应的产生具有正向影响，究其原因，一方面社会组织在我国学前融合教育发展过程中拥有的话语权较小，对学前融合教育事业的发展"自主性"不强。一些研究者认为，普遍地参与在一定程度上是管理中"民主"特征的重要体现，但不可忽视具体参与的实质即参与者是否真正对决策产生了影响，二者居于同等重要的地位。也就是说，社会组织参与学前融合教育协同治理，必须注重各主体是否会受到政策或者计划等因素产生的影响，尤其是决策中实质性的影响[①]。因此，激发社会组织积极参与学前融合教育协同治理需要充分重视社会组织在学前融合教育协同治理发展中的重要主体地位与影响力，客观认识其影响力的积极性与有效性，创造条件提升社会组织行为的合法性并促使其发挥作用，重视社会组织参与行为的实际效用。另一方面，社会组织尚且不能在大范围内为特殊需要儿童直接提供学前融合教育服务。在我国，学前阶段的特殊需要儿童接受学前融合教育，实现学前融合教育的"广覆盖"需依靠大量公立及普惠性幼儿园，社会组织直接对接的教育受众十分有限。

社会组织主体行为对关系嵌入与结构嵌入产生了影响，其影响效应分别为0.268、0.269，对比其他主体行为各自在关系嵌入与结构嵌入中的影响效应，可以看出社会组织主体行为对关系嵌入与结构嵌入的影响最为突出。学前融合教育协同治理的健康、有序发展需要社会组织广泛、积极并以多样化的形式参与。学前融合教育本身需要重点关注的群体是特殊需要儿童，社会组织应以

---

① 韦尔默. 后形而上学现代性［M］. 应奇，罗亚玲，译. 上海：上海译文出版社，2007：96.

"补偿式"的参与来开展服务,担当"保助者"的角色。社会组织在学前融合教育协同治理中推动治理关系网络的形成,从组织专业性角度来讲有利于学前融合教育协同治理工作开展的深度和广度,以便与其他多元主体形成长期密切稳定的协同合作关系,形成资源互补的结构网络,进而促使学前融合教育协同治理协同效应的提升。

四、家长主体行为对学前融合教育治理关系嵌入、结构嵌入以及协同效应的影响

本书中家长主体行为是社会公众主体行为的代表,假设家长主体行为对学前融合教育协同治理关系嵌入具有正向影响(H10),家长主体行为对学前融合教育协同治理结构嵌入具有正向影响(H11),家长主体行为对学前融合教育协同治理协同效应的产生具有正向影响(H12)。研究结果显示,家长主体行为对学前融合教育协同治理协同效应的产生具有正向影响的假设(H12)并未通过检验,但家长主体行为对学前融合教育协同治理关系嵌入与结构嵌入具有正向影响的假设(H10、H11)通过了验证。

家长主体行为对学前融合教育协同治理协同效应的产生具有正向影响的假设未能通过检验,在一定程度上说明家长在学前融合教育协同治理中的直接参与度并不高,在实施操作层面并未实现有效参与。家长在学前融合教育协同治理中并未享有相应的知情权等权利,因此家长参与学前融合教育协同治理的积极性较低。从家长主体行为对学前融合教育协同治理关系嵌入与结构嵌入具有正向影响的假设通过检验可以看出,家长作为学前融合教育实现"家—校—社"共育的微观层面,是特殊需要儿童的直接照顾者与教育者,承担着家庭教育的责任与义务,是学前融合教育的参与者,同时也是最终受益者。研究结果显示家长对学前融合教育协同治理的认知、参与、话语等权利均需要加强。这同 Wolfendale(1992)的研究结论一致,他强调父母可以作为融合教育推进的重要合作伙伴,需要充分考虑权利、平等、互惠以及赋权[①]等四个方面的关键要素,以增加家长与家庭参与融合教育协同治理的协同合作。因此,一方面,在学前融合教育协同治理中,尤其要提升家长的参与权、话语权,充分了解学前融合教育需求侧的变化,为学前融合教育服务、普特融合、医教结合服务供给侧改革提供导向。在此过程中需要注意的是,互惠参与的前提是每个参与的

---

① WOLFENDALE S. Empowering parents and teachers: working for children [M]. London: Cassell, 1992: 231.

人都贡献和共享信息、专业知识，并最终对行动和决策负责。Todd（1996）在其研究中也指出，当家长们知道并确信他们的贡献是有价值的，其参与意愿与行为力度会大大提升[①]，思想会转变，其对学前融合教育发展的认知度、认可度与接纳度会提升，进而更好地理解学前融合教育的社会价值。在学前融合教育服务层面，要加强公众的学前融合教育指导，提高家长的融合教育意识，引导家长积极参与学前融合教育协同治理，与其他主体建立密切联系，同时帮助家长充分了解自身与儿童的权利，使他们的权利得到保障，这意味着他们将有权获得尽可能多的有关学前融合教育发展的信息，获得更多知情权、话语权；营造"平等尊重"氛围，将特殊需要儿童家长与普通儿童家长共同纳入学前融合教育协同治理过程中，提升社会大众的融合意识。创造良好的互动沟通平台与互动机制，通过"赋权"形式帮助家长表达期望和需要，确保家长的诉求与呼声被听到。在此过程中，家长不是被动的，他们拥有表达自己的观点和建议以影响融合教育发展进程的固有权利，进而与其他主体形成平等、良好、互惠的伙伴关系，以提升学前融合教育协同治理协同效应。

五、学前融合教育协同治理关系嵌入与结构嵌入在各主体行为与协同效应关系中的中介作用分析

本研究选取关系嵌入及结构嵌入作为中介变量，共提出了十条假设：学前融合教育协同治理关系嵌入对学前融合教育协同治理协同效应的产生具有正向影响（H13），学前融合教育协同治理关系嵌入在政府主体行为对学前融合教育协同治理协同效应的影响中起中介作用（H14），学前融合教育协同治理关系嵌入在幼儿园主体行为对学前融合教育协同治理协同效应的影响中起中介作用（H15），学前融合教育协同治理关系嵌入在社会组织主体行为对学前融合教育协同治理协同效应的影响中起中介作用（H16），学前融合教育协同治理关系嵌入在家长主体行为对学前融合教育协同治理协同效应的影响中起中介作用（H17），学前融合教育协同治理结构嵌入对学前融合教育协同治理协同效应的产生具有正向影响（H18），学前融合教育协同治理结构嵌入在政府主体行为对学前融合教育协同治理协同效应的影响中起中介作用（H19），学前融合教育协同治理结构嵌入在幼儿园主体行为对学前融合教育协同治理协同效应的影响中起中介作用（H20），学前融合教育协同治理结构嵌入在社会组织主

---

① TODD Z. Handbook of qualitative research methods in psychology and the social sciences [M]. Leicester: British Psychological Society Books, 1996: 78.

体行为对学前融合教育协同治理协同效应的影响中起中介作用（H21），学前融合教育协同治理结构嵌入在家长主体行为对学前融合教育协同治理协同效应的影响中起中介作用（H22）。这十条假设均通过了验证，与本书研究预期一致。

学前融合教育协同治理关系嵌入对学前融合教育协同治理协同效应的产生具有正向影响这一路径关系结果说明，多元化的关系嵌入能够有效提升学前融合教育协同治理的协同效应。因此，我们应该致力于构建基于信任的关系导向型嵌入构型。学前融合教育协同治理本身是一项复杂程度较高的工作，仅仅依靠单一主体来完成，显然很难拥有学前融合教育实践所需的全部知识与资源，开展跨组织的相互合作，能够通过向外部环境中的其他主体寻求帮助与支持进行相应的获取与互换。随着多元主体总体的参与积极性得到提高，各主体在整个网络中所处的关系从早期的松散形式逐渐发展成为紧密态势。在嵌入性理论看来，分析合作伙伴拥有的关系时，需要从多角度和全方位来进行，如关系维持时间的长短或合作强度的大小等。对这种关系进行分析，一方面，能够判别各主体相互间是否拥有信任关系；另一方面，更能基于已有关系加以强化，推动总体目标的快速实现，从而促进学前融合教育协同治理过程的稳步推进，提升学前融合教育协同治理的协同效应。

学前融合教育协同治理结构嵌入对学前融合教育协同治理协同效应的产生具有正向影响这一路径关系结果说明，系统性的结构嵌入能够提升学前融合教育协同治理的协同效应。研究结果证实结构嵌入的网络规模等要素正向影响了学前融合教育协同治理协同效应的产生。因此，我们应该充分发挥各个主体在网络中结构位置的作用，并将其看作增强各方主体能力的重要途径，通过调整学前融合教育协同治理网络结构嵌入性提升信息与技术整合、方法更新和主体间协同的水平，进而提升学前融合教育协同治理协同效应。

此外，实证研究结果表明，政府主体、幼儿园主体、社会组织主体和家长主体四大主体行为均通过学前融合教育协同治理关系嵌入与结构嵌入对学前融合教育协同治理协同效应产生了间接性的影响。

就政府主体而言，通过多元化关系嵌入与系统性结构嵌入，多元主体交流频率增加与互补性资源共享规模的扩大，政府能够为学前融合教育协同治理提供重要保障，即政府主体是学前融合教育嵌入性形成的推动者，这与蒋永甫（2021）[1]的研究结论一致。首先，政府主体应促进社会网络中的多元主体保

---

[1] 蒋永甫. 农村环境治理中政府主导与农民参与良性互动的实现路径——基于行动的"嵌入性理论"视角 [J]. 云南大学学报（社会科学版），2021，20（5）：117-124.

持密切联系，并强化其主体性，明晰学前融合教育的共同目标，规定多元主体的责任和义务。其次，政府将不同主体纳入学前融合教育协同治理中，政府主体通过创造条件与搭建交流平台能够促进主体间信任的产生，因为主体间的关系嵌入本身带有信任属性，这种属性能够帮助各主体共同解决遇到的问题，进而增加协同治理的机会。最后，政府应为网络中的多元主体互动与合作创造条件，搭建交流互动平台以提升各主体的资源开放度与共享程度，为各主体参与学前融合教育协同治理获得多方信息咨询、专业教育知识与技能、专业人才以及关于未来发展方向等方面的支持，有效促进学前融合教育多元主体协同治理协同效应的提升。

就幼儿园主体而言，关系嵌入的影响路径说明幼儿园主体行为以多元化的关系嵌入有利于提升学前融合教育协同治理的协同效应。关系嵌入强调多元主体通过交流、信任、互惠等方式建立起协同合作伙伴关系，这直接关系到后续协同行为的展开、运行情况以及协同效应的提升[1]。幼儿园主体通过与其他主体建立合作关系，从他方获取园区发展学前融合教育的重要信息与资源，能够为广大儿童提供保质保量的学前融合教育，满足社会公众对教育公平的诉求，以提升学前融合教育协同治理的协同效应。结构嵌入的影响路径说明幼儿园主体行为以系统化的结构嵌入有利于提升学前融合教育协同治理的协同效应。结构嵌入能够用于分析主体行为是否受到关系质量或者物质交换情况等因素产生的影响[2]。幼儿园主体通过政府搭建的沟通互动平台与其他主体建立合作关系，实现不同主体间的资源互补，提升资源利用率，从而提升学前融合教育协同治理协同效应。

就社会组织主体而言，社会组织主体行为通过关系嵌入与结构嵌入对学前融合教育协同治理协同效应产生了影响，其间接影响的协同效应为 0.105。善治理论明确提出，多元主体必须共同推动有效"共治"局面的形成，这对于维护多元主体关系，扩大现有的公共利益等有一定的帮助。社会组织主体在学前融合教育协同治理中的广泛积极参与，从组织专业性角度来讲有利于学前融合教育协同治理深度和广度的扩展，其通过与其他多元主体形成长期密切稳定的协同合作关系，构建资源互补的结构网络，进而提升学前融合教育协同治理协同效应。

Washbrook（2010）指出，任何旨在确保融合教育战略的有效性必须依赖

---

[1] 李奇峰. 嵌入性视角下校企协同创新资源整合研究 [D]. 大连：大连理工大学，2020.
[2] UZZI B. Social structure and competition in interfirm networks: the paradox of embeddedness [J]. Administrative Science Quarterly, 1997, 42 (1): 37-69.

于儿童及其家庭积极参与决策的全过程[①]。就家长主体而言,当家长主体行为通过关系嵌入与结构嵌入与其他主体形成紧密连结与相互合作时,家长主体开始真正参与学前融合教育协同治理。在 Pemberton 和 Mason(2009)的研究中也得出了相似的结论,父母与儿童双方均是融合教育协同治理的主要受益者,家长通过积极参与亦可以成为"教育孩子的专家"。家长在参与学前融合教育协同治理的过程中,其自我效能感将得到有效提升[②]。因此,对于家长主体的赋权十分重要,通过提供机会与创造条件促使家长主体与其他主体建立合作伙伴关系,让他们有信心参与并表达意见,从而能够提升学前融合教育协同治理的协同效应。

[①] WASHBROOK E. Low income and early cognitive development [M]. London:Sutton Trust,2010:231.

[②] PEMBERTON S,MASON J. Co－production and Sure Start children's centres:reflecting upon users', perspectives and implications for service delivery, planning and evaluation [J]. Social Policy and Society,2009,8(1):13－24.

第六章　学前融合教育协同治理行为对协同效应影响程度的系统动力学仿真实验分析

在前述章节中，分别对学前融合教育的多元主体进行了识别与角色功能分析、协同行为策略选择分析，并通过结构方程建模的实证研究方法确定了多元主体协同治理中的各变量间相互影响关系与具体影响路径。然而，学前融合教育的协同治理是一个动态过程，处于十分复杂的系统之中，且服务的目标客体是学前儿童，其具有显著的发展特征。鉴于路径系数在定量分析影响程度方面的局限性，因其不足以充分把握学前融合教育协同治理的动态变化，因此，本章尝试将主体行为对结果的影响关系与路径置于系统之中，以系统视角审视学前融合教育协同治理的多元主体系统中的各主体各自所在子系统的运作与互动，从而发挥系统功能且产生协同效应。本章根据系统理论，在前文获取的实证数据基础之上，结合现有文献，利用 Vensim PLE 软件，进一步构建了我国学前融合教育协同治理的多元主体系统模型，并通过系统动力学的方法对其展开仿真实验分析，从而鉴别出不同主体行为对协同治理结果（以协同效应为例）的影响程度，优化了多元主体行为对协同效应影响程度的量化评估路径，同时发现其中隐藏的潜在规律，为学前融合教育协同治理协同效应的提升提供理论指导和强有力的实践依据。

第一节　多元主体系统理论分析

针对学前融合教育协同治理"多元但未充分协同甚至不协同"的现状所带来的一些弊端，以系统理论中关于系统构成要素、系统结构、系统特征等方面对协同治理进行解构，并结合可持续发展思想为解决当下学前融合教育协同治理所出现的问题提供有效的解决方案，打破原有"各自为政"的不利局面，促进学前融合教育协同治理中的多元主体实现聚合发展，打造一个协同合作、互惠互利、可持续发展的学前融合教育协同治理多元主体系统。

一、学前融合教育协同治理的多元主体系统界定

目前，主体有关的概念已被灵活运用于包括计算机、AI、经济等领域。综上所述，本书中的主体是指在学前融合教育协同治理活动中能够自由、自主选择行为目标和行为方式，能够独立承担行为后果和获得收益的能动的有机体的集合。在前面章节，笔者已经从宏观层面对学前融合教育协同治理中的多元主体进行了识别，具体包括政府、幼儿园、社会组织与家长四类主体。其中，政府具备主导、管理、规制、监管等职能，幼儿园是教育产品和服务的提供者、执行者，社会组织为学前融合教育发展提供技术、智力、人才等服务，家长以协同参与实践。

多元主体系统是由一组在系统结构中分别担任不同角色的主体及其在一定环境里的多种关系作用下耦合而成的系统。在多元主体系统中，群体活动主要通过单个主体自身内部活动和多个主体间的相互活动构成。单个主体在资源、能力、信念方面具有局限性，系统中的多个主体之间通过群体活动实现整个系统的以及自身的功能和目标，表现出主体具有强烈的主动性、交互性、协作性等特征。多元主体系统广泛存在于社会、经济、自然生态等领域，复杂适应系统便是其中之一，它是由一些多元或多个主体通过相互耦合和相互适应，形成的一种有序状态的系统。

以生态学视角来看，在自然界中，主体所代表的是某些富有生命力的有机体，可以在完整的生态系统中获得生存和发展。而一些关联程度较高的主体主要是利用有效的收益分配方式和健全的合作机制等来建立合作与沟通桥梁，实现相互促进与共同发展。本质上这些主体在系统中属于命运共同体。组织生态系统概念来源于自然生态系统，由英国植物生态学家 Tansley（1935）在其发表的《生态学》一文中首次提出。根据其定义，所谓生态系统，即一定时间和一定范围内，由生物成分和非生物成分组成的一个具体大小、能够执行某些功能或者是决定，并让各项资源或者能量实现相互分享和互相传递的自然实体。正常情况下，系统是否具备超强稳定性，在很大程度上会受到系统中各成分变化情况的影响。从某种意义上而言，自然生态和组织生态两种系统有着较高的一致性，均以生存为核心，以发展为导向，拥有从诞生到衰亡的完整生命周期[①]。从本质上讲，组织生态系统主要基于生存与发展的目的，延续生态学

---

① 胡斌，章仁俊. 企业生态系统的动态演化机制研究［J］. 世界标准化与质量管理，2008（8）：4-8.

的思维逻辑与相关原理，通过价值传递来实现自身与外部的资源与能量的互换，在此过程中将对系统整体产生非常明显的交互作用与影响。一个复杂程度较高的适应性系统，由于系统中的各成员做出的行为均会影响系统的运行，因而为了系统实现良性循环发展，应让组织成员实现分工合作，相互促进，共同发展。

在学前融合教育协同治理过程中，主要是以单个或者多个子系统通过有效的协调和互相合作来实现对现有资源和物质的整合，发挥出资源与物质的最大价值。就协同效应而言，其主要产生于主体相互作用之中，对系统实现良性循环与可持续发展颇有裨益。学前融合教育协同治理中的多元主体之间存在着广泛的物质、信息和能量的交换，通过多个主体之间以及主体与环境之间的交互，促进多元主体系统不断适应、进化、发展，进而构成复杂的学前融合教育多元主体协同治理生态链。"生态链"有着明显的"价值链"的特性，体现为物质流、能量流、资金流、信息流和知识流同时、同步地流动。相较于自然生态链中涵盖的食物链，学前融合教育协同治理的价值链与之有着巨大差异，这种差异主要表现在主体关系层面，前者关系为吃和被吃，而后者关系则为利益或价值的交换。多元主体价值链的相互交叉连接，形成了与自然生态系统中的"食物网"类似的功能网络结构——价值网。政府、幼儿园、社会组织、家长等相关主体在学前融合教育协同治理过程中肩负着推动该事业持续发展的重大使命，这些主体通过搭建信任互惠关系，实现优势互补，进而形成了一个以共同目标和共同利益的实现为核心凝聚力的生态适应系统。

本书借鉴了系统理论中关于复杂适应系统和组织生态系统的分析要素，以生态学中的隐喻方式为基础，从生态角度界定学前融合教育协同治理的多元主体系统的相关概念与内涵。学前融合教育协同治理的多元主体系统是指在价值传递与共同目标的导向下，各学前融合教育协同治理相关主体构成相互关联、相互影响、高效协同、共同进化的具备自我调节能力及自组织特征的有机统一整体。具体而言，该多元主体系统是由不同主体在学前融合教育协同治理的分工与协作过程中，依靠各类"流"的形式而形成一种关系密切、结构完整的多元主体共生系统，包括以政府主体为核心的政府子系统、以幼儿园主体为核心的幼儿园子系统、以社会组织主体为核心的社会组织子系统以及以家长为核心的家庭子系统。基于生态学视角分析，由于该系统具有典型组织生态系统特征且隶属于复杂适应系统范畴，因而可将其视为一类由多元主体构成的复杂适应系统，其拥有众多典型优势，例如自我调节、自我催化、自我控制等，因而能够为系统发展和各主体发展提供强有力的保障与支撑。以系统演化视角来看，学前融合教育协同治理的多元主体系统通过治理过程中的资源服务供给、运作、管理等方式来让各主体实现相互间协同合作，互惠互利，促进系统朝着更好的方向演化和发展。

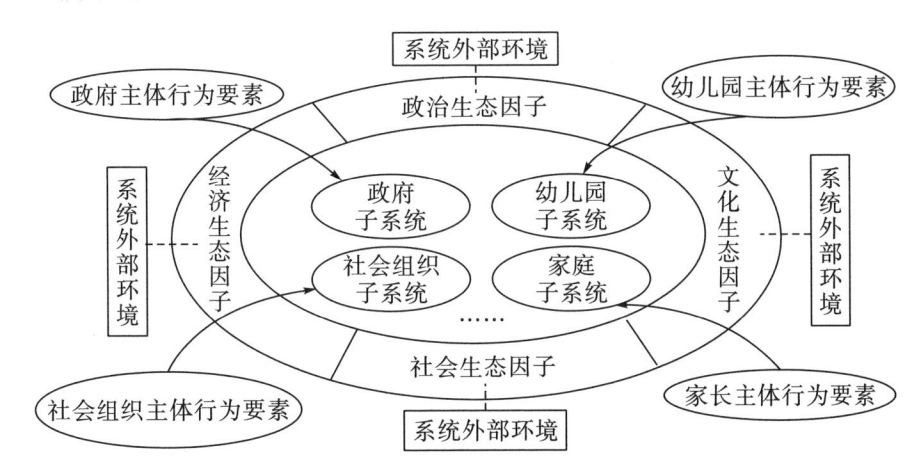

二、学前融合教育协同治理的多元主体系统构成要素

不同主体基于学前融合教育协同治理过程中的专业化分工与权责的明晰而具备不同的主体功能与行为，各自扮演着不同角色，各自展开的行为被视为子系统中的行为要素。学前融合教育协同治理多元主体系统要实现良性运转，依赖于各主体发挥出其自身在系统中的最大效用。此外，本书将学前融合教育协同治理的多元主体系统外部涉及的各项核心要素视为外部环境，其所涵盖的包括政治、经济、文化和社会等生态因子通过相互联系和动态演化从而形成了有机的整体。但由于本书着重考量的是主体及其微观行为要素，因此宏观外部环境因子并不作为本次建模的因子考虑，在此仅作为图像展示。学前融合教育协同治理的多元主体系统构成要素如图6-1所示。类比自然生态系统，本书认为学前融合教育协同治理的多元主体系统构成要素与自然生态系统构成要素具有相似性，都由多种多样的主体组成，且这些主体相互间存在密切关联（如表6-1所示）。

图6-1 学前融合教育协同治理的多元主体系统构成要素

表 6-1 学前融合教育协同治理的多元主体系统与自然生态系统类比

类比要素	自然生态系统	学前融合教育协同治理的多元主体系统
系统主体	植物、动物、微生物等有机个体	学前融合教育协同治理各子系统
多样性	不同营养等级、不同类型物种	与学前融合教育协同治理相关主体
要素间关系	各种生物相互作用、相互适应	各主体间、主体组织间相互作用、相互适应
层次结构	系统、群落、生物个体	系统、群体、微观主体
价值结构	食物链	治理生态链
空间特征	聚集在一定的地理区域范畴	聚集在一定的社会经济区域范畴
生命周期	诞生、形成、发展、衰退或进化	产生、成长、成熟、衰退或进化
适应能力	具备一定的适应能力	具备高智能和主动适应能力
发展方式	物竞天择，适者生存	优胜劣汰，共同进化
与环境的关系	不能改变环境，只能适应环境	不仅能适应环境，并且能主动改造环境

三、学前融合教育协同治理的多元主体系统层次结构

复杂适应系统的明显特征就是它具有多层次结构，同样在学前融合教育协同治理的多元主体系统中也有着三种不同的层次结构，具体体现为主体层、群体层及系统层。可将该系统视为由多个不同的"微观主体"构成，由此可见，系统拥有极高的复杂性。学前融合教育协同治理的多元主体系统层次结构如图 6-2 所示。

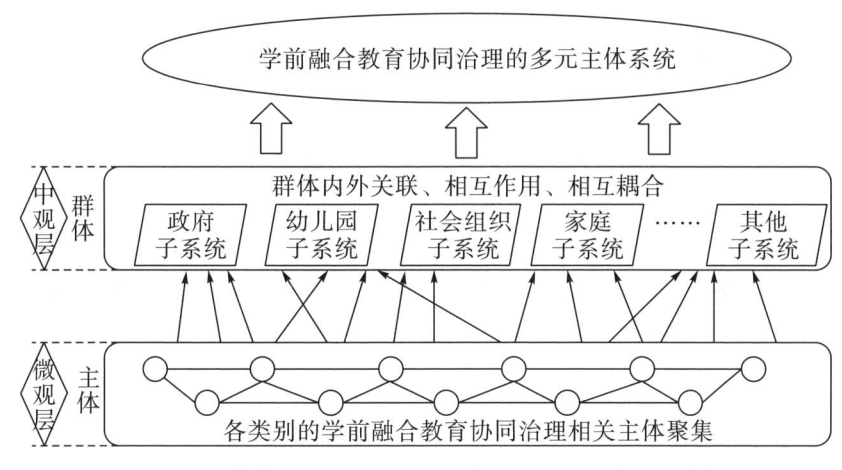

图 6-2 学前融合教育协同治理的多元主体系统层次结构

其中,学前融合教育协同治理的微观主体,即在学前融合教育协同治理中拥有自治能力的主动适应性主体,既可作为学前融合教育服务需求主体,也可作为学前融合教育供给主体,可以是政府、社区、学校、家庭、社会组织,或者是由以上主体共同构成的环境主体。这些主体在特定环境中形成一个完整的群体组织。这里的群体主要指的是,学前融合教育协同治理多元主体系统中主要以治理任务为核心,以职能分工与相互协同为基础而形成的完整主体集合。不同治理群体属性和角色有所差异,拥有不同的资源,子系统中还存在着层次嵌套关系。这些子系统利用复杂的方式来进行内外关联,进而共同构成学前融合教育协同治理的多元主体系统。

四、学前融合教育协同治理的多元主体系统特征

与一般系统相比,学前融合教育协同治理的多元主体系统不仅拥有其共同属性(包括相关性、目的性、动态性等),还具备生态系统的属性特征。

(一)自治性

在学前融合教育协同治理中,多元主体系统表现出的自治性十分明显,且拥有一定的生命周期性,各主体能够在遵循治理要求的基础上,不断扩大自身功能与价值,以自主的方式来提供部分服务,在分工导向下实现自我发展。自治性在本质上讲同样体现了显著的相对性特征,究其根源主要是在治理环境中,系统内的各主体和系统外的各主体会受到环境或者是其他因素的影响,从而产生有效的交互作用,并随着环境变化而持续发生相应的改变。

（二）多样性

多样性由生态学提出，其与自然生态系统的特性具有内在的一致性。多样性对于推动学前融合教育协同治理的多元主体系统发展和维持其生态平衡非常重要。学前融合教育协同治理的多元主体系统由政府、幼儿园、社会组织、家庭等群体子系统构成，而各群体子系统又涵盖不同层级的主体，不断地分层为系统带来了"物种"的多样性，同时每一类主体本身也具有多样性。此外，多种因素均可能对学前融合教育协同治理的多元主体系统产生不同影响，如环境、资源、技术等，这也在一定程度上强化了多样性的特征。

（三）开放性

按照系统关联情况和资源交换情况来对系统进行划分，可将其分为三种类型：孤立系统、封闭系统与开放系统。本质而言，学前融合教育协同治理活动中的各参与主体构建出的系统属于开放系统范畴，其能够通过与社会、政治等多系统进行各项资源的互换，以此来确保整个治理活动的有效运行。而在此开放性特征的影响下，各主体利用高效的协同与合作以发挥出其本身的作用和价值，促使资源利用率得到极大提升，进而促进学前融合教育事业的整体有序发展。

（四）自适应性

学前融合教育协同治理的多元主体系统的显著特征为自适应性，原因在于该系统主要由多个不同的微观主体结合构成。系统能够实现进化的根本动因在于微观主体本身能够感应、有效辨别外部环境的变化，并发挥其主观能动性展开自我调整、优化与适应，同时能够反作用于外部环境，使环境能够朝着更利于主体发展的方向和趋势演化。

（五）自组织性

在学前融合教育协同治理活动中，若干具有积极性、主动性、适应性、能动性的主体共同构成了多元主体系统，这些主体的各自成员包括政府部门的管理人员、幼儿园与社会组织的管理者等。这些主体具有高度的自组织性，他们能在与环境相互作用的过程中，不断调整、组织、优化内部结构与功能，制定、修改、完善学前融合教育发展相关规划和规章制度，改善主体之间的关系，优化治理环境，促进学前融合教育事业的可持续发展。因此，学前融合教育协同治理可被视为自组织系统，其新的结构形成与新的功能产生能够通过自身的演化得以实现。

(六) 共生进化性

将学前融合教育协同治理生态链作为学前融合教育协同治理的多元主体系统的纽带，多个微观主体通过取长补短、资源共享和互惠互利等方式形成利益共同体，进而加快系统内部资源的高效流通，以提高系统运行环节的稳定性和效用性。受到各主体相互作用的影响，不同主体做出的行为存在差异，其又会对其他主体产生影响。在此循环过程中，各成员主体间需要通过协同合作、相互借鉴、互相学习以适应变化中的具体环境，最终实现共生进化。与此同时，学前融合教育多元主体之间的协同治理以各主体的动态需求为核心，将组织或者个体利用有效连结归于协同系统之中，整个协同治理环节会呈现出明显的系统性或互动性等特征。所谓互动性，主要是指多元主体间需要建立信任、互惠的关系模式进行资源的互补与流通，通过协同的过程推动治理进程并不断调整尝试创新治理模式，优化协同关系，以提升协同效应。而系统性是指多元主体在面对协同困境与问题时，出于对各种复杂问题的综合考虑，会考虑将更多的次重要主体纳入其原有系统中，使协同过程更显变化性和动态化。多元主体始终需要围绕学前融合教育协同治理目标参与整个协同治理过程，其结构的系统性将为多元主体践行学前融合教育理念搭建桥梁，使学前融合教育协同治理在协同化的过程中形成良性的系统循环。

第二节 系统因果关系分析

"凡系统必有结构，系统结构决定系统功能"作为系统动力学的核心思想之一被反复提到。通过系统内部结构探索问题的主要手段是从系统构成要素之间互为因果的反馈关系入手，而不是通过随机事件或者外部干扰研究复杂系统和动态行为。

一、基本前提假设

建立系统动力学模型是研究动态系统的主要方法，在具体建模过程中需要重点审视关键因素。结合本书研究主题，为进一步明晰学前融合教育协同治理的多元主体系统模型的系统边界，提出了下述的前提假设：

假设一：科学地构建系统动力学模型时依赖于系统拥有明确的边界，根据前面研究，将学前融合教育协同治理的多元主体生态系统分为政府子系统、幼儿园子系统、社会组织子系统及家庭子系统四个子系统。上述系统对学前融合教育协同治理协同效应及具体的学前融合教育成果产生影响，该模型的系统边界包含上述四个子系统。

假设二：鉴于学前融合教育作用于学前儿童的连续性以及多元主体在协同治理过程中所遇问题的不确定性，并依托学前融合教育定义特征，可以将仿真时长设置为3~6岁的36个月（3~4岁、4~5岁、5~6岁），多元主体围绕学前融合教育发展的战略目标与主题进行协同治理与探索，其协同效应与具体所取得的学前融合教育成果的表现也是在一定时间内逐步形成的。

假设三：政府、幼儿园、社会组织及家庭这四个子系统会随着时间而演化，学前融合教育协同治理的多元主体生态系统亦随之发生变化，其所带来的协同效应也会发生变化；而且随着学前儿童年龄的增长，接受学前融合教育后取得的成果也会发生变化，即学前融合教育协同治理的生态系统随时间而发生变化。

假设四：学前融合教育协同治理的多元主体系统仿真主要研究普通儿童和特殊需要儿童共同接受学前融合教育提供保障和服务的多元主体所在系统随时间变化而发生的演化，对其他非正常情况导致的系统运行受阻或崩溃等状况不予考虑。

二、系统因果关系分析

政府子系统、幼儿园子系统、社会组织子系统及家庭子系统是影响学前融合教育协同治理系统整体功能效果的四大关键模块。通过文献研究及实证研究，并结合相关专家访谈归纳分析出对上述各子系统的相关影响因素，绘制各子系统和整体系统的因果关系图，进一步厘清相应的作用关系与机制。

（一）政府子系统

学前融合教育协同治理的政府子系统因果关系如图6-3所示。前面的数据分析结果证明，学前融合教育协同治理中的政府主体行为对协同效应产生直接影响，并且通过关系嵌入与结构嵌入对协同效应产生间接影响。各要素组成因子的分析结果显示，政府主体行为的组成因子均对协同效应的组成因子有显著的正向影响。故认为政府主体对学前融合教育协同治理协同效应产生直接影响，包括战略目标设定的科学程度、组织架构的合理程度、顶层设计的完善程度、资源保障的充足程度、监管执行的力度以及理念树立的深入程度等，进而影响学前融合教育协同治理效果。科学的战略目标能够为学前融合教育及其协同治理指明方向，合理的组织架构、完善的顶层设计以及充足的资源保障，可以进一步丰富学前融合教育协同治理环境和提高学前融合教育质量：以相应的权利政策和无障碍条款确保全体儿童都有权在社会中接受学前教育；以国家顶层设计层面的融合课程规划及其标准设定、融合教育师资培育、融合教育质量监测能够有效促进学前融合教育在实践中的"提质增效"；以教育政策相关研究与成果为学前融合教育发展提供支撑。而监管执行的力度则直接决定了政府主体在学前融合教育协同治理的生态系统中的地位和对其他主体子系统的影响。融合教育理念在政府主体中的深入将促成一系列主体行为的产生，进而不断提升学前融合教育协同治理协同效应以及学前融合教育的效果。

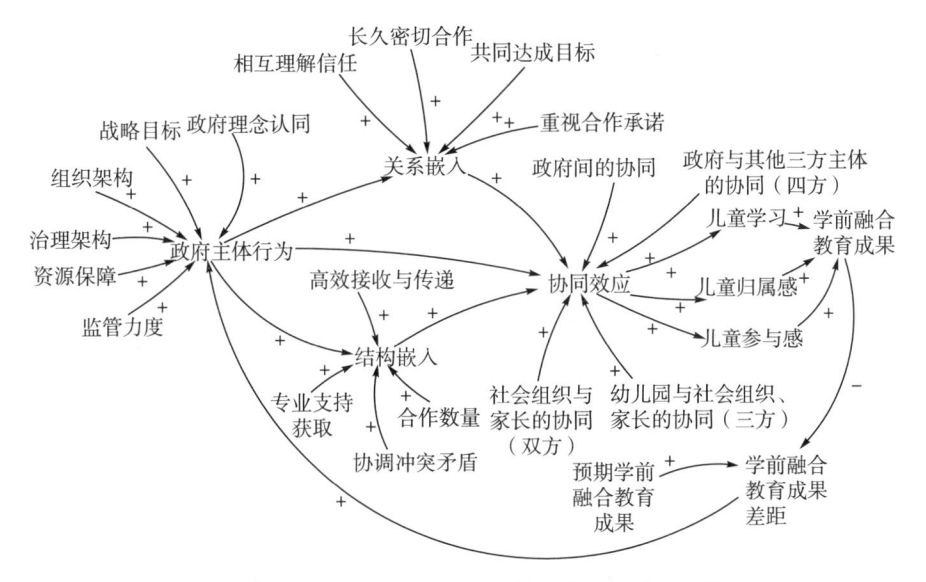

图 6-3 学前融合教育协同治理的政府子系统因果关系

（二）幼儿园子系统

幼儿园作为与学前儿童联系最为直接、紧密的主体，与其相关的学前融合教育协同治理的幼儿园子系统因果关系如图 6-4 所示。由第五章可知，幼儿园主体行为对协同效应产生直接影响，并且通过关系嵌入与结构嵌入对协同效应产生间接影响。各要素组成因子的分析结果显示，幼儿园主体行为的组成因子均对协同效应的组成因子有显著的正向影响，即幼儿园主体对学前融合教育协同治理协同效应产生直接影响，包括执行力度、理念认同、"家校社"合作平台构建、园区融合文化氛围以及资源教室建设和利用等因素，进而影响学前融合教育协同治理效果。研究显示，幼儿园为儿童提供环境支持，通过可访问

（可及性）和全面的学习环境、合格的教师员工、负责人（领导）的融合素养以及与其他主体的多方协同合作来欢迎每个儿童和家庭。幼儿园对学前融合教育理念的认同将促进其实践行为的产生。基于学前融合教育发展的需要，幼儿园会进一步探索"家校社"合作平台建设以丰富教育形式与教育载体，高素质、高水平的学前教育师资力量以及园区内融合与包容的环境氛围是幼儿园实践学前融合教育软实力的体现，资源教室建设和利用则是硬件配套的展现。幼儿园对学前融合教育的认知理解与实施在很大程度上取决于幼儿园领导，幼儿园领导的不认可和懈怠会直接导致学前融合教育协同治理协同效应的降低，学前融合教育协同治理效果随之下降。

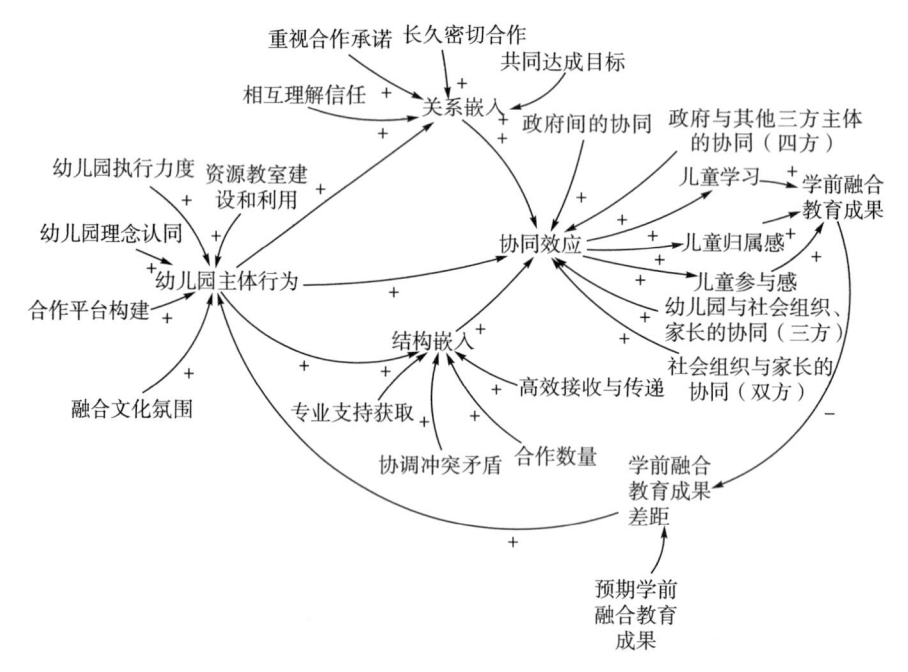

图6-4　学前融合教育协同治理的幼儿园子系统因果关系

（三）社会组织子系统

学前融合教育协同治理的社会组织子系统因果关系如图6-5所示。由第五章可知，社会组织对整个系统能产生支持作用，社会组织主体行为并未对协同效应产生直接影响，但通过关系嵌入与结构嵌入对协同效应产生间接影响。各要素组成因子的分析结果显示，社会组织主体行为的组成因子通过关系嵌入和结构嵌入对协同效应的组成因子有显著的正向影响，即社会组织对学前融合教育协同治理协同效应产生间接影响，包括执行力度、专业优质服务供给、社会责任履行、话语权的发挥以及作为第三方参与治理的监督与问责功能的发挥等，进而影响学前融合教育协同治理效果。但从相关文献成果和西方发达国家的治理经验来看，社会组织在推动以学前融合教育为分支的国家融合教育事业发展进程中发挥着极为重要的作用，社会组织的部分组成因子能够明显对学前融合教育协同治理协同效应产生影响。因此，这里也认为社会组织能够对学前融合教育协同治理协同效应产生直接影响。社会组织主体对学前融合教育协同治理的支持与执行力度是其主体行为践行的关键。专业优质的服务供给是社会组织就政府购买的学前融合教育服务包括硬件设施协助供给以及专业人员和专业知识等软件设施的提供。专业优质的服务供给能够弥补政府与幼儿园在专业领域的不足，以提升学前融合教育协同治理的协同效应，同时直接作用于儿童与教师，对学前融合教育协同治理效果产生直接正向影响。同时，由于学前融合教育所服务的是全体儿童，社会组织对该群体的发展应肩负一定的社会责任，其公共服务精神的发挥能够推动学前融合教育协同治理取得成效。而社会组织就学前融合教育发展话语权的发挥以及作为第三方参与治理机构对治理过程进行监督与问责，是其本身力量壮大的重要体现，有利于形成更大的社会服务网络，同样将提升协同效应及学前融合教育协同治理的效果。

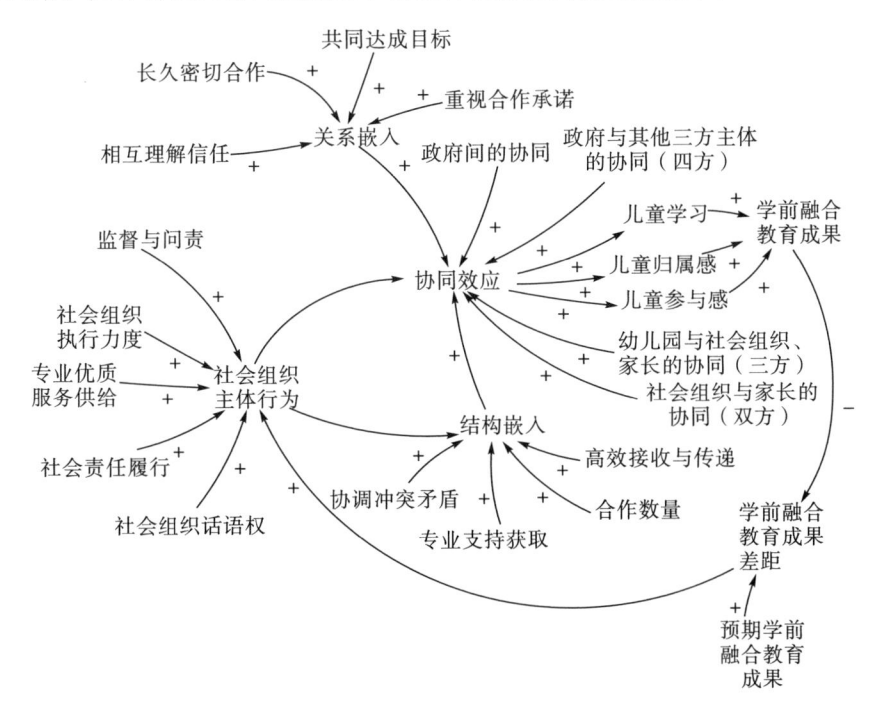

图 6-5 学前融合教育协同治理的社会组织子系统因果关系

(四) 家庭子系统

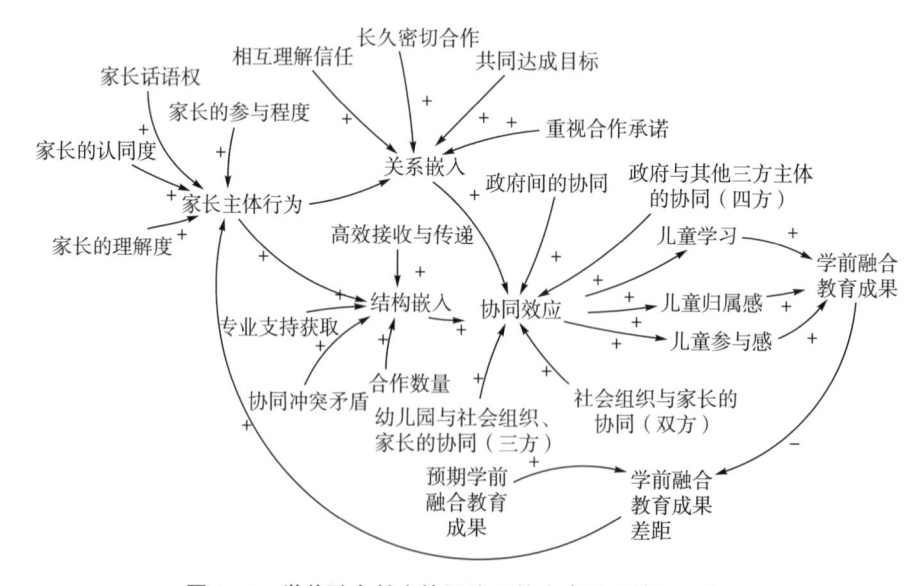

学前融合教育协同治理的家庭子系统因果关系如图 6-6 所示。由第五章可知，家长主体行为并未对协同效应产生直接影响，但通过关系嵌入与结构嵌入对协同效应产生了间接影响。各要素组成因子的分析结果显示，家长主体行为的组成因子通过关系嵌入和结构嵌入对协同效应的组成因子有显著的正向影响，即以家长为核心要素的家庭，其主客观支持在关系与结构的连结下对学前融合教育协同治理协同效应产生间接影响，包括个人理解度、认同度、话语权以及参与程度等，进而影响学前融合教育协同治理效果。根据现有研究成果和西方发达国家的治理经验来看，家庭中的父母积极实践学前融合教育，配合幼儿园、社区接受教育指导并应用于家庭教育，能够提升学前融合教育的实际效用，家庭子系统的部分组成因子是能够对学前融合教育协同治理协同效应产生影响的。因此，这里也认为家长所在的家庭能够对学前融合教育协同治理协同效应产生直接影响。家庭本身在参与学前融合教育协同治理过程中具有非常显著的重要性。家长能够通过接受指导对家庭里的儿童进行评估就发展规划的制订，加深其对学前融合教育的理解，提升其对学前融合教育的价值认同。同时，家长对学前融合教育协同治理具有的发言权和话语权能够提升其社会主体地位，体现平等、公平与正义，能够有效提升其参与积极性。

图 6-6 学前融合教育协同治理的家庭子系统因果关系

此外，第五章分析指出关系嵌入与结构嵌入在学前融合教育各个主体行为与协同效应的关系中发挥着中介效应。关系嵌入和结构嵌入可被理解为政府、幼儿园、社会组织与家长为了共同促成学前融合教育协同治理协同效应的提升以及得到良好的学前融合教育效果，在协同治理过程中逐步形成的一种特定化关系模式与结构模式。关系嵌入受到包括相互理解信任、长久密切合作、共同达成目标以及重视合作承诺等因素的影响；而结构嵌入受到包括专业支持获取、协调冲突矛盾、合作数量以及高效接收与传递等因素的影响。关系模式与结构模式的维持需要各方在包括但不限于以上影响因素的多方面具有相应的契合点，而这些方面的契合正是政府、幼儿园、社会组织以及家长自身具备的行为条件特征所决定的。政府、幼儿园、社会组织与家长主体行为通过关系嵌入与结构嵌入对学前融合教育协同治理协同效应产生正向影响，同时也能够提升学前融合教育实施效果。而学前融合教育协同治理的协同效应最终落地到服务的客体——全体学前儿童，是学前融合教育成果的展现，儿童归属感、参与感与学习这三个影响维度被引入系统中以评价具体的学前融合教育成果。

综上所述，通过对不同子系统的因果关系分析形成的因果链进行有序整理、添加和汇总，最终构建出学前融合教育协同治理的多元主体系统因果关系（如图6-7所示）。

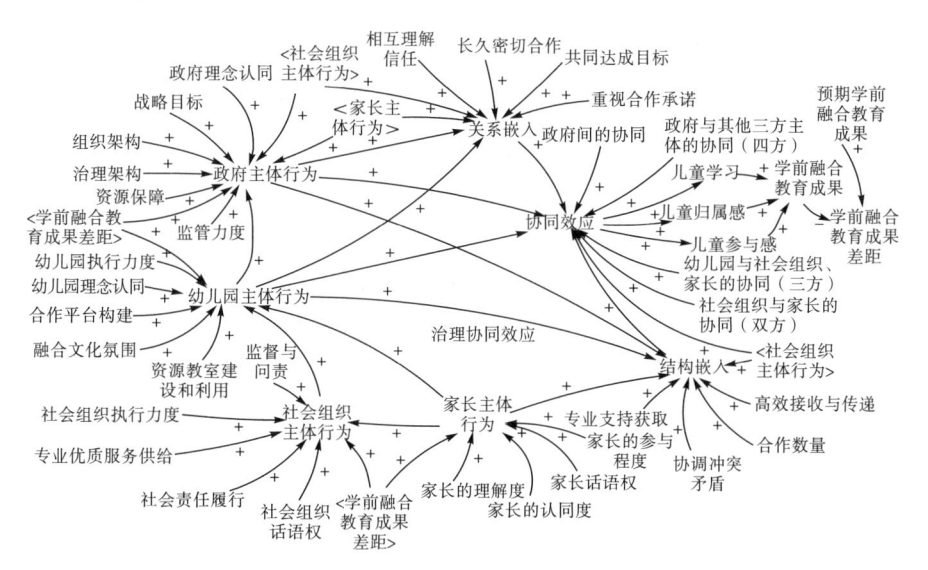

图6-7 学前融合教育协同治理的多元主体系统因果关系

第三节　系统动力学模型构建

对因果关系模型展开分析后得知，模型对学前融合教育协同治理的多元主体系统中的各子系统及其核心变量之间的相互影响关系进行了描述，并对前因变量出现的变化是否会对结果变量产生影响进行了深入分析。但因果关系模型只能充分反映出系统变量拥有的极性关系，并不能以定量化形式的直观数据清晰展示各变量之间在数量上的相互关系。因此，可进一步借鉴系统流图模型的建构方法定性分析因果关系图，通过引入流位和流率变量，抽象化处理实际变化情况，并设定各变量相应的仿真公式或方程，从而通过量化的方式实现整个动态的协同治理系统演化过程"清晰可视"，并准确描述出不同时间点上的整个目标系统的动态运作和演化规律。

一、系统流图设计

以学前融合教育协同治理的多元主体系统因果关系图为基础，将学前融合教育协同治理的多元主体生态系统流图分为政府子系统、幼儿园子系统、社会组织子系统、家庭子系统四个模块进行分析。

在政府子系统模块中，政府主体行为（ZF）、关系嵌入（GX）、结构嵌入（JG）为状态变量；政府主体行为变化量（M1）、关系嵌入变化量（M5）、结构嵌入变化量（M6）为速率变量；而各个具体行为维度包括战略目标（ZF1）、组织架构（ZF2）、治理框架（ZF3）、资源保障（ZF4）、监管力度（ZF5）、政府理念认同（ZF6）、相互理解信任（GX1）、长久密切合作（GX2）、共同达成目标（GX3）、重视合作承诺（GX4）、专业支持获取（JG1）、协调冲突矛盾（JG2）、合作数量（JG3）、高效接收与传递（JG4），这些均为常量。

在幼儿园子系统模块中，幼儿园主体行为（YY）、关系嵌入（GX）、结构嵌入（JG）为状态变量；幼儿园主体行为变化量（M2）、关系嵌入变化量（M5）、结构嵌入变化量（M6）为速率变量；而各个具体行为维度包括幼儿园执行力度（YY1）、幼儿园理念认同（YY2）、合作平台构建（YY3）、融合文化氛围（YY4）、资源教室建设和利用（YY5）、相互理解信任（GX1）、长久密切合作（GX2）、共同达成目标（GX3）、重视合作承诺（GX4）、专业支持获取（JG1）、协调冲突矛盾（JG2）、合作数量（JG3）、高效接收与传递

（JG4），这些均为常量。

在社会组织子系统模块中，社会组织主体行为（SZ）、关系嵌入（GX）、结构嵌入（JG）为状态变量；社会组织主体行为变化量（M3）、关系嵌入变化量（M5）、结构嵌入变化量（M6）为速率变量；而各个具体行为维度包括执行力度（SZ1）、专业优质服务供给（SZ2）、社会责任履行（SZ3）、社会组织话语权（SZ4）、监督与问责（SZ5）、相互理解信任（GX1）、长久密切合作（GX2）、共同达成目标（GX3）、重视合作承诺（GX4）、专业支持获取（JG1）、协调冲突矛盾（JG2）、合作数量（JG3）、高效接收与传递（JG4），这些均为常量。

在家庭子系统模块中，家长主体行为（JZ）、关系嵌入（GX）、结构嵌入（JG）为状态变量；家长主体行为变化量（M4）、关系嵌入变化量（M5）、结构嵌入变化量（M6）为速率变量；而各个具体行为维度包括家长的理解度（JZ1）、家长的认同度（JZ2）、家长话语权（JZ3）、家长的参与程度（JZ4）、相互理解信任（GX1）、长久密切合作（GX2）、共同达成目标（GX3）、重视合作承诺（GX4）、专业支持获取（JG1）、协调冲突矛盾（JG2）、合作数量（JG3）、高效接收与传递（JG4），这些均为常量。

此外，学前融合教育协同治理协同效应（XY）是状态变量，学前融合教育协同治理协同效应变化量（M7）为速率变量，学前融合教育协同治理协同效应在研究中被分为政府主体间和不同主体间四方、三方及双方的协同，因此政府间的协同（XY1）、政府与其他三方主体的协同（四方）（XY2）、幼儿园与社会组织、家长的协同（三方）（XY3）、社会组织与家长的协同（双方）（XY4）均为常量。

学前融合教育协同治理的协同效应提升反映出协同治理模式为学前融合教育事业的发展提供了强力保障和有效支撑，进而以学前融合教育成果的体现验证了协同治理方式是学前融合教育事业实现发展并在探索其现代化道路上是行之有效的。学前融合教育成果（CG）为状态变量，可用三个维度进行度量，分别为儿童归属感（Be）、儿童参与感（Eg）、儿童学习（Lr），学前融合教育成果变化量（M8）为速率变量。儿童归属感（Be）强调了直接服务的供给人员以及相关人员为全体学前儿童提供了一个包容、融合且欢迎的外部环境，立足于多样且全面的相关支持程序，为儿童带来了大量便捷，让其在融合环境中感知爱和安全。儿童参与感（Eg）确保每个儿童积极参与，无论儿童的特征如何，均为其提供学习机会，通过高度的内部差异化方式，将每个儿童所持有的特征视为各自在学前教育阶段起点处由儿童自己所提供的"强项"，目的是让他们有自我效能感的经验，为其发展创造动力和机会；通过大量游戏的方式促成积极社交，拉近儿童之间、儿童与服务人员之间的距离，而这些社交活动也应在日常活动中进行[①]。儿童学习（Lr）旨在探寻儿童实施学习行为的综合条件，如固定且物化的场所、相关学前融合教育服务供给人员的教育教学技能、学前融合教育实践所需要的专业资源的匹配度，以及在前期对学前儿童的学习特殊需要开展的个性化评估，制订并展开个别化教育计划。学前融合教育成果涉及预期学前融合教育成果（Ep）和学前融合教育成果差距（Gp），而这两个变量可以成为系统反馈的重要辅助变量。

学前融合教育协同治理的多元主体生态系统搭建出的存量流量如图6-8所示。此外，研究通过新增部分影子变量来规避系统设计环节受到长箭头交叉产生的影响。

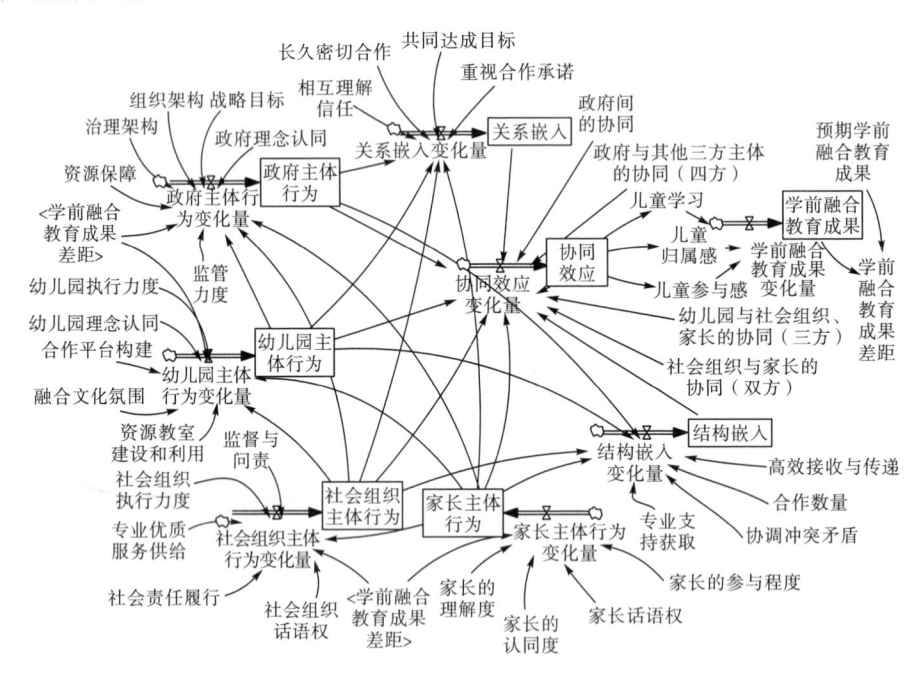

图6-8 学前融合教育协同治理的多元主体生态系统的存量流量

二、确定参数及变量间函数关系

学前融合教育协同治理的多元主体系统模型的系统仿真研究的前提是保证系统外部的各影响变量不变，关于政府、幼儿园、社会组织、家长四大模块中的变量与关系嵌入、结构嵌入以及学前融合教育协同治理协同效应变量关系，

---

① STRAIN P S. Four-year follow-up of children in the LEAP randomized trial: some planned and accidental findings [J]. Topics in Early Childhood Special Education, 2017, 37 (2): 121-126.

需要利用函数关系来进行确定。基于上一章实证研究所获得的数据结果，对政府、幼儿园、社会组织、家长四大主体行为、关系嵌入、结构嵌入、学前融合教育协同治理协同效应及所有测度变量的均值进行计算，如表6-2所示。

表6-2 学前融合教育协同治理的多元主体系统调查数据

类别	编号代码	均值
政府主体行为	ZF	4.99
战略目标	ZF1	5.03
组织架构	ZF2	4.94
治理框架	ZF3	4.98
资源保障	ZF4	4.89
监管力度	ZF5	5.03
政府理念认同	ZF6	5.04
幼儿园主体行为	YY	5.03
幼儿园执行力度	YY1	5.02
幼儿园理念认同	YY2	4.94
合作平台构建	YY3	5.12
融合文化氛围	YY4	5.04
资源教室建设和利用	YY5	5.01
社会组织主体行为	SZ	5.14
社会组织执行力度	SZ1	5.12
专业优质服务供给	SZ2	5.11
社会责任履行	SZ3	5.16
社会组织话语权	SZ4	5.25
监督与问责	SZ5	5.07
家长主体行为	JZ	4.88
家长的理解度	JZ1	4.91
家长的认同度	JZ2	4.89
家长话语权	JZ3	4.87
家长的参与程度	JZ4	4.86
关系嵌入	GX	5.09
相互理解信任	GX1	5.11
长久密切合作	GX2	5.05
共同达成目标	GX3	5.15
重视合作承诺	GX4	5.04
结构嵌入	JG	5.08
专业支持获取	JG1	5.08

续表

类别	编号代码	均值
协调冲突矛盾	JG2	5.10
合作数量	JG3	5.03
高效接收与传递	JG4	5.12
协同效应	XY	4.96
政府间的协同	XY1	5.00
政府与其他三方主体的协同（双方）	XY2	4.93
幼儿园与社会组织、家长的协同（三方）	XY3	4.96
社会组织与家长的协同（双方）	XY4	4.95

根据前文研究结果，学前融合教育协同治理的多元主体系统的各主体及其行为要素之间、主体行为要素和学前融合教育协同治理协同效应组成因子之间均存在相互影响的关系。因此，可以参考前文构建的结构方程模型所得到的路径系数设计学前融合教育协同治理的多元主体系统的方程。其中学前融合教育协同治理协同效应的方程参考了逻辑斯蒂模型，并在此基础上结合仿真模拟效果确定，各变量具体方程如表6-3所示。

表6-3 系统动力学各变量方程

变量名称	变量类型	变量方程
政府主体行为（ZF）	状态变量	INTEG（M1，4.99）
政府主体行为变化量（M1）	速率变量	（0.83×ZF1+0.84×ZF2+0.8×ZF3+0.77×ZF4+0.84×ZF5+0.81×ZF6+0.31×YY+0.26×SZ+0.27×JZ+0.25×Gp）/1000
幼儿园主体行为（YY）	状态变量	INTEG（M2，5.03）
幼儿园主体行为变化量（M2）	速率变量	（0.83×YY1+0.74×YY2+0.82×YY3+0.77×YY4+0.81×YY5+0.43×SZ+0.48×JZ+0.25×Gp）/1000
社会组织主体行为（SZ）	状态变量	INTEG（M3，5.14）
社会组织主体行为变化量（M3）	速率变量	（0.84×SZ1+0.83×SZ2+0.79×SZ3+0.86×SZ4+0.89×SZ5+0.49×JZ+0.25×Gp）/1000
家长主体行为（JZ）	状态变量	INTEG（M4，4.88）

续表

变量名称	变量类型	变量方程
家长主体行为变化量（M4）	速率变量	(0.83×JZ1+0.85×JZ2+0.83×JZ3+0.77×JZ4+0.25×Gp)/1000
关系嵌入（GX）	状态变量	INTEG（M5，5.09）
关系嵌入变化量（M5）	速率变量	(0.86×GX1+0.73×GX2+0.73×GX3+0.77×GX4+0.27×ZF+0.15×YY+0.27×SZ+0.24×JZ)/1000
结构嵌入（JG）	状态变量	INTEG（M6，5.08）
结构嵌入变化量（M6）	速率变量	(0.87×JG1+0.85×JG2+0.85×JG3+0.82×JG4+ZF×0.23+YY×0.2+SZ×0.27+0.24×JZ)/1000
学前融合教育协同治理协同效应（XY）	状态变量	INTEG（M7，4.96）
学前融合教育协同治理协同效应变化量（M7）	速率变量	[(0.81×XY1+0.77×XY2+0.75×XY3+0.74×XY4+ZF×0.21+YY×0.19+SZ×0.17+JZ×0.15+GX×0.26+JG×0.18)×XY×（7−XY）]/5000
学前融合教育成果（CG）	状态变量	INTEG（M8，0）
学前融合教育成果变化量（M8）	速率变量	(Be+Eg+Lr)/3
学前融合教育成果差距（Gp）	辅助变量	IF THEN ELSE（EP−CG≤0，0，EP−CG）
儿童归属感（Be）	辅助变量	XY×0.2
儿童参与感（Eg）	辅助变量	XY×0.3
儿童学习（Lr）	辅助变量	XY×0.5

第四节　系统模型的检测

一、模型直观检测

所谓直观检测，主要指以模型结构为核心，以实际系统为基础，利用定性分析的方式了解两者是否有着较高的一致性。本书在设计学前融合教育协同治理的多元主体系统过程中，汇总收集了学术界现有的研究成果，结合专家意见并参考第五章结构方程模型的结果，借助试凑法调整和优化模型结构与相关变量，力求构建出的学前融合教育协同治理的多元主体系统模型与现实系统尽可能保持内在一致性。

二、模型运行检测

系统模型是否有效有赖于对模型运行的检测。通常而言，检测环节需要设置多种仿真步长，并在此过程中观察模型是否输出病态结果。以学前融合教育协同治理协同效应的参数仿真结果为例，将步长按照 0.25、0.5 和 1.0 进行设置可以看出，整个运行过程，系统行为稳定且未出现病态结果，因此认为该模型有效。不同步长下学前融合教育协同治理协同效应的仿真结果如图 6-9 所示。

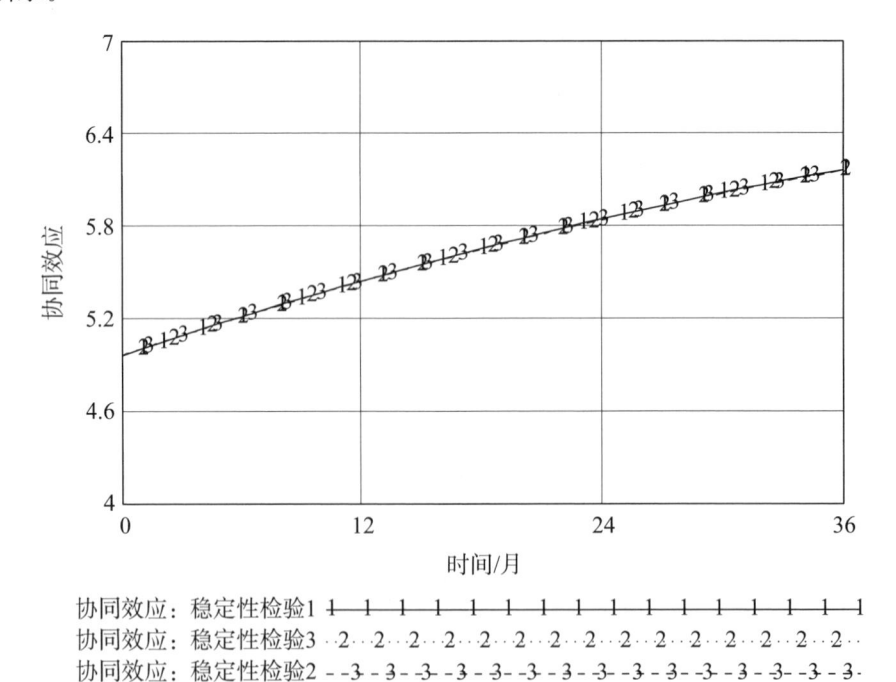

图 6-9 不同步长下学前融合教育协同治理协同效应的仿真结果

三、模型灵敏度检测

灵敏度分析主要是通过改变模型中核心变量的参数值，或者调整模型中的局部结构，对比流率变量和流位变量结果差异，以此判断影响模型结果的核心变量。对系统演化过程中的核心变量进一步开展有效利用，能达到对治理政策或者是治理方式进行有针对性的优化和调整的目的。常见的灵敏度检验包括结构检测和参数检测两大类。其中，参数检测是通过在合理范围内微小改变参数值大小来观察对模型行为的影响。若参数的微小改变造成模型剧烈改变，则认为该参数对模型影响较大，需要经过重新试验来确立模型的信度。

灵敏度检验 1：以重视合作承诺这一参数为例，让其在 100% 进行波动。借助蒙特卡洛随机均匀分布的方式进行模拟，模拟环节将次数和噪声种子分别设置为 200 和 1234，模拟结果如图 6-10 所示。重视合作承诺 200 次模拟结果，使受影响变量带状图趋于正比例关系，通过模型灵敏度参数检验。

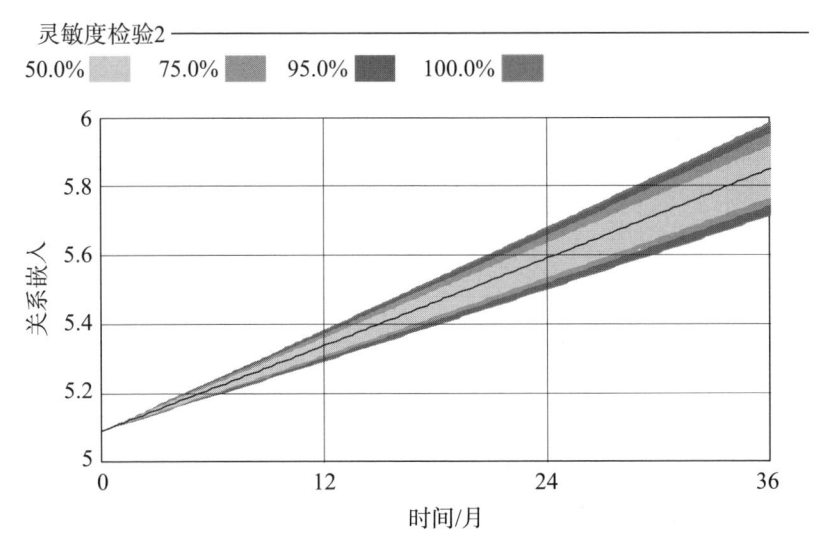

图 6-10　模型灵敏度参数检验 1

灵敏度检验 2：以政府间协同这一参数为例，让其在 100% 进行波动。借助蒙特卡洛随机均匀分布的方式进行模拟，模拟环节将次数和噪声种子分别设置为 200 和 1234，模拟结果如图 6-11 所示。政府间协同 200 次模拟结果，使受影响变量带状图趋于正比例关系，通过模型灵敏度参数检验。

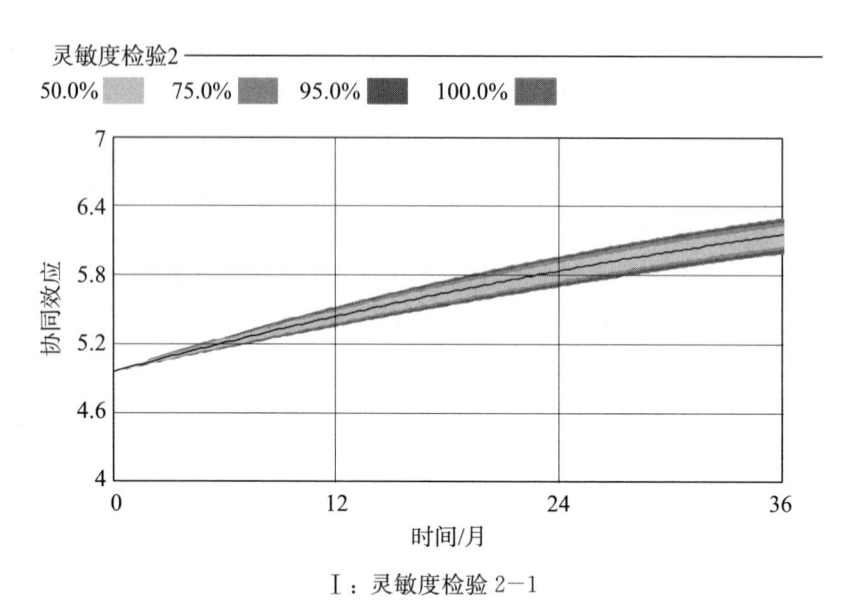

灵敏度检验2
50.0%　　75.0%　　95.0%　　100.0%

Ⅰ：灵敏度检验2-1

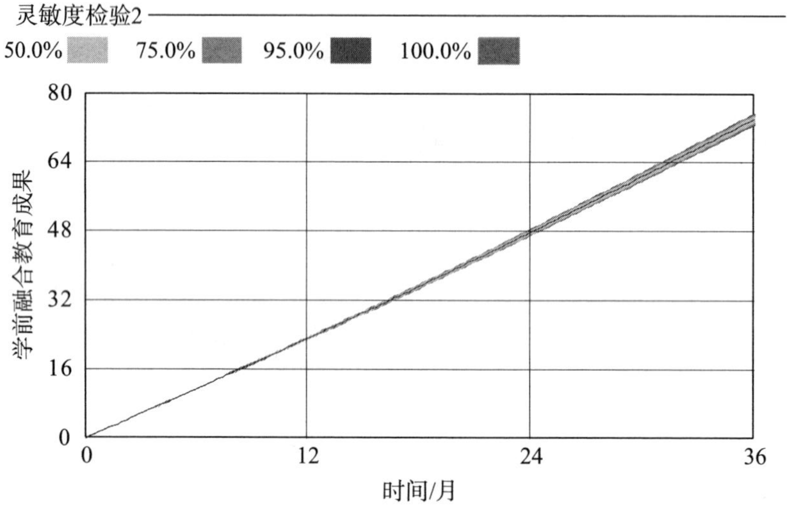

灵敏度检验2
50.0%　　75.0%　　95.0%　　100.0%

Ⅱ：灵敏度检验2-2

图6-11　模型灵敏度参数检测2

第五节　仿真实验分析

在对模型进行检测后，将学前融合教育协同治理的多元主体系统模型的起始时间和结束时间分别设置为0月和36月，步长为1月，对学前融合教育协同治理的多元主体系统中的各要素变化对学前融合教育协同治理协同效应的影响进行分析，为后面的学前融合教育协同治理推进机制与路径探析的研究奠定基础。仿真分析的最终目的是提升学前融合教育协同治理协同效应并促进学前融合教育效果的最优化。据此模型在设计之初均采用了正向的设计，分别对四个子系统的演化展开仿真分析。对单个要素演化对学前融合教育协同治理协同效应的提升作用逐一进行分析，明晰不同要素演化对学前融合教育协同治理协同效应的影响，为学前融合教育协同治理推进机制与实现路径提供借鉴。

一、政府子系统的仿真分析

将政府主体行为变化量（M1）这一参数提高10%，学前融合教育协同治理协同效应（XY）随之发生正向变化，演化后学前融合教育协同治理协同效应的曲线虽然整体趋势与演化前基本保持一致，但是坡度存在明显增加，提升幅度从初期开始逐步加大，增加趋势逐渐减弱。以第36个月数据为例，政府在其子系统中的行为提升演化后带来的学前融合教育协同治理协同效应提升幅度为4.843%。学前融合教育协同治理中政府在其子系统中主体行为的演化仿真结果如图6-12所示。

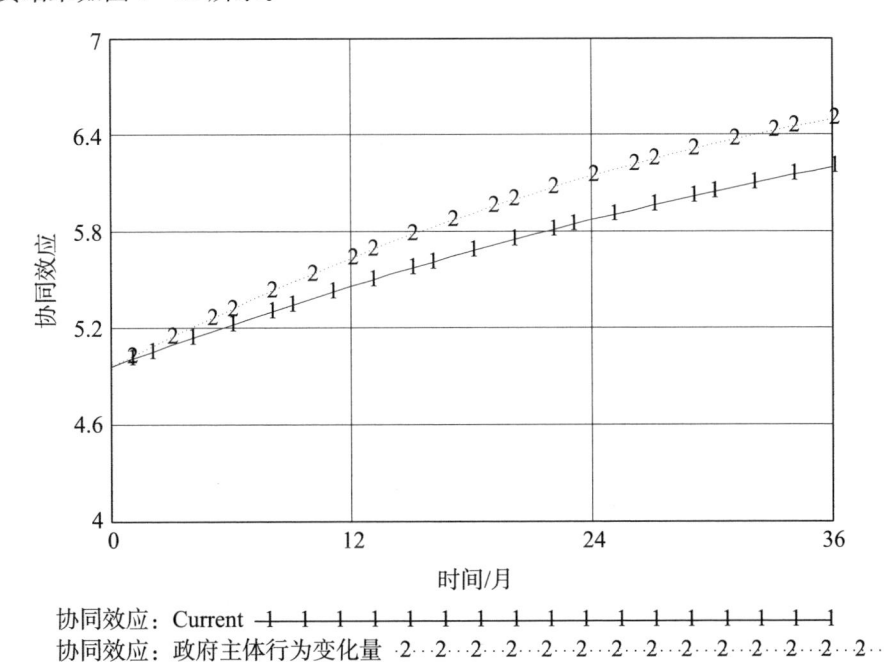

图6-12 学前融合教育协同治理中政府在其子系统中主体行为的演化仿真结果

二、幼儿园子系统的仿真分析

将幼儿园主体行为变化量（M2）这一参数提高 10%，学前融合教育协同治理协同效应（XY）随之发生正向变化，演化后学前融合教育协同治理协同效应的曲线虽然整体趋势与演化前基本保持一致，但是坡度存在明显增加，提升幅度从初期开始逐步加大，增加趋势逐渐减弱。以第 36 个月数据为例，幼儿园在其子系统中的行为提升演化后带来的学前融合教育协同治理协同效应提升幅度为 4.455%。学前融合教育协同治理中幼儿园在其子系统中主体行为的演化仿真结果如图 6-13 所示。

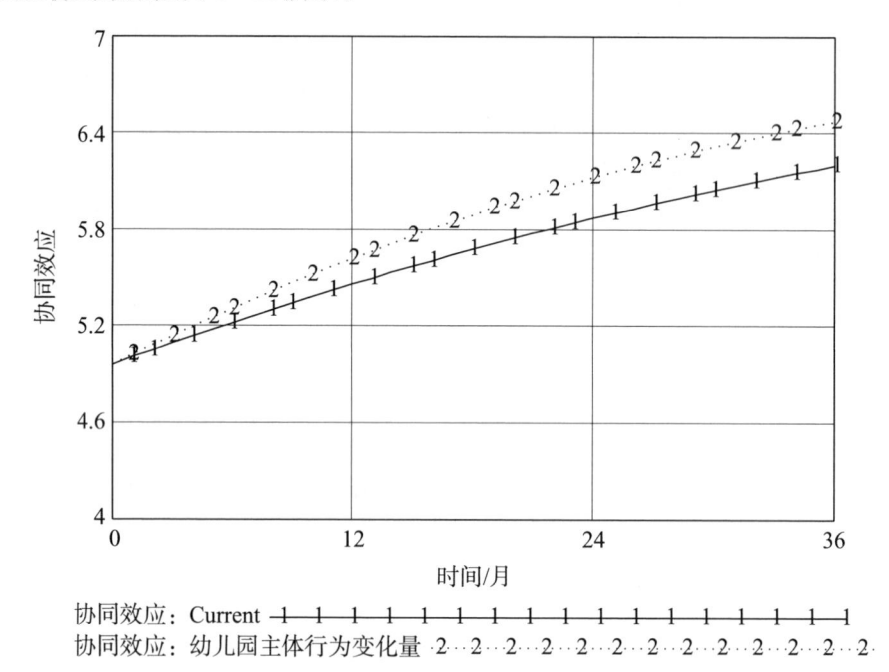

图 6-13　学前融合教育协同治理中幼儿园在其子系统中主体行为的演化仿真结果

三、社会组织子系统的仿真分析

将社会组织主体行为变化量（M3）这一参数提高 10%，学前融合教育协同治理协同效应（XY）随之发生正向变化，演化后学前融合教育协同治理协同效应的曲线虽然整体趋势与演化前基本保持一致，但是坡度存在明显增加，提升幅度从初期开始逐步加大，增加趋势逐渐减弱。以第 36 个月数据为例，社会组织在其子系统中的行为提升演化后带来的学前融合教育协同效应提升幅度为 4.132%。学前融合教育协同治理中社会组织在其子系统中主体行为的演化仿真结果如图 6-14 所示。

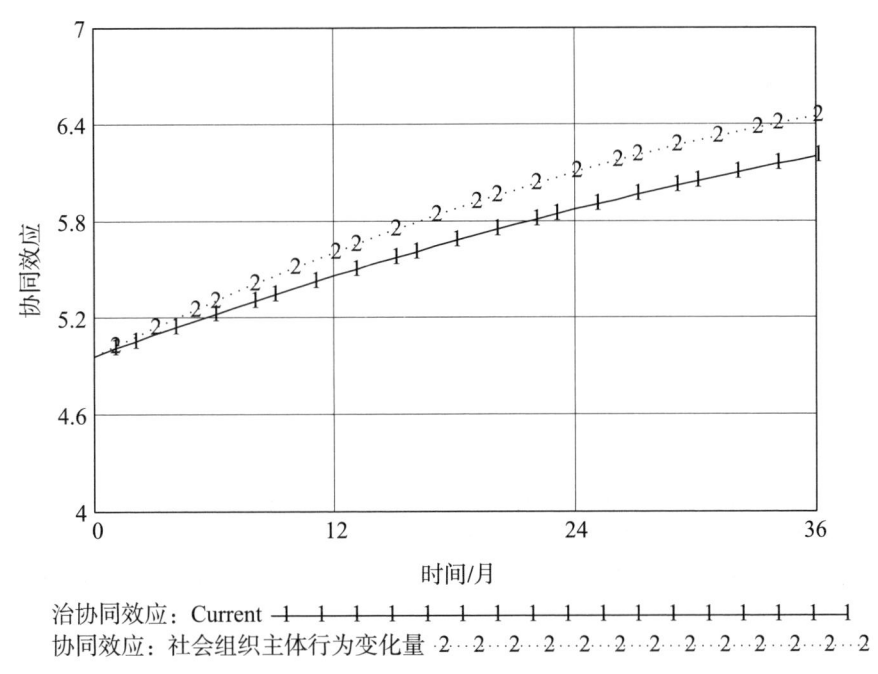

图 6-14 学前融合教育协同治理中社会组织在其子系统中主体行为的演化仿真结果

四、家庭子系统的仿真分析

将家长主体行为变化量（M4）这一参数提高 10%，学前融合教育协同治理协同效应（XY）随之发生正向变化，演化后学前融合教育协同治理协同效应的曲线虽然整体趋势与演化前基本保持一致，但是坡度存在明显增加，提升幅度从初期开始逐步加大，增加趋势逐渐减弱。以第 36 个月数据为例，家长在家庭子系统中的行为提升演化后带来的学前融合教育协同治理协同效应提升幅度为 3.083%。学前融合教育协同治理中家长在家庭子系统中主体行为的演化仿真结果如图 6-15 所示。

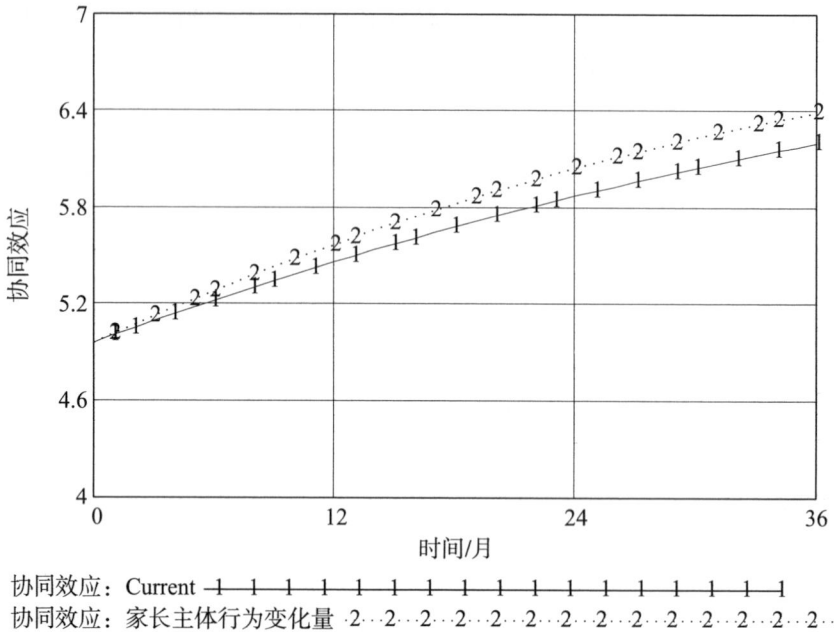

图 6-15　学前融合教育协同治理中家长在家庭子系统中主体行为的演化仿真结果

第六节　演化仿真结果比较分析与应用

综合学前融合教育协同治理中政府在其子系统中主体行为的演化仿真结果、幼儿园在其子系统中主体行为的演化仿真结果、社会组织在其子系统中主体行为的演化仿真结果以及家长在家庭子系统中主体行为的演化仿真结果，得出学前融合教育协同治理的多元主体系统演化仿真结果，如图 6-16 所示。

第六章　学前融合教育协同治理行为对协同效应影响程度的系统动力学仿真实验分析

协同效应：Current ————1———1———1———1———1———1———1———1———1—
协同效应：家长主体行为变化量 ·2······2······2······2······2······2······2······2·
协同效应：幼儿园主体行为变化量 3——3———3———3———3———3———3———3———3——
协同效应：政府主体行为变化量 -·4-·-·4-·-·4-·-·4-·-·4-·-·4-·-·4-·-·4-·-·4-
协同效应：社会组织主体行为变化量 5————5————5————5————5————5————5————5—

Ⅰ：0~36 个月四个子系统中主体行为演化趋势

协同效应：Current ————1———1———1———1———1———1———1———1———1—
协同效应：家长主体行为变化量 ·2······2······2······2······2······2······2······2·
协同效应：幼儿园主体行为变化量 -3——3———3———3———3———3———3———3———3——
协同效应：政府主体行为变化量 -·4-·-·4-·-·4-·-·4-·-·4-·-·4-·-·4-·-·4-·-·4-
协同效应：社会组织主体行为变化量 5————5————5————5————5————5————5————5—

Ⅱ：30~36 个月四个子系统中主体行为演化趋势

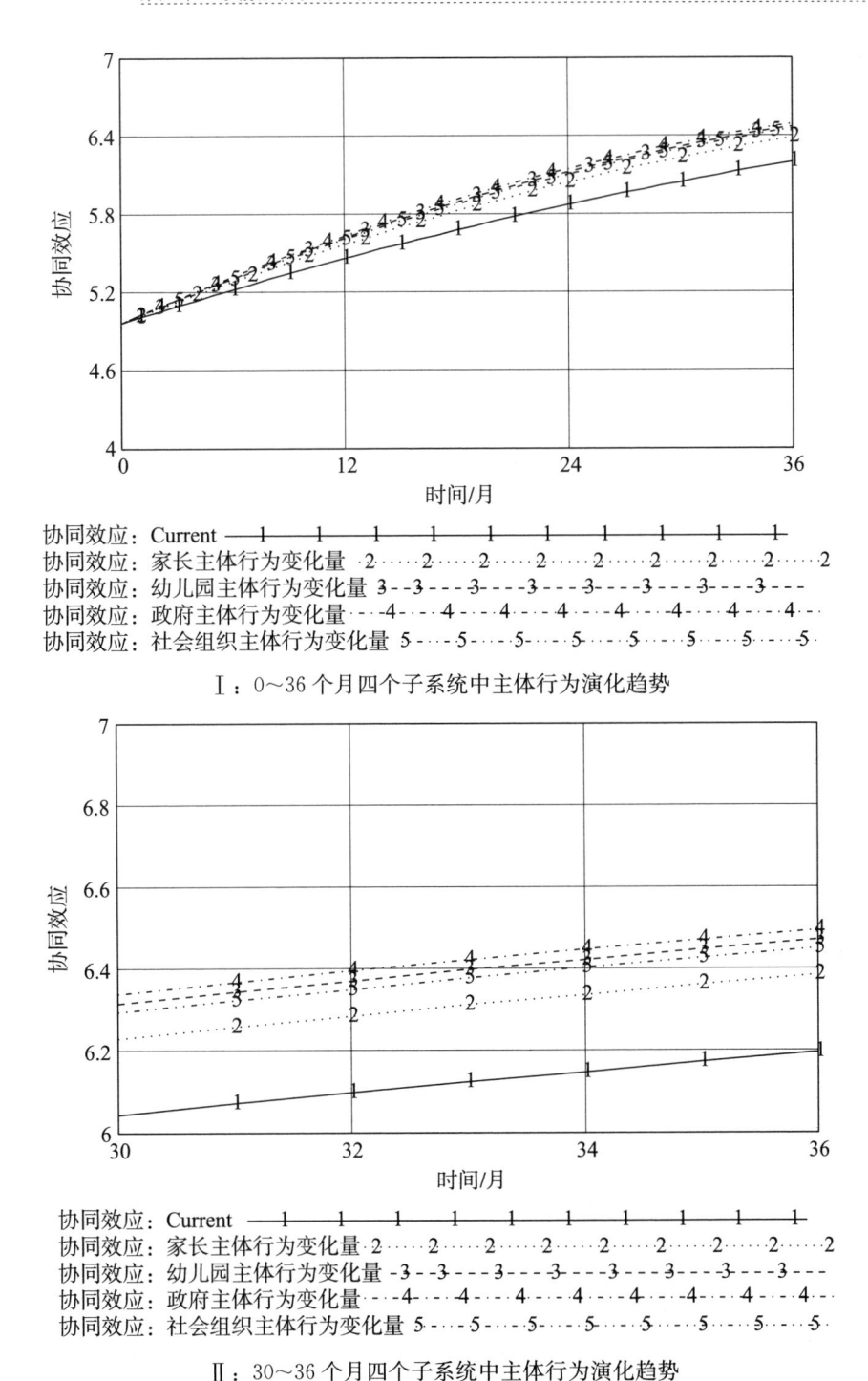

图 6－16　学前融合教育协同治理的多元主体系统演化仿真结果

217

整体来看，政府在其子系统中的行为演化会促使学前融合教育协同治理协同效应在仿真时间内产生的幅度提升以及政府主体行为的提升所带来的学前融合教育协同治理协同效应提升量达到最高，政府子系统中政府主体行为演化和幼儿园子系统中幼儿园主体行为演化带来的演化提升幅度较为接近，家长在家庭子系统中的行为演化带来的提升幅度明显最低。在此选取0月、12月、24月、36月这四个时间点的仿真数据展开比较，如表6-4所示。

表6-4 演化后学前融合教育协同治理协同效应的改变对比

时间	初始学前融合教育协同治理协同效应	政府子系统中政府主体行为演化 演化后效果值	政府子系统中政府主体行为演化 提升幅度（%）	幼儿园子系统中幼儿园主体行为演化 演化后效果值	幼儿园子系统中幼儿园主体行为演化 提升幅度（%）	社会组织子系统中社会组织主体行为演化 演化后效果值	社会组织子系统中社会组织主体行为演化 提升幅度（%）	家庭子系统中家长主体行为演化 演化后效果值	家庭子系统中家长主体行为演化 提升幅度（%）
0月	4.960	4.960	0.000	4.960	0.000	4.960	0.000	4.960	0.000
12月	5.456	5.632	3.225	5.616	2.933	5.603	2.694	5.564	1.979
24月	5.869	6.144	4.686	6.121	4.294	6.101	3.953	6.040	2.914
36月	6.195	6.495	4.843	6.471	4.455	6.451	4.132	6.386	3.083
均值	5.640	5.844	3.617	5.826	3.298	5.812	3.050	5.767	2.252

对表6-4和图6-16进行分析后可以看出，以时间段划分为基准，采取同样提高10%演化值的方式进行仿真后，各主体行为演化带来的学前融合教育协同治理协同效应的改变有所差异。从12月的时间点来看，四个子系统中政府、幼儿园与社会组织主体行为的演化均能带来学前融合教育协同治理协同效应2%以上幅度的提升，其中提升幅度最高的是政府子系统中的主体行为演化，提升幅度达3.225%；其次是幼儿园子系统中的主体行为演化与社会组织子系统中的主体行为演化，提升幅度分别为2.933%和2.694%；家庭子系统中的家长主体行为演化所带来的学前融合教育协同治理协同效应增幅最小，为1.979%。从24月时间点来看，四个子系统中的主体行为演化所带来的学前融合教育协同治理协同效应增幅趋势与12月保持一致。政府子系统中的主体行为演化带来的学前融合教育协同治理协同效应提升幅度为4.686%，仍然是四个子系统中增幅最大的；而幼儿园子系统中的主体行为演化与社会组织子系统中的主体行为演化带来的学前融合教育协同治理协同效应提升幅度同比12月增幅基本保持一致；家庭子系统中的家长主体行为演化带来的学前融合教育协同治理协同效应有小幅度的增长，增幅为2.914%。从36月的时间点来看，

政府子系统中的主体行为演化带来的学前融合教育协同治理协同效应提升幅度为4.843%，较12月相比呈现出小幅度增长，但仍然是同期提升幅度最大的，也是较12月提升幅度最大的；其他三个子系统中的主体行为演化带来的学前融合教育协同治理协同效应均有不同程度的提升，不过整体四个子系统中的主体行为演化带来的学前融合教育协同治理协同效应提升幅度在24~36月明显低于12~24月，整体提升幅度逐步放缓。从三年学前融合教育协同治理协同效应提升幅度均值来看，政府子系统中的主体行为演化带来的提升幅度均值为3.617%，远远高于其他子系统，居于第一位且一直保持在此位置；幼儿园子系统中的主体行为演化带来的提升幅度均值为3.298%，位居第二；社会组织子系统中的主体行为演化带来的提升幅度均值为3.050%，位居第三；家庭子系统中的家长主体行为演化带来的提升幅度均值为2.252%，位居第四。

进一步对上述三个时间点四个子系统中各主体行为演化带来的学前融合教育协同治理协同效应水平的变化进行比较。整体来看，首先，政府子系统中的主体行为演化带来的学前融合教育协同治理协同效应的提升最大，且贯穿于整个仿真过程。这凸显了政府主导的作用与能力，因此，强化政府责任与主导职责必须在今后的学前融合教育事业发展之中不断得到重视。其次，幼儿园主体与学前融合教育协同治理协同效应之间有着密不可分的关系，是学前融合教育协同治理系统中发挥效用的关键主体。伴随幼儿园主体对学前融合教育重视程度的增加，其执行力度也逐步加大，幼儿园目前正处于学前融合教育实践的快速发展阶段，其行为演化也会带来学前融合教育协同治理协同效应的较快提升。再次，社会组织在推动学前融合教育发展中所扮演角色的重要性日益凸显。近年来，与学前融合教育相关的社会组织逐渐兴起，虽然总体发展速度较快，但成熟度仍有待提升，而学前融合教育在一定程度上受到普通学前教育与特殊教育二分境遇的困扰，因此社会组织子系统中的主体行为演化带来的协同效应增长幅度与其他子系统相比显得并不大。最后，家庭子系统中的家长主体行为演化带来的学前融合教育协同治理协同效应增长幅度位居最末，这可能是因为从宏观层面来审视家庭子系统，其在整个多元主体系统中处于较为细微的层面，其"牵一发而动全身"的能力相对微弱；同时家庭本身在学前融合教育方面对其他主体的依赖性最强，需要其他系统的合理运作与足够的条件支撑，若单方面对其进行提升，其行为演化带来的学前融合教育协同治理协同效应的提升反而较小。

无论是四种不同主体类型的行为演化，还是同一主体处于不同的演化时期，可以看到学前融合教育协同治理的多元主体系统模型的四个子系统中主体及其行为要素的演化均会对系统运作产生或大或小的影响，符合系统演化规律，这也进一步验证了学前融合教育协同治理的多元主体系统模型的可行性。根据模拟仿真结果，可以总结出学前融合教育协同治理的多元主体系统的演化规律呈现萌芽发展并不断成熟的演化趋势，体现为演化曲线不断上升的状态。各子系统中的主体行为要素的演化均会影响学前融合教育协同治理的多元主体系统的演化，其中，政府子系统中的主体行为演化为学前融合教育协同治理协同效应带来的提升幅度最大，其他依次为幼儿园子系统中的主体行为、社会组织子系统中的主体行为和家庭子系统中的家长主体行为。

第七章 学前融合教育协同治理推进机制与策略探析

依据前文研究结果发现,多元主体协同治理是切实推动学前融合教育快速发展的有效模式。因此,为更好地贯彻落实我国学前融合教育多元主体协同治理理念,本章结合前文研究成果提出了学前融合教育协同治理推进机制与策略探析的相关对策建议。当前,在国家社会治理过程中的协同理念受到社会各界的认可,但要将理念落地并产生强大的协同效应需要具体的机制来保障。全面推进我国学前融合教育的多元主体协同治理,需考虑社会各个方面的纷繁复杂的影响因素,需要运用管理科学的系统思维对学前融合教育多元主体间的结构和功能进行解构与深入分析,破解当前我国学前融合教育协同治理过程中各子系统协同关联度不高、主体间持续关联度不足、共生共赢态势较弱等困境。显然学前融合教育协同治理仅依靠单一主体、单一部门的力量难以推进,对各方主体展开多元化、全面化协同合作的需求被提上日程。因此,本章尝试在"一主导、多协同"的构念下以完善政府主导的统筹机制及强化多元主体间的理念认同机制、互动机制与保障机制等方面出发,对行为导向下的我国学前融合教育协同治理的推进机制进行设计,以切实可行的实践策略为促进我国学前融合教育协同治理的本土化探索和可持续发展提供支持。

第一节 完善政府主导的统筹机制

由前文分析可知,政府主体行为对我国学前融合教育协同治理中的协同效应产生了积极作用,并且经测算,政府主导行为对学前融合教育协同治理协同效应产生的影响最大。因而通过完善政府主导下的学前融合教育协同治理统筹机制,充分发挥"总揽全局、协同各方"的政府主体核心领导作用,对提升学前融合教育协同治理的协同效应会产生极大的正向作用。基于西方发达国家学前融合教育协同治理的经验,结合我国目前发展的现状,在中国特色社会主义的背景下开展学前融合教育协同治理,需要巩固并不断强化政府的主导作用,使治理活动能够稳步、有序地进行。学前融合教育多元主体协同治理,是由政府主导下总体推进的一项制度安排,其中幼儿园、社会组织以及以家长为代表的社会公众依据相关准则开展协同行动。因此,完善政府主导的统筹机制对促进学前融合教育协同治理开展发挥着关键性作用,更是推动学前融合教育在我国渐进、稳步且可持续的"本土化"发展的必然选择。学前融合教育协同治理是一项复杂的系统工程,涉及社会多领域、多层面、多方面要素,因而需要政府予以高度重视,更需要多元主体付出加倍的努力。政府在不断推进国家教育治理体系的过程中应采用引导、激励、监督等方式方法持续推进各级地方政府实施学前融合教育协同治理的系统工程,并不断以制度化保障为其保驾护航。由于学前融合教育事业的发展周期较长,其作用不能立刻见效,也无法在短时期内体现政府业绩,其评估也面临着较大困难,因此容易被各级政府忽视。

一、提升以学前融合教育发展作为社会质量表征的战略意识

明确政府主体的战略性任务作为学前融合教育协同治理的当务之急,主要通过提升各级地方政府对学前融合教育协同治理的战略性认知来实现。"社会包容"作为"社会质量"表征与内涵的有机统一,其所倡导的"人们可以参与并且真正融入组成日常生活的各个机构和社会关系之中"[1]的思想在学前融合教育的实现中体现得淋漓尽致。从政府角度来看,谋求政府的合法性是其所要实现的首要而长久的目标,同样是政府公共性的根本显现。政府谋求合法性的根本要求与必然路径在于集中一切社会力量去解决社会发展中的主要矛盾[2]。我国自2016年颁布《"十三五"加快残疾人小康进程规划纲要》以来,强调大力推行融合教育,建立随班就读支持保障体系,将积极发展融合教育、因地制宜发展学前融合教育逐渐上升为国家重要发展战略,体现出中国特色社会主义发展进程中党和国家结合人民群众对教育公平诉求而开展的一系列具体谋划及实践探索。然而,我国学前融合教育的发展起步较晚,目前仍处于探索初期,很多问题还有待完善,如科学性与系统性的有机统整不足,特殊教育与普通学前教育的二分现象较为突出,多元主体间的协同效能较弱,适龄特殊需要儿童及其家长对学前教育服务的供需适配存在不满。

因此,政府主导统筹推进学前融合教育协同治理,是"努力发展全民教

---

[1] BECK W, VAN DER MAESEN L J G, THOMESE F, et al. Social quality: a vision for Europe [M]. The Hague: Kluwer Law International Press, 2001: 82.

[2] 鲁迎春. 政府供给养老服务的动力机制研究 [J]. 中共浙江省委党校学报, 2016, 32 (1): 109-114.

育、终身教育，建设学习型社会"战略的要求，是广大人民群众维护其受教育权利的迫切需要；从长远来看，"是以人民为中心，增强民众获得感"实现的有效途径。政府应不断提升学前融合教育协同治理的战略意识，积极迎合其国际化发展趋势，并努力探索学前融合教育的中国本土化实践。政府应不断完善其主导下的统筹机制，将学前融合教育协同治理相关工作纳入各级政府的总体规划、财政预算，同时还应纳入各级政府的政绩考核，推动各级政府扎实推进学前融合教育协同治理工作。在此过程中，政府要结合我国具体国情和社会公众对教育的基本诉求，让学前融合教育多元主体治理间的共同利益达到平衡，协调好利益差异，以保障相关政策的落实。

二、综合利用多项治理工具，创新治理方式与方法

政府应通过政策引导、合理资源配置、财政资金支持、绩效考核和表彰制度机制等综合治理工具，促进学前融合教育的协同性发展。在政策层面，政府制定战略性规划目标需立足于全民的长远利益，客观、务实地针对当下学前融合教育协同发展相关问题提出解决措施。例如，打造学前融合教育的全新生态环境，充分兼顾从国家宏观制度到区域微观制度，以及各个领域的具体制度等方面，构建起一套完备且实用性强的制度体系，使其在推动学前融合教育领域实施多元主体协同治理时发挥引领、规范和约束作用，在源头上扫除体制机制障碍，保障学前融合教育的多元主体协同治理朝着制度化、秩序化、规范化的方向发展。

明确实现战略目标的具体举措是当前阶段最为迫切需要完成的任务。有赖于国家顶层设计统筹推进的实施方案进一步指明方向，具体举措主要包括：设定组织架构与治理框架，明确不同利益相关主体的权利、责任与义务，建成多元主体间的协同联动平台，不断完善学前融合教育的制度建设。在学前融合教育协同治理的过程中要充分发挥政府主体对学前融合教育的主导作用，解决制度间存在的相互矛盾、相互分离、衔接性不强等问题，同步建立健全监督检查机制，完善制度执行失范的补救机制，以提升学前融合教育协同治理相关制度的科学性和可行性。

在资金保障方面，财政资金的分配需要实现充足、公平且高效的目标，可通过设立专项扶持资金以对口投放到学前融合教育的重点工程建设、运转和维护中，并且根据学前融合教育的动态发展，实时对资金使用进行调控和监管；可考虑将学前融合教育的特定项目中所需基础性条件建设划入财政预算的范畴。

从发达国家治理经验可以看出，市场与社会资金投入在一定程度上能够缓解政府发展学前融合教育的投入压力，因此可以通过发挥财政部门的引导力，从投资方向着手，将资金投入学前融合教育创新项目，充分发挥出财政资金的杠杆作用，最大限度地提升财政资金利用效率，引领市场与社会资金更多地用于学前融合教育的发展。不仅如此，还需要将不同地区的差异性考虑在内，遵循资源配置的公平性原则，实施专项转移支付制度，对经济欠发达地区给予精准的资金支持，帮助当地实现学前融合教育的发展，缩小区域性差距。

在监督考核方面，各级地方政府应对学前融合教育协同治理提出"硬性"要求，将其列入工作考核项目之中。例如，构建学前融合教育多元主体协同治理的考核体系，组建专门的绩效考核团队，或将此委托给专业的第三方独立机构，全方位负责制定考核指标、收集信息与开展监督核查等工作，对学前融合教育协同治理工作进行考核。同时，还要支持并引导不同地区、各级部门根据自身条件参与学前融合教育协同治理并充分发挥其创造性与能动性，自主选择并创新性地开拓学前融合教育多元主体协同治理的实践模式。

三、推进项目工程建设与实施

实施学前融合教育系列项目工程是政府主体统筹推进学前融合教育协同治理的重要抓手，也是学前融合教育落地生效的关键。世界各地在推动学前融合教育事业发展中普遍采取项目推进的方式且获得了良好实践经验。例如，新加坡的早期干预（Early Intervention，EI）项目以"儿童分流、教师作为服务枢纽、围绕儿童团队建设"为特色，在2017年至2021年逐一实现了提高残疾儿童生活质量、支持照顾者和建设社区、建立包容社会的发展目标。2012年，澳大利亚实施"幼儿园融合支持计划"，通过多渠道、多方式给予了幼儿园教师培训与跨界别（医疗）支持。2015年，中国香港地区推出了"到校学前康复服务试验计划"并开展实施，以"学校、专业团队、家长"三方合作的服务模式为特殊需要儿童接受公平且有质量的学前融合教育提供包括家长的教育、训练、讲座，学校的专业咨询、教师讲座、校访观课，儿童的个别及小组训练等服务内容，并于2018年实现"到校学前康复服务"常规化，截至2021年共提供服务名额约9000个，其中60多个来自社会各界的服务团队。由此可以看出，以协同模式开展学前融合教育项目实施对于整合社会各方资源形成推动合力是十分重要的。因此，政府主体在遴选相关工程时，应充分考虑各高校、科研院所和基层专家就关于学前融合教育发展所提出的理论依据，聘请专业人士对相关工程进行追踪测评；就工程整体的资源配置而言，应不断高效地优化各部分资源，合理计算投入成本，保障人才引进等相关工作的顺利推进；协调各主体及相关部门共同召开联合会议，就跨部门、跨领域、跨区域的相关事项展开联合讨论并提出解决方案，以多方商讨、意见采纳、专事专办等方式处理学前融合教育项目工程实施过程中遇到的各类情况。例如，学前融合教育工程中的资源教室建设就需要多主体、多部门的有效联动与协调合作。同时，还要切实贯彻落实联席会议的事项，要在全过程中开展监督与不断纠正的工作，并形成有效的纠偏机制，使整个协同过程的督查、监管、控制程序有序推进，以确保项目工程的进度、实效同预期计划尽可能保持一致。

第二节　深化多元主体的理念认同机制

本书基于问卷调查和访谈分析总结出，当前我国在学前融合教育协同治理过程中对于多元主体参与的理念认同并未达成大体上的一致，进而造成学前融合教育协同治理活动的开展受阻，弱化了协同效能。构建学前融合教育协同治理理念认同机制能够促使各主体对协同治理理念的认知得到深化，并在一定程度上强化其认同感，为学前融合教育多元主体协同治理的实现提供指导，推动不同主体在围绕学前融合教育协同治理目标上达成一致，最终使得协同治理达到理想效果。此外，前文研究结论指出，学前融合教育多元主体参与协同治理的意愿与彼此间的信任程度呈正相关，而学前融合教育协同治理主体相互间的信任度的提升也有赖于其理念认同机制的有效构建。

一、提高以协同促普特教育融合的理念认知

在积极发展融合教育建设目标的引领下，我国学前融合教育协同治理理念被大众广泛认可。学前融合教育的发展突破了过去单纯以"隔离式"为主导的特殊教育的单一发展，将融合置于普通学前教育与特殊教育之中，放置于整个政治、经济、社会、文化和伦理建设中，从过去对特殊需要儿童以"慈善与救助"过渡到了"接纳与共融"的发展理念。以学前融合教育协同治理的主体视角来分析在学前融合教育协同治理理念认同方面不同主体的共性与差异性，并不断以"公共价值"与"长远利益"为核心导向，为进一步完善学前融合教育协同治理理念的认同机制奠定基础。

首先，需要强化政府主体对学前融合教育协同治理理念的认同。社会经济的发展直接推动了教育的变革，国家单一力量在发展教育事业方面略显力不从

心，单一主体的局限体现为无法满足人们对于教育多元化的需求，但全员共同参与需要依赖于全社会共同建立的对于学前融合教育的科学认知。学前融合教育在教育公平的价值导向下，提出了对普通学前教育和特殊教育之间的联合形态进行思考，引导人们立足于教育的整体，重新审视教育对象、教育目标及教育效用，对当前的教育观产生了潜移默化的影响。因此在教育改革的过程中，必须让理念先行。在学前融合教育协同治理的过程中，政府主体需要不断深化《萨拉曼卡宣言》和《特殊需要教育行动纲领》中强调的每个孩子都有接受教育的基本权利、教育系统的设计应考虑多元需求、有特殊需要的人必须有机会进入正规学校、融合是消除歧视最有效手段相关理念的认知，并不断结合国情现状进行反思；还应始终坚持"以全体儿童为中心"的理念，以融合的视角审视现有学前教育发展的局限，重新定义"主流文化"对特殊需要儿童所带来的"分配不公"。换言之，政府主体需要再次反思"经济再分配"的观点，重点关注资源的使用方式。主流文化实践对弱势群体的不公正在一定程度上源于不被承认、不被尊重，而这却是人类的一种重要的需求。只有通过树立融合的理念，在不承认和不尊重的镜头中看到不公正，才能让重新分配在新时期的社会有意义。因为儿童之间现有的不平等不能简单地通过资源的转移、他们在学校获得的物质和人力资源来补偿，这些不平等主要在于他们没有机会像其他孩子一样做同样的事情，与其他孩子共享相同的空间并与其他孩子说相同的语言，即成为同一文化的一部分。因此，减少不平等不仅仅是为特殊需要儿童的发展提供资金和更好的资源，还包括为他们提供机会共享学校及其文化的共同财富，这需要从理念认知维度去改变特殊需要儿童"被排除在更广泛的文化之外"的现状。在此基础上，政府主体应协同社会各方主体，尤其应发挥社会组织等第三方机构的作用，引导社会公众积极参与学前融合教育事业的发展，共同促进普通学前教育机构实现功能的转变，鼓励普通学校接纳特殊需要儿童，为学前融合教育协同治理提供不竭动力。

其次，需要推动幼儿园树立学前融合教育协同治理理念，使之积极参与学前融合教育协同治理过程。幼儿园作为学前融合教育的主要实践阵地，需要与其他主体形成密切联系，获取学前融合教育发展的专业支持，如巡回指导服务、普通幼儿园融合教育环境的创造、资源教室的建设、资源中心的引进等，从而为推动学前融合教育实践做好充分的准备。此外，还可以通过项目定点实验、参与幼儿园评级考核、财政补助与奖励等方式来调动与提升幼儿园主体参与学前融合教育协同治理的积极性。

最后，需要推动社会组织、社会公众树立学前融合教育协同治理理念，尤其是引导社会组织积极发挥公共服务职能，履行公共责任。社会组织主体要充分发挥专业人才、专业资源、专业技术等优势，积极参与学前融合教育协同治理。为了提高社会组织主体的参与积极性，同时激励广大人民群众参与学前融合教育协同治理，可以借助政府购买服务等方式，开展各种社会活动，从而解决家长群体（主要指特殊需要儿童家长与普通儿童家长）之间就子女接受学前融合教育中的矛盾纠纷，提高他们对学前融合教育意义与社会价值的理解。

二、强化多元主体协同治理的行为联动

调动学前融合教育协同治理多元主体积极参与和实践，是学前融合教育协同治理理念认同的主要内容与该理念认同机制实现策略的有机统一。行动必须以理念为基础。行动能否顺利开展，需要关注主体在治理过程中其职责范围是否有明确界定。为了提高各主体参与的积极性及主体间行动的协同性，需要进一步完善相应的保障机制。目前，为深入落实高质量发展的教育目标，《"十四五"特殊教育发展提升行动计划》和党的二十大报告凸显出更强大的国家力量来推动多元主体参与学前融合教育协同治理的积极性和主动性，并为此提供了更具有效力的参与路径。

推动学前融合教育协同治理的多元主体行为联动，要在政府、社会等多方位范围内探索具体且切实可行的体系并将其"落地"。政府主体需始终坚持"以全体儿童为中心"的理念，促进"学前融合教育共同体"的形成、丰富并不断发展，充分调动各主体的积极性、主动性并帮助其发挥应有效用。政府可通过提供减免税收、提供奖励等方式来调动更加广泛的社会力量积极踊跃地参与学前融合教育协同治理的实践。此外，学前融合教育协同治理的实践模式和方式方法需要不断创新以迎合时代发展，最终通过共建、共治、共享协同治理成果使每位社会公民在当下或未来都积极参与学前融合教育协同治理、主动承担相应的公民责任并从中受益。

三、增强多元主体协同的利益驱动力

学前融合教育需要各方主体共同努力，并且通过协同发展，满足各个主体的基本需求。实际上这也是学前融合教育协同治理理念认同的基础。不同主体行为都应围绕"自我发展"和"协同发展"的需求进而积极参加学前融合教育协同治理的实践活动，若脱离共同需求，那么达到四方接受、认同并且开展协同实践活动的目的的难度将大幅度增加。但同时也应注意到，从长远来看，各主体均能够获得一定的收益，且能够保障各主体实现互惠互利的最佳状态，即

国家"善治与良治"得以实现、社会秩序稳定、社会公众基本权益得到有效保障等。政府主体通过学前融合教育协同治理能够促进教育治理体系的完善，与此同时，其余主体均能够从和谐稳定的社会中实现各自的社会价值，促进社会教育公平。相较而言，在短期内可能并不能使每个主体都能清晰认识到自身利益能够得到满足。

增强学前融合教育多元主体协同治理的利益驱动力有赖于对其中的"利益"认同进行重构。诚然，实现教育公平是学前融合教育协同治理宏观层的目标，保障全体儿童的基本受教育的合法权益不受到侵害是其微观层的目标。在推进学前融合教育协同治理的过程中，各治理主体需要始终秉承正确的利益价值观，正视学前融合教育协同治理的宏观、长远目标，而不可局限于当前的自身利益，否则多元主体在学前融合教育协同治理过程中难以体现出协同态势。政府主体必须充分认识到在学前融合教育协同治理的过程中，要给予幼儿园、社会组织以及以家长群体为代表的社会公众在人力、财力和政策等方面的支持，使其权益得到保障。就利益而言，在家长主体中，部分家长可能认为学前融合教育实践中的特殊需要儿童为其子女的教育质量和安全带来了影响，但实质上接受学前融合教育，可以让其子女的世界观、人生观变得更为多元包容，不仅可培养孩子的换位思考和同理的能力，还有利于孩子的身心健康与长远发展。因此，学前融合教育多元主体协同治理的推进需要着眼于未来持续发展的格局，客观、理性地审视学前融合教育发展中的"个人利益与集体利益""短期利益与长远利益"。

第三节　加强多元主体间的互动机制

由于当前学前融合教育多元主体之间关系嵌入相对薄弱，多元化、丰富化的特征尚不明显，结构嵌入系统性不足，主体间互动的有效性较差，因此本书提出了以重塑学前融合教育多元主体的网络结构，强化不同主体间的联系，增强彼此间的信任与互惠，拓宽多元主体沟通渠道，进一步明晰多元主体各自在治理中的权责，建立责任分担机制。此外，还应构建多元主体的资源共享平台，实现相互间的密切联系和有效互动。

一、重塑多元主体间的网络结构

在治理理念下国家与社会之间的关系被认为是一种相互联系、彼此联结的共生共存的网络结构,而非传统的线性结构。对此,美国学者哈拉尔认为在现今的发展趋势下,世界应被视为一个整体网络,在这之中,各要素紧密联系并通过网络获取自身所需[①]。随着学前融合教育的不断发展,其相应的服务需求日益多元化和复杂化,并由此出现了一系列的状况,如跨部门、跨组织、跨主体合作壁垒、现代网络和信息技术所带来的挑战等问题,这在一定程度上阻碍了后续工作的开展。学前融合教育多元主体协同治理的网络化建设是提升协同效应和效果的主要抓手和关键变量。学前融合教育协同治理强调各主体在共同促进学前融合教育实践过程中的"网络治理"模式,对政府、幼儿园、社会组织和以家长为代表的社会公众等主体间相关分割的治理要素功能进行了重新整合,并将之网联于立体化且联系紧密的关系网络中,体现出开放性、多样化与动态化等特征,使传统线性管理结构中原有组织间的关系界限被打破,从而突出了国家政府部门与其他社会主体间的良性互动。网络中的各治理主体处于平等的地位且具有自身的独立性,为实现共同的协同治理目标与结果而展开相互间的沟通交流、互动合作,以彼此协同配合最终实现学前融合教育公共服务的有效供给。

学前融合教育多元主体网络结构重塑可从以下几个方面展开:其一,在组织体制方面,应由政府部门自上而下的行政层级制向多元主体共同参与的扁平化"网络结构"转型,并维持其动态性。在展开实践中,社会组织和社会公众参与学前融合教育协同治理的意愿和动机逐渐显现,为吸收更广泛的社会主体参与,其主体地位需要在学前融合教育协同治理结构构建中得到充分尊重和展示。其二,在科学技术方面,应通过相应的教育技术手段的提升与完善来开展学前融合教育协同治理。譬如,多元主体共同打造相应的网络信息平台,进而特殊需要儿童择校入园的相关审核、儿童评估等重要事项均可由家长通过学前儿童信息管理网络平台来申请,以此完成入园办理、缴费等流程,以相关便民度的提升来提高学前融合教育协同治理效能。其三,在决策机制方面,以政府主导、社会广泛参与的复合型决策替代政府单一主体主导型的决策,以此来增加该项工作的民主性、科学性、合理性,并能够广泛听取社会公众的心声,拓宽诉求表达渠道,有助于提升人们对于学前融合教育实践的满意度。

二、促成主体间多元化关系嵌入和系统性结构嵌入

关系嵌入在实现不同主体间关系形成与高质量发展中发挥着举足轻重的作

---

① 哈拉尔. 新资本主义[M]. 冯韵文,黄育馥,杜红卫,等译. 北京:社会科学文献出版社,1991:293.

用，可为学前融合教育协同治理工作的稳步推进提供人、财、物等多方面有效保障。在学前融合教育协同治理过程中，多元主体的协同合作关系的建立在很大程度上需要多元化的关系嵌入，主体间相互联系，并进行信息的共享，彼此间信任关系的增进将进一步增加关系嵌入的强度，故多元主体之间应该以沟通交流来强化这种责任意识[①]。学前融合教育服务对象的多元化及其需求的复杂化使得各治理主体间的依赖性增强，进而需要提高对关系的关注和重视。多元主体通过建立稳定的合作关系实现频繁、密切的沟通与交流，从而给全体儿童提供优质的学前融合教育公共服务和产品。综合以上观点，学前融合教育协同治理主体关系既是协同关系，更是一种伙伴关系。要实现各治理主体优势资源的有效整合并得以充分利用，使学前融合教育公共服务供给主体和供给方式凸显多元化特征，需要协调并处理好多元治理主体之间的关系。

同样，结构嵌入也能够增加不同治理主体形成合作伙伴的多样性，各主体需要与其他主体展开互助，以此确保信息、资源等方面的互通，从而应对在学前融合教育协同治理动态过程中所遇到的问题。由于学前融合教育协同治理本身具有长期性、复杂性、动态性的特征，各方主体的参与随着治理活动的展开而深入，单一主体受到客观条件限制，难以依赖自身内部资源应对发展困境。对此，透过网络获取外部支持成为克服资源瓶颈、应对动态挑战的重要途径。系统性的结构嵌入能够在主体内部如政府主体内部，形成中央政府职能部门与地方政府职能部门的有效对接，从而达成学前融合教育发展中的政府间协同。换言之，在学前融合教育协同治理过程中，要构建以政府部门为主导，分层次优化学前融合教育协同治理的相应主体结构。政府主导开展工作并对过程进行监管，协调卫生、财政、发改等部门间的关系，督促其各自在学前融合教育协同治理中履行职责，在政府内部形成合力，推动学前融合教育的有效治理，推进学前融合教育协同治理发展。系统性的结构嵌入直接促成了资源的优势互补，推动合作网络的形成，从而降低各方主体协同成本，为各方从彼此间获取资源提供便利，同时能够变相刺激各主体为维持自身在网络中的异质性的位置，在治理过程中整合各种资源并提升自我实践能力和创造力。

三、明晰多元主体的责任分担和共担

明晰学前融合教育协同治理涉及的多元主体的具体责任分担并强化责任的

---

① 马雪松. 结构、资源、主体：基本公共服务协同治理[J]. 中国行政管理, 2016 (7): 52-56.

共担是进行协同治理的有效方式。从学前融合教育事业的发展历程来看,过去单一行政管理推进模式是主要策略,政府在某种程度上被认为是推动发展的"唯一主体",而其他主体在承担学前融合教育协同治理的责任担当较少,学前融合教育协同治理并没有得到有效体现。政府作为单一主体在学前融合教育发展过程中的专业能力不足与专业资源的缺失等现实问题,使得寻求以责任分担和共担的协同治理模式势在必行。在学前融合教育协同治理实践中,以面向全体儿童提供学前融合教育服务为导向,政府充分发挥主导作用,幼儿园发挥执行、协同作用,社会组织发挥执行、协同、监督与公益志愿作用,以家长为代表的社会公众发挥协同与监督作用,多元主体紧密合作,强化各主体责任共担意识,进而不断提升多元主体各自的学前融合教育协同治理能力以形成更大的协同效应。

首先,需要明确政府在学前融合教育协同治理过程中的主导作用。实现教育公平以促进社会秩序的和谐和稳定是学前融合教育协同治理的终极目标,而要实现此目标,在治理理念下的政府主导地位和主导责任须进一步凸显。政府主导整个学前融合教育协同治理工程是学前融合教育协同治理实现科学、稳步推进的必要条件,也是我国各项教育事业取得成效的历史经验。因此,政府在协同治理过程中进行管理的协同责任需要被明晰,以统筹方式划定各主体及其职能部门在学前融合教育协同治理中的责任及其边界,建立健全相应的责任机制,明确中央与地方的责任划分,对不同部门之间的责任进行实时调控。同时可借鉴综合治理领导责任制相关规定,中央层面出台学前融合教育协同治理领导责任制的具体政策,明确各级政府在推进学前融合教育协同治理中的主导地位,各级政府领导是统筹推进学前融合教育协同治理的第一责任人。正如惠迪等(2003)在其研究中的论述:"政府的职责在于制定必要的管理框架以实现公营部门、私营部门和志愿团体一起协作。"[①] 而政府在推进学前融合教育协同治理过程中的监督责任同样需要被明确,以监督和控制学前融合教育协同治理的教育产出是否符合规范化要求。多元主体的复杂行为存在着偏离总体目标的多种可能,政府通过开展监管工作,从而对相关主体展开的协同行动进行制度约束。围绕着学前融合教育协同治理总体目标,监督各主体具体责任的落实情况并通过建立科学、完善的评价监督体系来进行考核,对学前融合教育协同治理责任落实到位的主体及其职能部门进行嘉奖、鼓励,反之则予以明确的惩处措施。此外,还需明确政府激励责任,凭借制度、经济等激励方式吸引、引

---

① 惠迪,鲍尔,哈尔平.教育中的放权与择校:学校、政府和市场[M].马忠虎,译.北京:教育科学出版社,2003:174.

导各主体在协同中获得公平、公正的利益以及互惠互利的潜在收益。在政府责任践行过程中，学前融合教育协同治理所提供的教育产品和服务同样需要政府进行深入考量，尤其是对于学前融合教育的原则、规范和内容，即教育的精神产物，政府对此负有义不容辞的责任。

其次，需要明确并强化幼儿园、社会组织和以家长为代表的社会公众在推进学前融合教育协同治理过程中的主体责任。一方面，学前融合教育协同治理应强化幼儿园、社会组织和以家长为代表的社会公众自身主体责任。具体而言，作为学前融合教育协同治理主体的一员，首先应确保各自本身职能的正常发挥、其工作的正常推进。在此基础上，结合现有资源积极、合理地探索学前融合教育发展路径。倘若治理主体都能从自我角度出发，切实担负起学前融合教育协同治理的主体责任，将极大发挥协同效应与效能。这是一个最理想的状态，也是学前融合教育协同治理想要达到的最终状态。现实中较为可行的是支持和鼓励绝大多数的治理主体承担起学前融合教育协同治理的主体责任，在各自专业领域发挥相应的职能作用，在一定程度上弥补政府在学前融合教育领域中的部分"失能"。另一方面，要强化幼儿园、社会组织和以家长为代表的社会公众在推进学前融合教育协同治理过程中的志愿责任。从长远来看，学前融合教育协同治理的社会价值关乎社会每一个人，各主体应该充分发挥志愿精神，肩负起应有的责任。

四、构建多元主体资源共享平台

资源共享是强化学前融合教育协同治理主体间互动机制的逻辑起点，资源的合理分配和共享可促成学前融合教育协同治理主体间良性互动的实现，资源使用效率的提升可带来资源效能聚变的发生。具体审视学前融合教育协同治理过程中的资源共享，其主要包括四类：权力资源、物质资源、信息资源及人才资源。

权力资源共享是推进学前融合教育协同治理的重要内容。随着学前融合教育协同治理进程的开展，政府已充分意识到必须向幼儿园、社会组织和以家长为代表的社会公众等进行权利的让渡和转移，将部分职能分出，借以调动其他主体的参与积极性，通过适度放权实现其他主体对自身在过程中所遇到的相关问题进行治理。与此同时，其他主体也能根据政府在学前融合教育协同治理方面的具体政策进行自主式的治理。从另一角度来讲，在政府让渡一部分学前融合教育协同治理的权力时也对幼儿园、社会组织和以家长为代表的社会公众具备承接这一权力的能力提出了相应的要求。因此，需要政府同步推进以下工作：一方面让渡一部分学前融合教育协同治理的权力，另一方面在政府主导下不断培育各主体承接这一部分权力的能力。

物质资源共享是推进学前融合教育协同治理的重要保障。作为单一主体，政府无法实现对学前融合教育的公共物品与服务的全面有效供给，这是推进学前融合教育协同治理的重要现实背景。单一的物质资源无法满足当前多元化、复杂化的学前融合教育需求，对学前融合教育治理主体必须进行资源共享提出了要求，如采用"政府+N"等多种资源共享模式，各级地方政府可以基于当地实际而采取不同的资源共享模式来有效推进学前融合教育协同治理。

信息资源共享是推进学前融合教育协同治理的基础。在当前信息化时代背景下，信息资源共享有赖于多元主体进一步扩大其组织间的开放程度。相较其他主体，政府主体对整个国家教育治理各方面的宏观信息有着更为全面的把握，对学前融合教育态势的发展方向有着更高的敏锐度，占据了大量关于学前融合教育的重要信息资源。因此，政府应充分发挥其在学前融合教育协同治理过程中的主导作用，通过构建信息资源共享平台将大量分散的、凌乱的信息进行收集整理并统一编码，再造业务流程，实现信息、工作和责任的协调统一。多元主体通过由政府主导，幼儿园、社会组织、社会公众等主体共同参与形成的，具有动态性、扁平化、富有弹性的协同治理信息系统，开展信息的传递与交互，最终实现学前融合教育信息资源在不同学前融合教育协同治理主体间的共享与流通。多元主体在此基础上开展信息沟通，并结合自身具体情况获取相应的信息并对其进行客观判别，详尽了解协同治理的相关信息，反映和传递学前融合教育协同治理中的相关问题、主体利益诉求及价值取向，凭借有效交流和互动，在求同存异的基础上形成多元主体的治理决策，为学前融合教育协同治理协同效应的发挥提供基础性保障。

专业化的人才是学前融合教育协同治理的促进者和实施者，而人才资源共享则是学前融合教育协同治理的关键助推器。面对学前融合教育专业人才的短缺，需要确定不同主体之间对人才技能的交流合作和业务培训。同时，结合实际情况，建立涵盖跨领域的专家资源库和平台，为不同主体成员展开专业领域的纵向和横向沟通提供便捷，尤其是针对特殊需要儿童建立其特殊需要的预防、发生、治疗、康复等不同阶段"医教结合"的闭合回路。同时，需要确定不同主体的组织机构间的人力资源共享制度，如社会组织定期选派专业人员对幼儿教师就融合教育相关的技能与素养进行培训，指导幼儿教师和社会组织专业人员对学前融合教育课程进行共同研发。家长就学前融合教育相关内容在家庭范围内对儿童进行教育同样离不开幼儿园、社会组织等人员的协助。对特殊需要儿童开展学前融合教育之前需要由幼儿园、社会组织、家庭等多方开展综合评估，根据儿童实际情况制订个性化教育教学计划，而后由园区教师和社会组织专业人员指导实施，在此期间还要及时与家长沟通，做好跟踪监测的评价和反馈工作。

第四节 完善多元主体协同治理保障机制

针对当前我国学前融合教育协同治理工作中出现的一些问题，本节就法治、财政、监管、责任划分等问题分析讨论完善学前融合教育协同治理保障机制的有效途径，从而达到充分调动不同主体参与协同治理的积极性和主动性，以发挥出更强的协同效应。

一、完善法治建设

随着"依法治国"战略的确立和实施，各类教育领域的法制化建设不断有序推进。在推动普通特殊教育深化改革的时代背景下，学前融合教育多元主体协同治理的进一步探索应紧紧围绕法治化这一主题，基于"以儿童为中心、普特融合、医教结合"的治理理念，以普通公办幼儿园为突破口，以社会组织服务、家庭教育为中心，依照我国相关法律法规与政策文本的要求对具体工作进行细化并指导落实。中共十九届四中全会中提出对社会治理体系的构建将以法治保障作为其重要构成部分。因而，具体应用于学前融合教育领域，不断完善学前融合教育协同治理体系建设有赖于持续强化学前融合教育协同治理法治保障机制的构建。

面对学前融合教育协同治理过程中的多元化、复杂性、非线性等治理问题，各治理主体需通过协同合作进而实现学前融合教育协同治理的预期目标。在工作推进中，制定相应的法律法规和准则，可有效降低"差序格局"出现的概率，以此实现各方主体关系的稳定、治理过程的民主、治理成效的良态[1]。完善的法治建设是学前融合教育协同治理的根本性制度保障，能确保学前融合教育协同治理过程有定力。在法治轨道内对学前融合教育协同治理展开规划，能充分发挥法治的效用，破解治理进程中的困局，协调主体间的相互关系，进一步明晰各主体的职责、权利和义务所在。这不仅能够有效提高学前融合教育

---

[1] 邸晓星. 社会协同治理的法治意涵探析［J］. 山西大学学报（哲学社会科学版），2017，40(6)：40-45.

多元主体协同治理的质量和水平，还能降低治理成本。综上所述，学前融合教育多元主体协同治理必须依托于其法治化的推进，通过相关立法和政策制度规范明确不同主体在协同治理实践中的任务、地位及作用，使得学前融合教育协同治理决策达到更科学、更民主的水平。

具体而言，我国学前融合教育多元主体协同治理的法治化建设可以从以下策略展开探索：第一，针对我国现有法律法规与政策，就其内容中涉及的全体儿童接受学前教育公共权益保护的相关条例进行修订，重点对需要保护的部分进行详细的规定，着力明确阐述个人和组织的儿童教育权益的法律责任和义务，并对损害儿童教育公共利益的行为加大惩处的力度。在法律制定层面，形成完整、系统且具有内在一致性的立法体系是重中之重，以避免相关法律条款产生矛盾冲突。同期的政策、法规以及配套性的行业标准建设也应持续跟进。聚焦于特殊需要儿童学前教育权利的保护，可考虑出台相应的实体法规来对其进行规范和指导，辅之以配套性的规章制度，对相关工作的开展进行全方位、全过程的监管，不断提升学前融合教育协同治理的法治化水平。第二，应建立全体儿童学前教育公共权益保护的诉讼制度，使包括特殊需要儿童在内的全体儿童的受教育基本权益得到全方位的保障，杜绝违法行为的出现。同时，还需格外注意的是，学前融合教育协同治理的相关法治化工作应根据实际情况来逐步推进。由于我国学前融合教育协同治理发展较晚且基础较为薄弱，在全面推进学前融合教育协同治理工作中对潜在或已出现的矛盾或问题的认知并不充分。因此，为避免出现偏差，可通过局部或小范围试点来展开探索，待实践经验上升为理论层面的指导形成了较为成熟的行政法规和规章制度后再进行大范围的全面推广，并逐步实现立法层面的保障。从宏观制度架构、中观制度内容、微观制度操作等不同层面来审视法律进程：其一，要制定学前融合教育协同治理法律法规，并围绕其规定对工作的实施从组织架构、工作重心、工作流程等方面进行明确并将其系统化，根据具体内容对参与的各方主体行为进行约束和调节；其二，制定学前融合教育协同治理的规章制度，对相关工作的开展进行有效规范，基于中央政府颁布的相关法律和规章制度，地方政府积极响应并就当地具体情况展开规划，确保学前融合教育协同治理在"统一路线，整合各方力量"的基础上稳步推进；其三，主要针对幼儿园、社会组织等主体在实践中所遇到的问题，在源头上展开治理，通过系统性、具体性、有针对性的政策、法律法规的出台为其提供明确的制度规约和参考标准。

二、加大财政投入力度

在经济层面,充足的财政资金是学前融合教育协同治理开展的保障。财政资金保障机制的建立和完善可以从"收入和支出"两个层面来考量。就"收入"而言,学前融合教育协同治理理应由多元主体共同出资,各方都需要积极探索多元融资模式,使学前融合教育协同治理工作的财力保障得到不断的强化。一方面,各地方政府均通过施行政府购买服务的方式鼓励和吸引更多社会组织积极踊跃地参与学前融合教育协同治理,同样,市场力量也应被纳入考虑范围;另一方面,政府部门应探索建立学前融合教育公共服务引导基金以及运用相关专项彩票公益金等来资助学前融合教育项目,有效化解由财政资金不足而导致的学前融合教育发展资源短缺、发展滞后等负面影响。就"支出"而言,应不断创新统筹区域间学前融合教育协同治理财务供给机制,结合当地经济发展实际情况建立与之对应的保障机制,通过教育经费划拨形式增加对学前融合教育的财政投入。从全国整体水平来看,各地财政资金收入、学前融合教育协同治理支出等均呈现出不均衡的状态,因此,需要将区域、空间等因素纳入学前融合教育财政供给制度的考量范围,明确各级政府在学前融合教育协同治理中财政支出部分的责任划分,保证财政投入与地方学前融合教育发展形势相适应,并随其发展情况进行不断的支出调整。中央财政需整合资金,根据各地具体情况为其提供经济支持,保证学前融合教育协同治理工作的顺利开展,避免因资金不足出现问题。

三、完善监督和问责机制

协同治理会随着行动者的意图和目的而不断变革,不可避免地在社会互动中产生变异,忠实实施仅存理论可能[1]。由此,建立具有科学性、合理性的监督与问责机制显得十分必要。

学前融合教育多元主体协同治理的推进并非权力的划分和分散,而是治理主体职责和参与意识的不断强化,从而促进相互约束与激励的新模式在协同治理过程中生成。为实现良好的协同治理目标,主体责任和职能的履行需要依赖于严格的监督机制进行监督,从而降低工作效率低下、责任履行不实、职能发

---

[1] 李彬彬,杨晓萍. 西方教育变革的顶层设计与推进机制[J]. 教育研究,2014,35(10):128-135.

挥不佳等问题发生的概率。与此同时，也能够在协同治理进程中对各主体行为进行不断的检验、纠偏、修正，对治理效果进行评价，及时发现学前融合教育协同治理过程中存在的问题，采用"对症下药"的方式确保学前融合教育协同治理的高效运行。首先，要完善监督渠道。社会公众拥有对学前融合教育协同治理的相关工作开展的知情权、发言权，应广泛发挥群众监督的力量，动员广大社会公众对政府主导的学前融合教育协同治理工作开展全方位的监督，建立制度化的民主监督机制。其次，要建立特定的专业化监督机构。传统的学前教育与特殊教育分化各自归属于原有的教育管理体系，现有监督主体的监管和督查职能在面临学前融合教育协同治理系统复杂、主体及其关系多样化等处境时难以发挥应有效用，因此应建立独立的监督机构，明确其权责，使之在工作展开的过程中体现行为的权威性和有效性。最后，绩效评价机制的建设也是十分必要的。学前融合教育协同治理的相关工作落实情况以及取得的成果和不足需要通过科学有效的审查与评估对协同过程进行反馈。绩效评价机制应遵循评价主体多元化、评价客体整体化、评价标准科学化的标准，突出评价的公平、透明、民主等基本要求。具体而言，学前融合教育协同治理的评价主体主要包含三类：一是参与的主体本身，二是社会公众，三是社会组织。学前融合教育协同治理参与的主体本身是直接参与到对预期效果和目标的推进的，政府、幼儿园、社会组织和个人都被纳入评价主体当中。以家长为代表的社会公众对学前融合教育协同治理的结果和成效拥有最直观的感受、体会而应该被充分纳入相关评价机制的构建中，使学前融合教育协同治理能够获得"最真实"的反馈。社会组织是学前融合教育协同治理中专业化践行的载体，将其作为第三方评价机构对相关工作进行整体性评价，能够使学前融合教育协同治理效果得到全面、科学、客观的评价。学前融合教育协同治理评价客体应是学前融合教育协同治理的总体机制，其中应涵盖主体间组合配比的合理程度、运行机制的顺畅程度、协同治理效果及相关认同度及满意度等内容。就评价标准而言，采取定性评价为主、定量评价为辅的评价体系更符合我国当下学前融合教育事业发展现状，而随着工作的进一步展开，相关认知得到深化，可对学前融合教育协同治理的定量评价比重进行提升。后期需要创建全面、合规的测评系统，细化各方面标准，并基于此对学前融合教育协同治理内容和实践情况进行检查验收，将评价结果进行及时公开，接受大众监督[①]。

同样，提高学前融合教育协同治理效率和效果有赖于科学合理的问责机制

---

① 赵彦志，周守亮. 多元嵌入视角下科研组织的网络治理与创新绩效关系［J］. 经济管理，2016，38（12）：170-182.

的建立,应按照主体各自所享有的决策权力大小和职权分配情况对权责予以明晰,按照"责任共担"的形式,建立责任承担和问责机制[①]。同时,加大问责力度,需要对所有主体成员中的主要、核心负责人进行问责,采取"督学""督政"等方式,为协同治理活动的稳步推进提供有效保证。坚决对协同治理主体及其成员不负责、不作为等行为进行问责并加大惩处力度,以此对协同过程中的所有主体予以警示。此外,还应建立终身问责时效制,杜绝违法、违规行为,以终身追责来正视问责的严肃性和严厉性,"领导力"层面的强化在一定程度上能够帮助学前融合教育协同治理实践取得更佳的成效。

[①] AMSLER L B, SHERROD J. Accountability forums and dispute system design [J]. Public Performance & Management Review,2017,40(3):529—550.

第八章 研究结论和展望

本章主要对研究结论进行总结,对研究不足之处进行分析,并进一步对未来可继续深入研究的内容进行展望。

一、本书的主要结论

本书紧扣学前融合教育协同治理这一研究主题,对特殊需要儿童、学前融合教育、协同治理等相关概念和理论进行全面梳理总结,并总结概括了我国学前融合教育发展的历史沿革分为三个阶段,分别为识别与初步探索阶段、由理念走向实践的确立阶段以及深化发展与质量同步阶段,并基于发展历程和实践访谈审视了当前我国学前融合教育协同治理的现实困境。在现实中能够清楚地看到我国学前融合教育协同治理总体呈现出"多元但未充分协同,在某些层面甚至显示出不协同"的态势,奠定了后续研究展开的现实基础。本书从多元主体参与协同治理的行为入手,对"协同实现的可能""协同如何实现""协同实现的结果"展开相关分析,层层推进,对我国学前融合教育协同治理多元主体行为影响因素及路径进行清晰的解构。首先,本书准确识别了学前融合教育协同治理的多元主体(包括政府、幼儿园、社会组织和以家长为代表的社会公众四类),并对其角色、职能以及在学前融合教育协同治理过程中应有的主体行为进行阐述,构建我国学前融合教育协同治理的四方演化博弈模型,对多元主体参与展开协同治理行为策略选择的影响因素进行分析。其次,落脚主体具体行为,通过构建我国学前融合教育协同治理模型并对其进行验证,分析出我国学前融合教育协同治理多元主体行为与协同效应之间的影响关系和路径。最后,通过系统动力学方法对我国学前融合教育协同治理多元主体系统进行了建模与仿真实验分析,从而鉴别出各主体的协同治理行为对协同效应的影响程度。基于以上研究提出了我国学前融合教育协同治理推进机制与实践策略的相关对策建议。主要结论包括以下几个方面:

(1)通过对改革开放以来我国学前融合教育相关政策变迁的梳理及对政策导向下不同时期所取得的发展成果和不足的分析,本书将我国学前融合教育发展的历史沿革分为三个阶段：第一阶段为识别与初步探索阶段（1978—1989年），第二阶段为由理念走向实践的确立阶段（1990—2013年），第三阶段为深化发展与质量同步阶段（2014年至今）。结合相关调研访谈，本书主要认为，我国学前融合教育存在治理主体融合理念缺乏以至于治理目标认同并未达成统一、治理主体的角色转变与过渡进程相对缓慢、多元主体治理的权责不明晰且相互间配合较弱、多元主体中的弱势主体缺乏话语权等问题，为后续提出我国学前融合教育迫切需要多元主体实施有效行为而共同参与协同治理的相关分析提供现实依据。

（2）在利益相关者理论的指导下系统地分析了我国学前融合教育协同治理的多元主体。本书认为我国学前融合教育协同治理的多元主体主要包括政府、幼儿园、社会组织和以家长为代表的社会公众四种类型，并解析了这四类主体的角色功能及其在学前融合教育协同治理事业发展中的具体行为。四类主体通过协同方式与协同行为参与学前融合教育协同治理的行为意愿和策略选择会受到众多因素影响，因此在博弈思想指导下探究多元主体选择展开协同治理行为策略的影响因素，通过构建学前融合教育四方主体协同治理行为的博弈演化模型，分析各方不同策略组合下最终系统的稳定性和演化过程。分析结果显示，幼儿园、社会组织和家长参与学前融合教育协同治理的意愿与政府发挥其主导职能而展开政府层面的推动行为密切相关，政府职能的强化和责任的践行将会引导其他主体参与积极性的提高；政府、幼儿园、社会组织和家长参与学前融合教育协同治理的意愿与相互之间的信任程度相关，彼此间信任程度增加将强化合作，因此有必要进一步拓宽多元主体间沟通渠道以提升信任增加的可能性；学前融合教育协同治理主体参与协同治理意愿与各自自身收益相关，收益在一定程度上将刺激各方参与并有所作为，对推动学前融合教育协同治理存在积极意义；学前融合教育协同治理中各主体参与协同治理意愿与资源互补的程度紧密相关，互补的资源通过有效整合从而提供充足且完备的发展所需保障，加上严格监管与合理奖惩，均能够促使多元主体各自协同行为的产生。这些影响因素研究为后续推进机制与策略探析奠定了基础。

（3）基于对学前融合教育协同治理中的多元主体进行识别，进一步探究协同治理过程中的多元主体具体行为是否对学前融合教育协同治理结果（以协同效应为例）产生了影响，以识别学前融合教育协同治理中的多元主体行为对协同效应的影响路径。通过构建学前融合教育协同治理模型，提出了政府、幼儿园、社会组织、家长四大主体各自的主体行为综合交互影响学前融合教育协同治理协同效应的假设思路。并基于嵌入性理论视角将关系嵌入与结构嵌入引入该模型中作为中介变量。模型验证结果证实了政府主体行为对学前融合教育协同同治理关系嵌入、结构嵌入和协同效应的产生具有正向影响；幼儿园主体行为对学前融合教育协同治理关系嵌入、结构嵌入和协同效应的产生具有正向影响；社会组织主体行为对学前融合教育协同治理关系嵌入、结构嵌入具有正向影响，但社会组织主体行为对学前融合教育协同治理协同效应的产生并不具有正向影响；家长主体行为对学前融合教育协同治理关系嵌入、结构嵌入具有正向影响，但家长主体行为对学前融合教育协同治理协同效应的产生并不具有正向影响；作为中介变量的关系嵌入及结构嵌入在四类主体行为对学前融合教育协同治理协同效应的产生的影响中均起到了中介作用，且关系嵌入与结构嵌入都分别对学前融合教育协同治理协同效应的产生具有正向影响。

（4）为了进一步鉴别出学前融合教育协同治理中的多元主体行为对学前融合教育协同治理结果（以协同效应为例）的影响程度，从系统视角阐释了学前融合教育协同治理系统具有实现协同效应的功能，这一功能是通过多种子系统的运作和互动方式实现的。其中主要包括以政府主体为核心的政府子系统、以幼儿园主体为核心的幼儿园子系统、以社会组织主体为核心的社会组织子系统，以及以家长主体为核心的家庭子系统。不同子系统具有不同功能，子系统中的主体履行不同职能。学前融合教育协同治理多元主体系统中的各主体要素及其行为要素之间相互作用、协同运行，保障整个学前融合教育协同治理的系统成为一个紧密的整体，共同促进其协同效应的提升。运用系统动力学的相关原理和方法，对系统中各变量进行了对应方程的设定，通过定量化方式仿真出在不同时间点上的各变量相互间存在的潜在作用关系及动态化反馈过程，进一步论证了学前融合教育协同治理系统的演化是一个动态发展变化的过程。政府子系统中的政府主体行为演化仿真带来学前融合教育协同治理协同效应的提升最大。学前融合教育协同治理整体系统的演化过程呈现萌芽发展并不断成熟的演化规律。

（5）以上述三个模型分析及其结论为依据，结合我国国情和国家教育治理相关要求，本书从科学性和实用性的角度为我国学前融合教育协同治理推进机制和实践策略提出了相关对策及建议，具体包括：完善政府主导的统筹机制，深化多元主体的理念认同机制，加强多元主体间的互动机制，完善多元主体协同治理保障机制。

二、本书的创新之处

本书对我国学前融合教育协同治理多元主体行为影响因素及路径展开研究，聚焦于"主体行为"，从理论分析入手，阐明了多元主体协同治理内涵与所涉及的主体行为影响机制与影响过程，以理论模型的构建及实证研究方法的检验验证了相关的理论研究。并在此基础上，采用系统动力学方法仿真量化出学前融合教育协同治理多元主体行为对协同治理结果（以协同效应为例）的影响程度，挖掘出各主体展开协同治理行为的长期演化规律。本书的主要创新点体现在以下三方面：

（1）本书在理论层面对学前融合教育多元主体协同治理的概念范畴予以明确，揭示了学前融合教育协同治理的内涵，明晰了多元主体关系与主体行为影响机制。在结构功能主义视角引导下，结合利益相关者理论、协同治理理论、嵌入性理论等理论分析，并采用博弈思想，揭示我国学前融合教育协同治理中的多元主体关系，较为全面地梳理了多元主体在学前融合教育协同治理中的角色功能与分工，系统刻画了基于"策略性－关系型"的四大协同治理行为主体的关系结构，明晰了多元主体间相互关系及主体行为对协同治理结果（以协同效应为例）的影响关系和影响程度，构建了跨部门、跨领域的多元主体协同情境下的四方协同行为博弈演化模型，是对传统的独立单一主体、相互割裂、静态呈现的教育治理问题研究范式的重要突破，在一定程度上为剖析协同治理中的多元主体行为影响机制提供了全新的视角，开拓了管理行为科学研究的新领域。

（2）本书聚焦于学前融合教育协同治理行为展开路径，以行为对结果的影响路径及其影响程度的逻辑主线对多元主体协同治理行为运行机制做出了进一步的解释，构建出相应的理论模型。将嵌入性作为关键的中介变量纳入学前融合教育协同治理理论模型中，探索并验证了主体行为及其通过嵌入性关系对学前融合教育协同治理结果（以协同效应为例）的影响机制。将技术思维结合系统思维与历史思维，并综合运用多理论视角，以嵌入性为切入点，遵循多重方法主义操作，构建出理论模型，体现了学前融合教育协同治理的终极目标，塑造了学前融合教育协同治理的多元主体结构及其治理能力的基本样态，使学前融合教育协同治理多元主体行为研究的路径得到进一步拓展，为该领域提供了新的借鉴。这是对学前融合教育协同治理行为开展的一次整体与局部、策略与行动之间的动态式协同治理理论与实证研究的深度碰撞，实现了相应的突破，最终得出在协同过程中主体行为的强化与转变以及平衡相应的嵌入方式能够让学前融合教育协同治理的协同效应得到最大程度的提升，并且能够实现学前融合教育质量优化的结论。该结论使得学前融合教育协同治理的理论体系得以丰富与完善，学前融合教育协同治理研究的内涵与方向得以深化与延伸，从而提升了我国学前融合教育协同治理研究的系统化和深入化水平。

（3）本书在研究方法上运用的博弈演化分析与系统动力学分析具有一定的

创新性。相对现有关于学前融合教育研究文献多以"经验"层面的分析呈现，本书则是以定量化、数理化与可视化的方式，通过理论与实践清晰地阐释并论证了我国学前融合教育协同治理发展以多元主体协同治理模式开展行动是科学、合理且行之有效的。本书综合应用了四方演化博弈模型、实证研究和系统动力学仿真分析等定量研究方法，验证了构建出的学前融合教育协同治理理论模型和学前融合教育协同治理系统动力学模型的科学性和研究假设的正确性。本书首次将嵌入性作为多元主体行为产生结果的中介变量纳入调查问卷中，辅以测量题项的建立进行测量，具有一定的新颖性。以系统仿真方法对系统中的多元主体行为建模，实现在不同情境要素作用下的行为选择仿真，并基于学前融合教育特征与主体差异，明晰时间线索下多元主体协同治理行为演化趋势。通过协同过程中多元主体行为对结果的影响程度鉴别及演化趋势的分析为各主体协同治理行为优化提供了参考依据，优化了多元主体行为对协同效应产生影响大小的量化评估路径，也为学前融合教育协同治理的多元主体行为实践提供了崭新的方法论基础，弥补了我国学前融合教育协同治理定量分析的不足。此外，在协同治理领域建立了具有创新性的基础性模型，而模型的成功构建从技术创新与方法创新的层面为相关研究者开展类似研究提供了一定的参考，也进一步拓展了对学前融合教育发展研究的公共管理视角。

三、主要局限

随着我国社会经济的不断发展、科技的进步、社会观念的转变、家长与儿童权利意识的提升，儿童的受教育权引起了全社会广泛的关注与重视，在此背景下，学前融合教育迎来了发展的曙光。但由于我国学前融合教育起步较晚且发展基础薄弱，因而一直走在探索的道路上，当下成功实践的典范较少，相关理论与实证研究成果并不丰富，需进一步加大研究力度。尽管许多研究从对策建议层面呼吁社会共同参与，为学前融合教育事业的发展提供有力保障，但鲜有从协同治理视角对学前融合教育亟待多元主体参与协同治理展开理论剖析并予以学理解释，相关的理论研究成果不足且研究内容并不深入。将协同治理理念和方法引入学前融合教育的发展探索之中是正确的选择，但这也将是一个持续探索、实践、改进并修正的过程，在此过程中的争论和改进空间也必定同时存在。尽管本书努力追求严谨、缜密地进行学前融合教育协同治理的研究工作，但仍然受到一些客观问题的困扰，主要体现在以下几个方面：

（1）在主体识别和选择方面。综合考虑篇幅限制与模型大小，以及在借鉴了已有相关研究的理论成果中对研究变量进行的明确界定，参与主体的考量范围体现出一定的局限性。基于当前我国学前融合教育发展现状,并未将市场、高等院校、社区等主体纳入考量范围。因此,后续研究有必要进一步扩大主体范围,将更多元化的主体纳入协同治理体系展开进一步研究,使相关探究更具丰富性、系统性、全面性与科学性。

(2) 在调查范围方面。本书开展问卷调查的范围具有一定的局限性,由于学前融合教育本身具有一定的特殊性,受限于与学前融合教育相关人员的数量、所属组织类别等问题,尽管调查范围覆盖了我国东部、中部及西部地区的部分区域,希望所获数据能够切实反映多元主体行为对协同效应的影响机制并体现出一定程度上的普遍性,但是实际每一个调查地点所获的样本数量相对有限,这在一定程度上可能会对研究结果产生影响;同时并未开展不同区域的对比分析,地域、区域间的经济、文化的差异性也可能对研究结果产生影响,因而需要进一步探索。

(3) 在推进机制方面。相关学前融合教育协同治理推进机制是否切实可行,是否能够有效推动学前融合教育事业的稳步发展还需要进一步考量。学前融合教育因其"融合",显得既普通又特殊,面向全体儿童但着重关注特殊需要儿童,此教育形态的多面向、多维度、多方位、多要素的特征使得相关推进机制与保障机制需要更加科学与完善。融合需要趁早,相关机制的保障显得尤为重要。机制本就是十分复杂的协同系统,基于归纳演绎而得出的理论向导,需要实践来进一步验证并给予反馈,进而才能不断修正和完善。

四、未来的研究议题

本书立足于学前融合教育协同治理的研究主题,聚焦于行为研究,以"行为主体—协同治理行为过程—协同结果"的逻辑主线,从宏观层面重点对"行为前提"(影响主体协同行为产生的重要因素)、"行为过程与结果"(主体行为实施对协同效应的影响路径与影响程度)进行了分析。基于本书的研究结论及研究局限,未来的深入探索和拓展研究可从以下几个方面进行:

(1) 进一步对学前融合教育协同治理的多元主体之间的关系开展深入研究。本书将学前融合教育协同治理的多元主体识别为政府、幼儿园、社会组织和家长(社会公众)四类。学前融合教育协同治理的未来相关主体构成以及囊括范围将更为广泛。大量实践经验表明,发达国家及发达地区在实施并推广学前融合教育过程中对培育专业教师的高等院校、与家庭保持密切联系的社区等主体予以了高度重视,并将其视为学前融合教育治理与协同治理中的关键主体,为该事业的发展提供了专业的人才保障、多元安置环境及有效辅导等,在学前融合教育协同治理推进过程中发挥了巨大效用。因此，如何在统一的治理目标和治理愿景的导向下，尽可能纳入更多元化的主体参与学前融合教育协同治理，探究其具体关系形态的"实然"与"应然"层面的差距，寻找搭建有效关系网络的突破口以有效激励多元主体发挥自身能动性，产生强大的聚合力以及高水平的协同效应，进而推动主体自身与学前融合教育事业的同步发展，可成为未来研究的方向。

（2）进一步对不同地域、区域内的学前融合教育协同治理展开深入研究。本书聚焦于国家宏观层面，以整体视角对学前融合教育协同治理多元主体行为影响因素及路径展开研究。由于我国幅员辽阔，地方性学前融合教育的发展受到地方经济发展水平与社会文化、伦理等多方面的影响，因而从不同地区和区域开展学前融合教育协同治理的典型性案例研究与对比研究同样具有理论意义和实践指导价值，能够为学前融合教育协同治理进程相对滞后的地区和区域起到示范、引导和借鉴作用。

（3）进一步对学前融合教育协同治理的推进机制及实践策略开展相关实证研究并对其进行检验。本书将系统科学建模的理念与方法引入了学前融合教育协同治理的多元主体行为研究中，但由于受到个人认知的局限以及数理建模与仿真手段的限制，因此以模型为参照而提出的推进机制有待在实践的基础上不断获取反馈并进行修正与调适。因此，相关推进机制的完善仍需要以大量的实践为基础，并探寻典型成功案例的运行规律，基于具体实践而获得更为深刻的经验进而反馈于理论，实现推进机制的不断完善及实践策略的持续改进。

附　录

附录一　学前融合教育协同治理研究调查问卷

尊敬的受访者：

您好！由衷感谢您在百忙之中参与"学前融合教育协同治理研究"的问卷调查！本研究希望了解政府主体、幼儿园主体、社会组织主体、家长主体等利益相关者的主体行为对学前融合教育协同治理协同效应的影响关系，您的客观回答对本研究具有非常重要的意义。本问卷中的所有问题将不涉及您的工作机密与个人隐私，您只需依据自身的实际工作经验作答即可。本人承诺，对您填写的一切内容严格保密，并仅供本研究使用。收回的问卷将按严格的程序进行统计处理，不会涉及具体的单位或个人信息。再次对您的支持表示衷心的感谢！

纸质问卷作答提示：您可以在所选答案上打"√"。

答卷人背景信息

1. 您的性别：
   A. 男　　　　　　　　　　B. 女

2. 您的年龄：
   A. 18～25 岁　　B. 26～35 岁　　C. 36～45 岁　　D. 46～60 岁

3. 您目前所在单位的性质：
   A. 政府部门
   B. 学前教育机构
   C. 社会组织（以非政府组织、非营利组织为代表的第三方组织机构）
   D. 其他（家长）

4. 您职业的岗位等级：
   A. 高层管理人员　　　　B. 中层管理人员　　　　C. 基层工作人员

5. 您的受教育程度:
   A. 博士　　　　B. 硕士　　　　C. 本科　　　　D. 本科以下
6. 您从事与学前融合教育相关工作或实践的时间:
   A. <1 年　　　B. 1~3 年　　　C. 4~7 年　　　D. >7 年

> **答卷说明**
>
> 学前融合教育是指在学前教育阶段，3~6 岁的以残疾儿童为代表的特殊需要儿童回归到普通幼儿园中，与普通儿童共同学习、游戏、生活，一起接受非隔离式的学前教育，并且透过普通教师、特殊教育教师和专业团队的合作，获得所需且具有适切性的相关支持与服务。学前融合教育多元主体协同治理是协同治理理论在学前融合教育领域的实践应用，是一种跨领域、跨部门、跨组织的横向治理格局，是由政府部门、学前教育公共服务部门、社会组织、社会公众共同构成治理主体，通过法律规范、对话协商、利益制衡、责任传递等治理手段来加强主体间的协作与互动，实现普通学前教育与特殊教育融合，以达成全体儿童公共利益最大化，构建学前融合教育发展新秩序。多元主体协同效应与政府、幼儿园、社会组织、家长等主体行为以及关系与结构嵌入存在某种相关关系。本研究正是通过调查问卷形式，对获得数据进行分析，以厘清以上核心主体对学前融合教育协同治理协同效应的影响关系，对学前融合教育协同治理多元主体行为展开相关研究。

下面是关于学前融合教育协同治理中各测度指标的认同性程度的测评，每一个测度指标后面的数字表示您认为该测度指标对于学前融合教育协同治理协同效应的认同程度。**其中，1 表示"非常不认同"，4 表示"中立"，7 表示"特别认同"。**

	测度指标名称及其说明	非常不认同	大多不认同	适度不认同	中立	适度认同	大多认同	特别认同
政府主体行为	1. 规划学前融合教育协同治理战略目标	1	2	3	4	5	6	7
	2. 搭建多元主体协同治理组织架构	1	2	3	4	5	6	7
	3. 顶层设计学前融合教育协同治理框架	1	2	3	4	5	6	7
	4. 为学前融合教育协同治理提供资源保障	1	2	3	4	5	6	7
	5. 积极开展并强力监管学前融合教育协同治理的多元合作	1	2	3	4	5	6	7
	6. 推广并践行学前融合教育理念，开展指导	1	2	3	4	5	6	7

续表

测度指标名称及其说明		测度指标对学前融合教育协同治理协同效应的认同程度						
		非常不认同	大多不认同	适度不认同	中立	适度认同	大多认同	特别认同
幼儿园主体行为	7. 积极落实学前融合教育协同治理的方针、政策等	1	2	3	4	5	6	7
	8. 认同并推广学前融合教育发展理念与教育方式	1	2	3	4	5	6	7
	9. 构建学前融合教育"家校社"合作平台	1	2	3	4	5	6	7
	10. 营造良好的园区融合包容文化氛围	1	2	3	4	5	6	7
	11. 积极配合资源教室的建设及其利用率的提升	1	2	3	4	5	6	7
社会组织主体行为	12. 参与学前融合教育协同治理制度体系构建	1	2	3	4	5	6	7
	13. 为政府购买提供高质量与专业化的服务	1	2	3	4	5	6	7
	14. 从社会责任出发,强调社会组织的公共服务精神	1	2	3	4	5	6	7
	15. 拥有在学前融合教育协同治理中的话语权	1	2	3	4	5	6	7
	16. 对学前融合教育协同治理的宣传、督导与问责	1	2	3	4	5	6	7
家长主体行为	17. 个人深刻理解学前融合教育的价值与功能	1	2	3	4	5	6	7
	18. 认同并接纳学前融合教育理念与教育教学模式	1	2	3	4	5	6	7
	19. 拥有对学前融合教育的发声权与话语权	1	2	3	4	5	6	7
	20. 积极主动参与学前融合教育协同治理活动,接受家庭指导	1	2	3	4	5	6	7
学前融合教育协同治理关系嵌入	21. 多元主体之间是彼此理解与相互认可的	1	2	3	4	5	6	7
	22. 多元主体均高度重视与他人的合作关系	1	2	3	4	5	6	7
	23. 多元主体共同负责以达成目标	1	2	3	4	5	6	7
	24. 多元主体间维持长久的、密切的互动合作关系	1	2	3	4	5	6	7

续表

测度指标名称及其说明		测度指标对学前融合教育协同治理协同效应的认同程度						
		非常不认同	大多不认同	适度不认同	中立	适度认同	大多认同	特别认同
学前融合教育协同治理结构嵌入	25. 当需要专业支持时，不同主体均能从其他主体那里获取	1	2	3	4	5	6	7
	26. 多元主体彼此间的行为能够互相影响，协调各自的冲突与矛盾	1	2	3	4	5	6	7
	27. 多元主体间合作交流的数量	1	2	3	4	5	6	7
	28. 多元主体能够从网络中高效地获取信息、知识并进行传递	1	2	3	4	5	6	7
学前融合教育协同治理协同效应	29. 学前融合教育协同治理中政府间的协同	1	2	3	4	5	6	7
	30. 学前融合教育协同治理中政府与幼儿园、社会组织、家长间的协同	1	2	3	4	5	6	7
	31. 学前融合教育协同治理中幼儿园与社会组织、家长间的协同	1	2	3	4	5	6	7
	32. 学前融合教育协同治理中社会组织与家长间的协同	1	2	3	4	5	6	7

问卷到此结束，再次感谢您对本研究的大力支持！祝愿您身体安康，工作顺利！

附录二 学前融合教育协同治理研究相关访谈提纲

1. 您认为学前融合教育的基本含义是什么？
2. 您认为我国学前融合教育目前发展的现状如何？
3. 您认为学前融合教育在实施中面临的困境有哪些？困境的原因是什么？
4. 学前融合教育牵涉哪些主体？它们之间存在着怎样的关系？
5. 政府部门在学前融合教育中的作用是什么？
6. 家里孩子所在幼儿园是否推行了学前融合教育？目前状况如何？
7. 学前融合教育推进过程中您从何处获得了怎样的支持？成效如何？
8. 幼儿园与政府部门、社会组织是否建立了良性互动模式？
9. 在接受学前融合教育中遇到了哪些困难？您觉得最核心的问题在哪？
10. 您希望从何处获得怎样的支持？
11. 您对于学前融合教育的态度是什么？

12. 您希望以什么样的方式参与学前融合教育？

13. 您对国外发达国家及我国发达地区的学前融合教育是否了解？能否谈谈您的看法？

14. 您是否清楚我国学前融合教育的某一典型案例？请谈谈看法。

15. 基于国家教育治理现代化的背景，谈谈学前融合教育如何展开协同治理。您有何建议？

参考文献

一、英文文献

(一) 图书类

[1] AGRANOFF R. Managing with networks: adding values to public administration [M]. Washington DC: Georgetown University Press, 2010.

[2] ALBA R D, NEE V. Remaking the American mainstream: assimilation and contemporary immigration [M]. Cambridge: Harvard University Press, 2003.

[3] ALKHAFAJI A F. A stakeholder approach to corperate governance: managing in a dynamic environment [M]. New York: Quorum Books, 1989.

[4] ANSOFF H I. Corporate strategy: an analytic approach to business policy for growth and expansion [M]. New York: McGraw-Hill, 1965.

[5] BECK W, VAN DER MAESEN L J G. THOMESE F, et al. Social quality: a vision for Europe [M]. The Hague: Kluwer Law International Press, 2001.

[6] BOOTH T, AINSCOW M. The index for inclusion: developing learning and participation in schools [M]. Bristol: Inclusive Education Research Center Press, 2011.

[7] BURT R S. Structural holes: the social structure of competition [M]. Cambridge: Harvard University Press, 1992.

[8] CHI K S. Four strategies to transform state governance [M]. Washington DC: IBM Center for the Business of Government, 2008.

[9] COLEMAN J. Foundations of social theory [M]. Cambridge: Harvard University Press, 1994.

[10] DETTMER P, DYCK N, THURSON L P. Consultation, collaboration, and teamwork for students with special needs [M]. Boston: Allyn and Bacon, 2009.

[11] DONAHUE J D. ZECKHAUSER R J. Collaborative governance: private roles for public goals in turbulent times [M]. Princeton: Princeton University Press, 2011.

[12] FREEMAN R E. Strategic management: a stakeholder approach [M]. New York: Cambridge University Press, 2010.

[13] GRANOVETTER M, SWEDBERG R. Social of economic life [M]. Boulder: Westview Press, 1992.

[14] GRAY B. Collaborating: finding common ground for multiparty problems [M]. San Francisco: Jossey-Bass, 1989.

[15] HÅKANSSON H, SNEHOTA I. Developing relationships in business networks [M]. London: Routledge, 1995.

[16] HANNON P L. Home and school: research and practice in teaching literacy with parents [M]. London: Falmer Press, 1996.

[17] HIMMELMAN A T. Collaboration for a change: definitions, decision-making models, roles, and collaboration process guide [M]. Minneapolis: Himmelman Consulting, 2002.

[18] HIMMELMAN A T. On the theory and practice of transformational collaboration: from social service to social justice [M] //HUXHAM C. Creating collaborative advantage. London: SAGE Publications, 1996: 110.

[19] HOLLAND J H. Complexity: a very short introduction [M]. Oxford: Oxford University Press, 2014.

[20] HOWARD V F, WILLIAMS B F, LEPPER C. Very young children with special needs: a foundation [M]. Essex: Pearson Education Limited, 2009.

[21] HUXHAM C, VANGEN S. Managing to collaborate: the theory and practice of collaborative advantage [M]. London: Routledge, 2005.

[22] IANSITI M, LEVIEN R. The keystone advantage: what the new dynanmics of business ecosystems mean for strategy, innovation, and

sustainability [M]. Boston: Harvard Business School Press, 2004.

[23] JESSOP B. Governance and meta-governance in the face of complexity: on the roles of requisite variety, reflexive observation, and romantic irony in participatory governance [M] //HEINELT H, GETIMIS P, KAFKALAS G, et al. Participatory governance in multi-level context: concepts and experience. Wiesbaden: VS Verlag für Sozialwissenschaften, 2002: 33-58.

[24] KLINE R B. Principles and practice of structural equation modeling [M]. 3rd ed. New York: The Guilford Press, 2011.

[25] LEWICKI R J, BUNKER B B. Trust in relationships: a model of development and decline [M] //BUNKER B B, RUBIN J Z. Conflict, cooperation, and justice: essays inspired by the work of Morton Deutsch. San Francisco: Jossey-Bass, 1995: 145.

[26] LEWIN R. Complexity: life at the edge of chaos [M]. Chicago: University of Chicago Press, 1999.

[27] LIPSKY D K, GARTNER A. Inclusion and school reform [M]. Baltimore: Paul H. Brookes Publishing, 1997.

[28] MATTESSICH P W, MONSEY B R. Collaboration: what makes it work. A review of research literature on factors influencing successful collaboration [M]. Saint Paul: Amherst H. Wilder Foundation, 1992.

[29] MATTSSON L G. An application of a network approach to marketing: defending and changing market positions [M] //DHOLAKIA N, ARNDT J. Changing the course of marketing: alternative paradigms for widening marketing theory, research in marketing. Greenwich: JAI Press, 1985: 265.

[30] MILLER R. What are schools for? Holistic education in American culture [M]. Brandon: Holistic Education Press, 1997.

[31] NUSSBAUM M. The capabilities of people with cognitive disabilities [M]. British: Blackwell Publishing Ltd, 2009.

[32] OSTROM E. Governing the commons: the evolution of institutions for collective action [M]. Cambridge: Cambridge University Press, 1990.

[33] POLANYI K. The great transformation: the political economic origins of our time [M]. Boston: Beacon Press, 1944.

[34] RUBIN H. Collaborative leadership: developing effective partnerships for communities and schools [M]. Thousand Oaks: Corwin

Press, 2009.

[35] SCHMITTER P C. Participation in governance arrangements: is there any reason to expect it will achieve "sustainable and innovative policies in a multi-level context"? [M]//GROTE J R, GBIKPI B. Participatory governance: political and societal implications. Wiesbaden: VS Verlag für Sozialwissenschaften, 2002: 51-69.

[36] SCHUMACKER R E, LOMAX R G. A beginner's guide to structural equation modeling [M]. 3rd ed. New York: Routledge, 2010.

[37] SHUE V. State power and social organization in China, state power and social forces: domination and transformation in the third world [M]. Cambridge: Cambridge University Press, 1994.

[38] SLEE R. The irregular school: exclusion, schooling and inclusive education [M]. London: Routledge, 2011.

[39] SMITH J M. Evolution and the theory of games [M]. Cambridge: Cambridge University Press, 1982.

[40] SMITH P, LAAGE H J. Small group analysis in industrial networks [M] // AXELSSON B, EASTON G. Industrial networks: a new view of reality. London: Routledge, 1992.

[41] THOMPSON G F. Between hierarchies and markets: the logics and limits of networks forms of organization [M]. Oxford: Oxford University Press, 2003.

[42] THOMSON A M. AmeriCorps organizational networks on the ground: six case studies of Indiana AmeriCorps Programs [M]. Washington DC: Corporation for National Service, 1999.

[43] TODD L. Partnerships for inclusive education: a critical approach to collaborative working [M]. London: Routledge Falmer, 2007.

[44] TODD Z. Handbook of qualitative research methods in psychology and the social sciences [M]. Leicester: British Psychological Society Books, 1996.

[45] United Nations Educational, Scientific and Cultural Organization. Including the excluded: one school for all [M]//EFA 2000: education for All. Paris: UNESCO, 1998: 32.

[46] WALTHER-THOMAS C, KORINEK L, MCLAUGHLIN V L, et al. Collaboration for inclusive education: developing successful

programs [M]. Boston: Allyn and Bacon, 2000.

[47] WANNA J. Collaborative government: meanings, dimensions, drivers and outcomes [M]//O'FLYNN J, WANNA J. Collaborative governance: a new era of public policy in Australia. Canberra: ANU Press, 2008: 3-12.

[48] WARNOCK H M. Special educational needs: report of the committee of enquiry into the education of handicapped children and young people [M]. London: Her Majesty's Stationery Office, 1978.

[49] WASHBROOK E. Low income and early cognitive development [M]. London: Sutton Trust, 2010.

[50] WOLFENDALE S. Empowering parents and teachers: working for children [M]. London: Cassell, 1992.

[51] ZUKIN S, DIMAGGIO P. Structures of capital: the social organization of economy [M]. Cambridge, MA: Cambridge University Press, 1990.

（二）期刊类

[1] AHUJA G. Collaboration networks, structural holes, and innovation: a longitudinal study [J]. Administrative Science Quarterly, 2000, 45 (3): 425-455.

[2] AMSLER L B, SHERROD J. Accountability forums and dispute system design [J]. Public Performance & Management Review, 2017, 40 (3): 529-550.

[3] AMSLER L B. Collaborative governance: integrating management, politics, and law [J]. Public Administration Review, 2016, 76 (5): 700-711.

[4] ANSELL C, GASH A. Collaborative governance in theory and practice [J]. Journal of Public Administration Research and Theory, 2008, 18 (4): 543-571.

[5] BARTOLO P A, KYRIAZOPOULOU M, BJÖRCK-ÅKESSON E, et al. An adapted ecosystem model for inclusive early childhood education: a qualitative cross European study [J]. International Journal of School & Educational Psychology, 2021, 9 (1): 3-15.

[6] BARTON E E, SMITH B J. Advancing high-quality preschool inclusion: a discussion and recommendations for the field [J]. Topics in

Early Childhood Special Education, 2015, 35 (2): 69-78.

[7] BAUMFIELD V. Democratic RE: preparing young people for citizenship [J]. British Journal of Religious Education, 2003, 25 (3): 173-184.

[8] BECKMAN C M, HAUNSCHILD P R. Network learning: the effects of partners' heterogeneity of experience on corporate acquisitions [J]. Administrative Science Quarterly, 2002, 47 (1): 92-124.

[9] BIANUCCI D, CATTANEO G, CIUCCI D. Entropies and co-entropies of coverings with application to incomplete information systems [J]. Fundamenta Informaticae, 2007, 75 (1-4): 77-105.

[10] BOCK G W, ZMUD R W, KIM Y G, et al. Behavioral intention formation in knowledge sharing: examining the roles of extrinsic motivators, social-psychological forces, and organizational climate [J]. MIS Quarterly, 2005, 29 (1): 87-111.

[11] BRINKERHOFF D W, BRINKERHOFF J M. Public-private partnerships: perspectives on purposes, publicness, and good governance [J]. Public Administration and Development, 2011, 31 (1): 2-14.

[12] BROWN W H, ODOM S L, LI S, et al. Ecobehavioral assessment in early childhood programs: a portrait of preschool inclusion [J]. The Journal of Special Education, 1999, 33 (3): 138-153.

[13] BRYSON J M, CROSBY B C, STONE M M. The design and implementation of cross-sector collaborations: propositions from the literature [J]. Public Administration Review, 2006, 66 (S1): 44-55.

[14] BUYSSE V, BAILEY JR D B. Behavioral and developmental outcomes in young children with disabilities in integrated and segregated settings: a review of comparative studies [J]. The Journal of Special Education, 1993, 26 (4): 434-461.

[15] BUYSSE V, HOLLINGSWORTH H L. Program quality and early childhood inclusion: recommendations for professional development [J]. Topics in Early Childhood Special Education, 2009, 29 (2): 119-128.

[16] CAPALDO A. Network structure and innovation: the leveraging of a dual network as a distinctive relational capability [J]. Strategic Management Journal, 2007, 28 (6): 585-608.

[17] CATHY N, PETER C. Perspectives on inclusive early education [J].

Literacy Today, 2004 (12): 18-19.

[18] CHILDREN Y E, VN P. Early childhood inclusion: a joint position statement of the Division for Early Childhood (DEC) and the National Association for the Education of Young Children (NAEYC) [J]. Young Exceptional Children, 2009, 12: 42-47.

[19] CHILDS K. Integrating multiculturalism in education for the 2020 classroom: moving beyond the "melting pot" of festivals and recognition months [J]. Journal for Multicultural Education, 2017, 11 (1): 31-36.

[20] CLEMENT R W. The lessons from stakeholder theory for US business leaders [J]. Business Horizons, 2005, 48 (3): 255-264.

[21] COLEMAN J S. Social capital in the creation of human capital [J]. American Journal of Sociology, 1988, 94: S95-S120.

[22] CONNICK S, INNES J E. Outcomes of collaborative water policy making: applying complexity thinking to evaluation [J]. Journal of Environmental Planning and Management, 2003, 46 (2): 177-197.

[23] DAWES S S, PREFONTAINE L. Understanding new models of collaboration for delivering government services [J]. Communications of the ACM, 2003, 46 (1): 40-42.

[24] DE MAESSCHALCK V. Indicators of social quality: outcomes for belgium [J]. European Journal of Social Quality, 2005, 5 (1-2): 25-42.

[25] DHANARAJ C, PARKHE A. Orchestrating innovation networks [J]. Academy of Management Review, 2006, 31 (3): 659-669.

[26] DI GUARDO M C, HARRIGAN K R. Mapping research on strategic alliances and innovation: a co-citation analysis [J]. The Journal of Technology Transfer, 2012, 37 (6): 789-811.

[27] DIAMOND K E, HUANG H H. Preschoolers' ideas about disabilities [J]. Infants & Young Children, 2005, 18 (1): 37-46.

[28] DORN S, SCHWEIGER B, ALBERS S. Levels, phases and themes of coopetition: a systematic literature review and research agenda [J]. European Management Journal, 2016, 34 (5): 484-500.

[29] DYER J H, SINGH H. The relational view: cooperative strategy and sources of interorganizational competitive advantage [J]. Academy of

Management Review, 1998, 23 (4): 660−679.

[30] EMERSON K, NABATCHI T, BALOGH S. An integrative framework for collaborative governance [J]. Journal of Public Administration Research and Theory, 2012, 22 (1): 1−29.

[31] FELLMAN T. Collaboration and the beaverhead-deerlodge partnership: the good, the bad, and the ugly [J]. Public Land & Resources Law Review, 2009, 30: 79−106.

[32] FORNELL C, LARCKER D F. Structural equation models with unobservable variables and measurement error: algebra and statistics [J]. Journal of Marketing Research, 1981, 18 (3): 382−388.

[33] FRIEDKIN N. A test of structural features of granovetter's strength of weak ties theory [J]. Social Networks, 1980, 2 (4): 411−422.

[34] FRIEND M, COOK L, HURLEY − CHAMBERLAIN D A, et al. Co−teaching: an illustration of the complexity of collaboration in special education [J]. Journal of Educational and Psychological Consultation, 2010, 20 (1): 9−27.

[35] GRANOVETTER M. Economic action and social structure: the problem of embeddedness [J]. American Journal of Sociology, 1985, 91 (3): 481−510.

[36] GRANOVETTER M. The strength of weak ties: a network theory revisited [J]. Sociological Theory, 1973, 1 (6): 201−233.

[37] GULATI R, LAVIE D, MADHAVAN R R. How do networks matter? The performance effects of interorganizational networks [J]. Research in Organizational Behavior, 2011, 31: 207−224.

[38] GULATI R. Alliances and networks [J]. Strategic Management Journal, 1998, 19 (4): 293−317.

[39] GULATI R. Network location and learning: the influence of network resources and firm capabilities on alliance formation [J]. Strategic Management Journal, 1999, 20 (5): 397−420.

[40] HAGEDOORN J. Understanding the cross−level embeddedness of interfirm partnership formation [J]. Academy of Management Review, 2006, 31 (3): 670−680.

[41] HAKEN H. Synergetics of brain function [J]. International Journal of Psychophysiology, 2006, 60 (2): 110−124.

[42] HALINEN A, TÖRNROOS J Å. The role of embeddedness in the evolution of business networks [J]. Scandinavian Journal of Management, 1998, 14 (3): 187−205.

[43] HARTLEY J, SORENSEN E, TORFING J. Collaborative innovation: a viable alternative to market competition and organizational entrepreneurship [J]. Public Administration Review, 2013, 73 (6): 821−830.

[44] HEBBELER K, SPIKER D, KAHN L. Individuals with disabilities education act's early childhood programs: powerful vision and pesky details [J]. Topics in Early Childhood Special Education, 2012, 31 (4): 199−207.

[45] HEIDE J B, MINER A S. The shadow of the future: effects of anticipated interaction and frequency of contact on buyer−seller cooperation [J]. Academy of Management Journal, 1992, 35 (2): 265−291.

[46] HERBERT S. Bounded rationality in social science: today and tomorrow [J]. Mind & Society, 2000, 1 (1): 25−39.

[47] HILBERT D. Perceptions of parents of young children with and without disabilities attending inclusive preschool programs [J]. Journal of Education and Learning, 2014, 3 (4): 49−59.

[48] HOLLINGSWORTH H L, BUYSSE V. Establishing friendships in early childhood inclusive settings: what roles do parents and teachers play? [J]. Journal of Early Intervention, 2009, 31 (4): 287−307.

[49] IMPERIAL M T. Using collaboration as a governance strategy: lessons from six watershed management programs [J]. Administration & Society, 2005, 37 (3): 281−320.

[50] KIM S, YOON B. A systematic approach for new service concept generation: application of agent−based simulation [J]. Expert Systems with Applications, 2014, 41 (6): 2793−2806.

[51] KNACK S, KEEFER P. Does social capital have an economic payoff? A cross−country investigation [J]. The Quarterly Journal of Economics, 1997, 112 (4): 1251−1288.

[52] KOSCHMANN M A, KUHN T R, PFARRER M D. A communicative framework of value in cross−sector partnerships [J]. Academy of Management Review, 2012, 37 (3): 332−354.

[53] KWON K A, ELICKER J, KONTOS S. Social IEP objectives, teacher

talk, and peer interaction in inclusive and segregated preschool settings [J]. Early Childhood Education Journal, 2011, 39 (4): 267-277.

[54] LAWRENCE T B, PHILLIPS N, HARDY C. Watching whale watching: exploring the discursive foundations of collaborative relationships [J]. The Journal of Applied Behavioral Science, 1999, 35 (4): 479-502.

[55] LEDERER A L, SETHI V. Critical dimensions of strategic information systems planning [J]. Decision Sciences, 1991, 22 (1): 104-119.

[56] LEITHWOOD K, HARRIS A, HOPKINS D. Seven strong claims about successful school leadership [J]. School Leadership and Management, 2008, 28 (1): 27-42.

[57] LEUNG C, LEUNG J, LEUNG S, et al. Effectiveness of the Whole Inclusive School Empowerment (WISE) project in supporting preschool children with diverse learning needs [J]. Research in Developmental Disabilities, 2019, 92: 103433.

[58] LEWIS D, OPOKU-MENSAH P. Moving forward research agendas on international NGOs: theory, agency and context [J]. Journal of International Development, 2006, 18 (5): 665-675.

[59] LIN J L, FANG S C, FANG S R, et al. Network embeddedness and technology transfer performance in R&D consortia in Taiwan [J]. Technovation, 2009, 29 (11): 763-774.

[60] LINDSAY G. Inclusive education: a critical perspective [J]. British Journal of Special Education, 2003, 30 (1): 3-12.

[61] LING T. Delivering joined-up government in the UK: dimensions, issues and problems [J]. Public Administration, 2002, 80 (4): 615-642.

[62] LOREMAN T, MCGHIE-RICHMOND D, KOLUPAYEVA A, et al. A Canada-Ukraine collaborative initiative for introducing inclusive education for children with disabilities in Ukraine: participant perspectives [J]. School Effectiveness and School Improvement, 2016, 27 (1): 24-44.

[63] MCCAFFREY D P, FAERMAN S R, HART D W. The appeal and difficulties of participative systems [J]. Organization Science, 1995, 6 (6): 603-627.

[64] MCEVILY B, MARCUS A. Embedded ties and the acquisition of competitive capabilities [J]. Strategic Management Journal, 2005, 26 (11): 1033-1055.

[65] MCEVILY B, ZAHEER A. Bridging ties: a source of firm heterogeneity in competitive capabilities [J]. Strategic Management Journal, 1999, 20 (12): 1133-1156.

[66] MCLOUGHLIN C. Factors affecting state-non-governmental organisation relations in service provision: key themes from the literature [J]. Public Administration and Development, 2011, 31 (4): 240-251.

[67] MCNALLY S A, SLUTSKY R. Key elements of the Reggio Emilia approach and how they are interconnected to create the highly regarded system of early childhood education [J]. Early Child Development and Care, 2017, 187 (12): 1925-1937.

[68] MOORE J F. Business ecosystems and the view from the firm [J]. The Antitrust Bulletin, 2006, 51 (1): 31-75.

[69] MORSE R S, STEPHENS J B. Teaching collaborative governance: phases, competencies, and case-based learning [J]. Journal of Public Affairs Education, 2012, 18 (3): 565-583.

[70] NA L, HAMPLE D. Psychological pathways from social integration to health: an examination of different demographic groups in Canada [J]. Social Science & Medicine, 2016, 151: 196-205.

[71] NAHMIAS A S, KASE C, MANDELL D S. Comparing cognitive outcomes among children with autism spectrum disorders receiving community-based early intervention in one of three placements [J]. Autism, 2014, 18 (3): 311-320.

[72] NELSON R E. The strength of strong ties: social networks and intergroup conflict in organizations [J]. Academy of Management Journal, 1989, 32 (2): 377-401.

[73] NIND M. Early childhood education and special needs education: some neglected common ground? [J]. Westminster Studies in Education, 2002, 25 (1): 77-90.

[74] ODOM S L, BUYSSE V, SOUKAKOU E. Inclusion for young children with disabilities: a quarter century of research perspectives [J]. Journal of

Early Intervention, 2011, 33 (4): 344—356.

[75] ODOM S L, DEKLYEN M, JENKINS J R. Integrating handicapped and nonhandicapped preschoolers: developmental impact on nonhandicapped children [J]. Exceptional Children, 1984, 51 (1): 41—48.

[76] ODOM S L, ZERCHER C, LI S, et al. Social acceptance and rejection of preschool children with disabilities: a mixed—method analysis [J]. Journal of Educational Psychology, 2006, 98 (4): 807—823.

[77] ODOM S L. The tie that binds: evidence—based practice, implementation science, and outcomes for children [J]. Topics in Early Childhood Special Education, 2009, 29 (1): 53—61.

[78] PEMBERTON S, MASON J. Co—production and Sure Start children's centres: reflecting upon users', perspectives and implications for service delivery, planning and evaluation [J]. Social Policy and Society, 2009, 8 (1): 13—24.

[79] PERSSON E. Raising achievement through inclusion [J]. International Journal of Inclusive Education, 2013, 17 (11): 1205—1220.

[80] PHELPS C, HEIDL R, WADHWA A. Knowledge, networks, and knowledge networks: a review and research agenda [J]. Journal of Management, 2012, 38 (4): 1115—1166.

[81] PICKLES A, LE COUTEUR A, LEADBITTER K, et al. Parent—mediated social communication therapy for young children with autism (PACT): long—term follow—up of a randomised controlled trial [J]. The Lancet, 2016, 388 (10059): 2501—2509.

[82] POLLITT C. Joined—up government: a survey [J]. Political Studies Review, 2003, 1 (1): 34—49.

[83] PROVAN K G, KENIS P. Modes of network governance: structure, management, and effectiveness [J]. Journal of Public Administration Research and Theory, 2008, 18 (2): 229—252.

[84] RAKAP S, CIG O, PARLAK—RAKAP A. Preparing preschool teacher candidates for inclusion: impact of two special education courses on their perspectives [J]. Journal of Research in Special Educational Needs, 2017, 17 (2): 98—109.

[85] REAVES J, BURNS J. An analysis of the impact of the handicapped

children's early education program (final report) [J]. Mycopathologia, 1982, 152 (3): 113-123.

[86] RHODES R A W. The new governance: governing without government [J]. Political Studies, 1996, 44 (4): 652-667.

[87] RINDFLEISCH A, MOORMAN C. The acquisition and utilization of information in new product alliances: a strength-of-ties perspective [J]. Journal of Marketing, 2001, 65 (2): 1-18.

[88] RING P S, VAN DE VEN A H. Developmental processes of cooperative interorganizational relationships [J]. Academy of Management Review, 1994, 19 (1): 90-118.

[89] RITZBERGER K, WEIBULL J W. Evolutionary selection in normal-form games [J]. Econometrica: Journal of the Econometric Society, 1995, 63 (6): 1371-1399.

[90] ROBO M. Social inclusion and inclusive education [J]. Academicus International Scientific Journal, 2014 (10): 181-191.

[91] SELDEN S C, SOWA J E, SANDFORT J. The impact of nonprofit collaboration in early child care and education on management and program outcomes [J]. Public Administration Review, 2006, 66 (3): 412-425.

[92] SELTEN R. A note on evolutionary stable strategies in asymmetric animal conflicts [J]. Journal of Theoretical Biology, 1980, 84 (1): 93-101.

[93] SMITH B. Buyer-seller relationships: bonds, relationship management, and sex-type [J]. Canadian Journal of Administrative Sciences, 1998, 15 (1): 76-92.

[94] SMITH M K, SMITH K E. "I believe in inclusion, but ...": regular education early childhood teachers' perceptions of successful inclusion [J]. Journal of Research in Childhood Education, 2000, 14 (2): 161-180.

[95] SMITH S L. Collaborative approaches to Pacific Northwest fisheries management: the salmon experience [J]. Willamette Journal of International Law and Dispute Resolution, 1998 (6): 29-68.

[96] STRAIN P S. Four-year follow-up of children in the LEAP randomized trial: some planned and accidental findings [J]. Topics in Early Childhood Special Education, 2017, 37 (2): 121-126.

[97] TANSLEY A G. The use and abuse of vegetational concepts and terms [J]. Ecology, 1935, 16 (3): 284-307.

[98] TERZI L. Capability and educational equality: the just distribution of resources to students with disabilities and special educational needs [J]. Journal of Philosophy of Education, 2007, 41 (4): 757-773.

[99] THOMSON A M, PERRY J L. Collaboration processes: inside the black box [J]. Public Administration Review, 2006, 66 (S1): 20-32.

[100] TSAI W, GHOSHAL S. Social capital and value creation: the role of intrafirm networks [J]. Academy of Management Journal, 1998, 41 (4): 464-476.

[101] TSAI W. Knowledge transfer in intraorganizational networks: effects of network position and absorptive capacity on business unit innovation and performance [J]. Academy of Management Journal, 2001, 44 (5): 996-1004.

[102] UNDERWOOD K, TRENT-KRATZ M. Contributions of school-based parenting and family literacy centres in an early childhood service system [J]. School Community Journal, 2015, 25 (1): 95-116.

[103] UZZI B, GILLESPIE J J. Knowledge spillover in corporate financing networks: embeddedness and the firm's debt performance [J]. Strategic Management Journal, 2002, 23 (7): 595-618.

[104] UZZI B. Social structure and competition in interfirm networks: the paradox of embeddedness [J]. Administrative Science Quarterly, 1997, 42 (1): 37-69.

[105] VAKIL S, FREEMAN R, SWIM T J. The Reggio Emilia approach and inclusive early childhood programs [J]. Early Childhood Education Journal, 2003, 30 (3): 187-192.

[106] VLACHOU A, FYSSA A. 'Inclusion in practice': programme practices in mainstream preschool classrooms and associations with context and teacher characteristics [J]. International Journal of Disability, Development and Education, 2016, 63 (5): 529-544.

[107] WARREN R L. The interorganizational field as a focus for investigation [J]. Administrative Science Quarterly, 1967, 12 (3): 396-419.

[108] WARREN S R, MARTINEZ R S, SORTINO L A. Exploring the

quality indicators of a successful full-inclusion preschool program [J]. Journal of Research in Childhood Education, 2016, 30 (4): 540-553.

[109] WIGGINS K C, DAMORE S J. "Survivors" or "friends"? A framework for assessing effective collaboration [J]. Teaching Exceptional Children, 2006, 38 (5): 49-56.

[110] WOOD D J, GRAY B. Toward a comprehensive theory of collaboration [J]. The Journal of Applied Behavioral Science, 1991, 27 (2): 139-162.

[111] YAMAUCHI L A, PONTE E, RATLIFFE K T, et al. Theoretical and conceptual frameworks used in research on family-school partnerships [J]. School Community Journal, 2017, 27 (2): 9-34.

[112] YELL M L, ANTONIS K. The supreme court and special education [J]. Intervention in School and Clinic, 2019, 5 (54): 311-318.

（三）其他类

[1] CHOI T. Information sharing, deliberation and collective decision-making: a computational model of collaborative governance [D]. Los Angeles: University of Southern California, 2011.

[2] Department for Education and Skills. Everychild matters: change for children [R]. London: Stationery Office, 2004.

[3] DONAHUE J. On collaborative governance: corporate social responsibility initiative working paper NO. 2 [R]. Cambridge: John F. Kennedy School of Government, 2004.

[4] European Agency for Development in Special Needs Education. Teacher education for inclusion: profile of inclusive teachers [R]. Odense: European Agency for Development in Special Needs Education, 2012.

[5] HADDAD L. An integrated approach to early childhood education and care [R]. Paris: UNESCO, 2002.

[6] Organization for Economic Co-operation and Development. Starting strong 2017: key OECD indicators on early childhood education and care [R]. Paris: OECD, 2017.

[7] STOCK J R. Evaluation of handicapped children's early education program (HCEEP) [R]. Washington DC: Bureau of Education for the Handicapped, 1976.

[8] United Nations Educational, Scientific and Cultural Organization. The

Salamanca statement and framework for action on special needs education [R]. Paris: UNESCO, 1994.

二、中文文献

（一）图书类

[1] 阿格拉诺夫，麦圭尔. 协作性公共管理：地方政府新战略 [M]. 李玲玲，鄞益奋，译. 北京：北京大学出版社，2007.

[2] 艾伦，施瓦兹. 特殊儿童的早期融合教育 [M]. 周念丽，苏雪云，张旭，等译. 上海：华东师范大学出版社，2005.

[3] 贝塔朗菲. 一般系统论：基础、发展和应用 [M]. 林康义，魏宏森，等译. 北京：清华大学出版社，1987.

[4] 陈东珍. 学前特殊教育 [M]. 北京：北京师范大学出版社，2001.

[5] 陈劲. 协同创新 [M]. 杭州：浙江大学出版社，2012.

[6] 冯大鸣. 美、英、澳教育管理前沿图景 [M]. 北京：教育科学出版社，2004.

[7] 富勒，奥尔森. 家庭与学校的联系——如何成功地与家长合作 [M]. 谭军华，等译. 北京：中国轻工业出版社，2003.

[8] 顾明远. 教育大辞典 [M]. 上海：上海教育出版社，1999.

[9] 郭为藩. 特殊儿童心理与教育 [M]. 台北：文景书局，1984.

[10] 中华人民共和国教育部发展规划司. 中国教育统计年鉴（2019）[M]. 北京：中国统计出版社，2020.

[11] 哈肯. 大自然成功的奥秘：协同学 [M]. 凌复华，译. 上海：上海译文出版社，2018.

[12] 哈拉尔. 新资本主义 [M]. 冯韵文，黄育馥，杜红卫，等译. 北京：社会科学文献出版社，1991.

[13] 侯杰泰，温忠麟，成子娟. 结构方程模型及其应用 [M]. 北京：教育科学出版社，2004.

[14] 黄志成. 全纳教育：关注所有学生的学习与参与 [M]. 上海：上海教育出版社，2004.

[15] 惠迪，鲍尔，哈尔平. 教育中的放权与择校：学校、政府和市场 [M]. 马忠虎，译. 北京：教育科学出版社，2003.

[16] 霍绍周. 系统论 [M]. 北京：科学技术文献出版社，1988.

[17] 贾仁安. 组织管理系统动力学［M］. 北京：科学出版社，2014.

[18] 坎贝尔，卢克斯. 战略协同［M］. 任通海，龙大伟，译. 北京：机械工业出版社，2000.

[19] 康利. 谁在管理我们的学校——变化中的角色和责任［M］. 侯定凯，译. 上海：华东师范大学出版社，2005.

[20] 刘春玲，江琴娣. 特殊教育概论［M］. 上海：华东师范大学出版社，2008.

[21] 刘军. 公共关系学［M］. 北京：机械工业出版社，2006.

[22] 罗西瑙. 没有政府的治理——世界政治中的秩序与变革［M］. 张胜军，刘小林，等译. 南昌：江西人民出版社，2001.

[23] 马红英，谭和平. 特殊教育需要学生的教育［M］. 北京：北京大学出版社，2011.

[24] 马忠虎. 家校合作［M］. 2版. 北京：教育科学出版社，2001.

[25] 麦克德莫特. 掌控公立学校教育：地方主义与公平［M］. 周玲，杨旻，译. 北京：教育科学出版社，2007.

[26] 毛荣建. 学习障碍儿童教育概论［M］. 天津：天津教育出版社，2007.

[27] 朴永馨. 特殊教育辞典［M］. 北京：华夏出版社，2006.

[28] 钱学森. 论系统工程［M］. 长沙：湖南科学技术出版社，1982.

[29] 邱伯. 政治、市场和学校［M］. 蒋衡，译. 北京：教育科学出版社，2003.

[30] 邱皓政，林碧芳. 结构方程模型的原理与应用［M］. 2版. 北京：中国轻工业出版社，2019.

[31] 荣泰生. AMOS与研究方法［M］. 重庆：重庆大学出版社，2009.

[32] 荣泰生. 企业研究方法［M］. 北京：中国税务出版社，2005.

[33] 申仁洪. 从隔离到融合——随班就读效能化的理论与实践［M］. 重庆：重庆大学出版社，2014.

[34] 威廉姆森. 治理机制［M］. 石烁，译. 北京：机械工业出版社，2016.

[35] 韦尔默. 后形而上学现代性［M］. 应奇，罗亚玲，译. 上海：上海译文出版社，2007.

[36] 魏宏森，曾国屏. 系统论：系统科学哲学［M］. 北京：清华大学出版社，1995.

[37] 吴明隆. 结构方程模型——AMOS的操作与应用［M］. 重庆：重庆大学出版社，2009.

[38] 吴淑美. 融合教育理论与实践［M］. 北京：华夏出版社，2018.

[39] 夏建中. 中国城市社区治理结构研究［M］. 北京：中国人民大学出版社，2011.

[40] 徐云，施旒英. 弱智儿童教育经验精选［M］. 杭州：浙江教育出版社，1990.

[41] 许慎. 说文解字［M］. 徐铉，校. 上海：上海古籍出版社，2021.

[42] 俞可平. 治理与善治［M］. 北京：社会科学文献出版社，2000.

[43] 袁方. 社会研究方法教程［M］. 北京：北京大学出版社，2004.

（二）期刊类

[1] 曹任何. 合法性危机：治理兴起的原因分析［J］. 理论与改革，2006（2）：20-24.

[2] 陈慧荣. 国家治理与国家建设［J］. 学术月刊，2014，46（7）：9-12.

[3] 陈朋. 地方治理现代化的困境与路径研究［J］. 中国特色社会主义研究，2015（4）：61-65.

[4] 陈鹏，庞学光. 培养完满的职业人——关于现代职业教育的理论构思［J］. 教育研究，2013，34（1）：101-107.

[5] 陈伟，殷妙仲. 协同治理下的服务效能共谋——一个华南"混合行动秩序"的循证研究［J］. 学习与实践，2016（10）：82-93.

[6] 褚宏启，贾继娥. 教育治理中的多元主体及其作用互补［J］. 教育发展研究，2014，34（19）：1-7.

[7] 褚宏启. 教育治理：以共治求善治［J］. 教育研究，2014，35（10）：4-11.

[8] 褚宏启. 我们需要什么样的现代学校制度［J］. 教育研究，2004，25（12）：32-38.

[9] 褚添有. 社会治理机制：概念界说及其框架构想［J］. 广西师范大学学报（哲学社会科学版），2017，53（2）：42-45.

[10] 党秀云. 论公共管理中的公民参与［J］. 中国行政管理，2003（10）：32-35.

[11] 邸晓星. 社会协同治理的法治意涵探析［J］. 山西大学学报（哲学社会科学版），2017，40（6）：40-45.

[12] 丁勇. 全纳教育——当代教育发展的方向、内涵和启示［J］. 外国教育研究，2007，34（8）：22-26.

[13] 杜建政，赵国祥，刘金平. 测评中的共同方法偏差［J］. 心理科学，2005，28（2）：420-422.

[14] 范逢春. 基于社会质量角度论城市社区治理创新模式 [J]. 兰州学刊, 2014 (11): 164-170.

[15] 高遐, 井润田, 万媛媛. 管理决断权、高管薪酬与企业绩效的实证研究 [J]. 管理评论, 2012, 24 (4): 107-114.

[16] 葛永林, 徐正春. 论霍兰的 CAS 理论——复杂系统研究新视野 [J]. 系统辩证学学报, 2002, 10 (3): 65-67.

[17] 郭广军, 金建雄. 高职教育质量保障多元协同治理模式研究 [J]. 高等职业教育探索, 2019, 18 (4): 13-18.

[18] 郭文斌, 王心靓. 学前融合教育高质量发展的内涵及实现路径 [J]. 现代特殊教育, 2022 (22): 26-33.

[19] 韩周, 秦远建, 王苕祥. 中国企业协同创新网络治理研究 [J]. 科学管理研究, 2016, 34 (1): 75-78.

[20] 胡碧颖, 李克建. 学前融合教育质量: 相关概念解析与评价工具的理论构想 [J]. 中国特殊教育, 2012 (5): 3-7.

[21] 胡斌, 章仁俊. 企业生态系统的动态演化机制研究 [J]. 世界标准化与质量管理, 2008 (8): 4-8.

[22] 胡恒波. 美国学前全纳教育的内涵、策略及启示——基于《学前全纳教育联合声明》的探索 [J]. 世界教育信息, 2016, 29 (17): 43-46.

[23] 胡宏伟, 袁水苹, 郑翩翩. 构建健康公平促进的综合治理体系 [J]. 中国社会工作, 2018 (17): 20-21.

[24] 黄志成. 全纳教育: 21世纪全球教育研究新课题 [J]. 全球教育展望, 2001, 30 (1): 51-54.

[25] 姬兆亮, 戴永翔, 胡伟. 政府协同治理: 中国区域协调发展协同治理的实现路径 [J]. 西北大学学报 (哲学社会科学版), 2013, 43 (2): 122-126.

[26] 吉峰, 周敏. 区域创新网络行为主体特性、信任建立机制与信任度关系研究 [J]. 科技管理研究, 2007, 27 (2): 47-50.

[27] 姜美玲. 教育公共治理: 内涵、特征与模式 [J]. 全球教育展望, 2009, 38 (5): 39-46.

[28] 蒋永甫. 农村环境治理中政府主导与农民参与良性互动的实现路径——基于行动的"嵌入性理论"视角 [J]. 云南大学学报 (社会科学版), 2021, 20 (5): 117-124.

[29] 鲍勃·杰索普, 漆燕. 治理的兴起及其失败的风险: 以经济发展为例的论述 [J]. 国际社会科学杂志 (中文版), 2019 (3): 52-67.

[30] 金绍荣, 刘新智. 非政府组织参与公共教育治理: 目标、困境与路向 [J]. 教育发展研究, 2013, 33 (5): 49-54.

[31] 金绍荣, 陶瑶, 潘昱丞. 高校创业教育多边协同治理的逻辑与推进路径 [J]. 西南师范大学学报 (自然科学版), 2018, 43 (8): 121-128.

[32] 李彬彬, 杨晓萍. 西方教育变革的顶层设计与推进机制 [J]. 教育研究, 2014, 35 (10): 128-135.

[33] 李龙, 任颖. "治理"一词的沿革考略——以语义分析与语用分析为方法 [J]. 法制与社会发展, 2014, 20 (4): 5-27.

[34] 李维安. 现代治理突围传统管理: 避免陷入误区 [J]. 南开管理评论, 2014, 17 (1): 1.

[35] 李伟涛. 现代化进程中的教育协同治理: 壁垒与进路 [J]. 教育发展研究, 2021, 41 (3): 12-19.

[36] 李伟亚. 普通幼儿园有特殊教育需要儿童的在园生存现状 [J]. 学前教育研究, 2011 (12): 34-40.

[37] 李中原, 庞立生. 国家治理视角下高等教育协同治理机制构建研究 [J]. 现代教育管理, 2020 (1): 50-56.

[38] 梁梦君, 宋国语, 陈夏尧, 等. 我国残疾儿童学前教育发展现状、问题与对策 [J]. 残疾人研究, 2020 (2): 12-22.

[39] 刘润忠. 试析结构功能主义及其社会理论 [J]. 天津社会科学, 2005 (5): 52-56.

[40] 刘朔, 陆根书. 发挥国际非政府组织作用 促进我国贫困地区教育公平 [J]. 复旦教育论坛, 2009, 7 (2): 56-60.

[41] 刘韬. 教育治理现代化视阈下职业教育治理共同体构建 [J]. 职教论坛, 2016 (13): 70-76.

[42] 刘新学. 学前融合教育专业建设的基本路径——以南京特殊教育师范学院学前教育专业为例 [J]. 现代特殊教育, 2018 (4): 8-11.

[43] 鲁迎春. 政府供给养老服务的动力机制研究 [J]. 中共浙江省委党校学报, 2016, 32 (1): 109-114.

[44] 吕苹, 付欣悦. 普惠性幼儿教育机构发展现状及其分析: 非营利组织的视角 [J]. 教育发展研究, 2013, 33 (6): 47-51.

[45] 吕童. 网格化治理结构优化路径探讨——以结构功能主义为视角 [J]. 北京社会科学, 2021 (4): 106-115.

[46] 马全中. 治理概念的再认识——基于服务型政府理论的视角 [J]. 中共天津市委党校学报, 2014 (5): 99-105.

[47] 马雪松. 结构、资源、主体：基本公共服务协同治理 [J]. 中国行政管理，2016（7）：52−56.

[48] 缪继光. 用十八大精神引领特教事业科学发展 [J]. 现代特殊教育，2013（3）：16−17.

[49] 欧阳新梅，张丽莉. 专业学习共同体：学前融合教育的有效支持模式 [J]. 现代特殊教育，2019（22）：44−47.

[50] 彭霞光. 全纳教育：未来之路——对全纳教育理念的思考与解读 [J]. 中国特殊教育，2008（12）：3−6.

[51] 彭正梅. 高贵的幻象：教育理想的历史考察 [J]. 全球教育展望，2009，38（7）：33−40.

[52] 沈克印. 政府与体育社会组织协同治理的地方实践与推进策略——以常州市政府购买公共体育服务为例 [J]. 武汉体育学院学报，2017，51（1）：12−19.

[53] 斯托克，华夏风. 作为理论的治理：五个论点 [J]. 国际社会科学杂志（中文版），2019（3）：23−32.

[54] 孙珂，孙玉梅. 学前融合教育教师专业素养构建探究 [J]. 现代特殊教育，2018（12）：19−24.

[55] 孙绵涛. 现代教育治理体系的概念、要素及结构探析 [J]. 教育研究与实验，2015（6）：52−56.

[56] 田培杰. 协同治理概念考辨 [J]. 上海大学学报（社会科学版），2014，31（1）：124−140.

[57] 王孟钧，刘慧，张镇森，等. 重大建设工程技术创新网络协同要素与协同机制分析 [J]. 中国工程科学，2012，14（12）：106−112.

[58] 王天苗. 运用教学支援建立融合教育的实施模式：以一公立幼稚园的经验为例 [J]. 特殊教育学报，2001（21）：27−51.

[59] 王婷婷，李宏伟. 江苏省普通幼儿园学前特殊教育现状与分析 [J]. 南京特教学院学报，2012（2）：8−11.

[60] 王霄，胡军. 社会资本结构与中小企业创新——一项基于结构方程模型的实证研究 [J]. 管理世界，2005（7）：116−122.

[61] 王晓辉. 关于教育治理的理论构思 [J]. 北京师范大学学报（社会科学版），2007（4）：5−14.

[62] 韦小满，袁文得，刘全礼. 北京香港两地普小教师对有特殊教育需要学生随班就读态度的比较研究 [J]. 北京师范大学学报（人文社会科学版），2001（1）：34−39.

[63] 魏海深. 管办评分离中高等教育协同治理的困境及其突破 [J]. 湖南科技大学学报（社会科学版），2016，19（6）：165－169.

[64] 温忠麟，侯杰泰，张雷. 调节效应与中介效应的比较和应用 [J]. 心理学报，2005，37（2）：268－274.

[65] 文桃. 关于学前融合教育的几点思考——以兰州市 S 幼儿园为例 [J]. 西北成人教育学院学报，2017（6）：54－58.

[66] 乌杰. 协同论与和谐社会 [J]. 系统科学学报，2010，18（1）：1－5.

[67] 伍红林. 教师教育治理中的"双重协同难题"及其创新路径 [J]. 大学教育科学，2019（1）：33－39.

[68] 肖凤翔，饶红涛. 职业教育质量发展观的核心：以人为本与可持续发展 [J]. 中国职业技术教育，2015（6）：28－31.

[69] 邢晖，郭静. 职业教育协同治理的基础、框架和路径 [J]. 国家教育行政学院学报，2018（3）：90－95.

[70] 徐嫣，宋世明. 协同治理理论在中国的具体适用研究 [J]. 天津社会科学，2016，2（2）：74－78.

[71] 徐云. 加快发展学前教育，保障特殊儿童基本权利 [J]. 现代特殊教育，2020（1）：7－10.

[72] 燕继荣. 社会变迁与社会治理——社会治理的理论解释 [J]. 北京大学学报（哲学社会科学版），2017，54（5）：69－77.

[73] 杨朝军，陈杰. 教育公平视角下学前融合教育的可持续发展策略探究 [J]. 兰州教育学院学报，2018，34（10）：172－174.

[74] 杨清华. 协同治理的价值及其局限分析 [J]. 中北大学学报（社会科学版），2011，27（1）：6－9.

[75] 杨希洁. 我国大陆特殊儿童早期干预研究综述 [J]. 中国特殊教育，2003（4）：64－69.

[76] 叶大凤. 协同治理：政策冲突治理模式的新探索 [J]. 管理世界，2015（6）：172－173.

[77] 尹达. 教育治理现代化：理论依据、内涵特点及体系建构 [J]. 重庆高教研究，2015，3（1）：5－9.

[78] 尹苗苗，彭秀青，彭学兵. 中国情境下新企业投机导向对资源整合的影响研究 [J]. 南开管理评论，2014，17（6）：149－157.

[79] 于素红，朱媛媛. 随班就读支持保障体系的建设 [J]. 中国特殊教育，2012（8）：3－8.

[80] 余强. 美国学前阶段特殊教育全纳安置模式述评 [J]. 外国教育研究，

2008，35（8）：44-48.

[81] 郁建兴，张利萍. 地方治理体系中的协同机制及其整合［J］. 思想战线，2013，39（6）：95-100.

[82] 张国栋，曹漱芹，朱宗顺. 国外学前融合教育质量：界定、评价和启示［J］. 中国特殊教育，2015（4）：3-8.

[83] 张培. 高等职业教育校企合作长效机制构建研究［J］. 教育理论与实践，2016，36（6）：15-17.

[84] 张婷，朱凤英. 特殊教育内涵发展的走向与实践依托［J］. 中国特殊教育，2017（10）：3-8.

[85] 张仲涛，周蓉. 我国协同治理理论研究现状与展望［J］. 社会治理，2016（3）：48-53.

[86] 赵彦志，周守亮. 多元嵌入视角下科研组织的网络治理与创新绩效关系［J］. 经济管理，2016，38（12）：170-182.

[87] 郑巧，肖文涛. 协同治理：服务型政府的治道逻辑［J］. 中国行政管理，2008（7）：48-53.

[88] 郑卫荣. 政府治理视角下的公共服务协同治理［J］. 经营与管理，2010（6）：22-25.

[89] 周春艳. 学前教育专业大学生融合教育素养的培养：困境和对策［J］. 现代特殊教育，2017（4）：55-59.

[90] 周建国. 社会转型与人际关系结构的变化［J］. 重庆社会科学，2002（5）：76-80.

[91] 周晶，万兴亚. 从管理走向治理：区域高等职业教育发展范式转型的路径研究［J］. 职教论坛，2014（19）：44-49.

[92] 周念丽. 中日幼儿园教师学前融合教育意识比较［J］. 幼儿教育（教育科学版），2006（12）：35-37.

[93] 周小虎. 基于社会资本理论的中小企业国际化战略研究综述［J］. 外国经济与管理，2006，28（5）：17-22.

[94] 周怡. 社会结构：由"形构"到"解构"——结构功能主义、结构主义和后结构主义理论之走向［J］. 社会学研究，2000，15（3）：55-66.

[95] 朱洪军，何子豪. 新时期我国体育旅游多元主体治理研究［J］. 山东体育学院学报，2021，37（4）：1-9.

[96] 庄小将. 结构嵌入性对集群企业技术创新绩效的影响［J］. 技术经济与管理研究，2016（2）：19-24.

[97] 左瑞勇，汪春梅. 关注"窗边的小豆豆"——对幼儿园中的"特殊需要

儿童"及其教育现状的思考［J］．教育导刊，2010（10）：27－31．

（三）其他类

［1］邓猛．融合教育的理论反思［N］．中国社会科学报，2009－12－15（8）．

［2］第二次全国残疾人抽样调查领导小组，中华人民共和国国家统计局．2006年第二次全国残疾人抽样调查主要数据公报［N］．人民日报，2006－12－02（7）．

［3］杜建军．青少年体育锻炼多主体协同治理研究［D］．济南：山东大学，2019．

［4］冯振伟．体医融合的多元主体协同治理研究［D］．济南：山东大学，2019．

［5］李奇峰．嵌入性视角下校企协同创新资源整合研究［D］．大连：大连理工大学，2020．

［6］刘坤．新工科教育治理：框架、体系与模式［D］．天津：天津大学，2020．

［7］宋官东．教育公共治理及其机制研究［D］．沈阳：东北大学，2012．

［8］王家宝．关系嵌入性对服务创新绩效的影响关系研究［D］．上海：上海交通大学，2011．

［9］许冠南．关系嵌入性对技术创新绩效的影响研究——基于探索型学习的中介机制［D］．杭州：浙江大学，2008．

［10］袁贵仁．深化教育领域综合改革加快推进教育治理体系和治理能力现代化——在2014年全国教育工作会议上的讲话［EB/OL］．（2014－02－16）［2024－03－22］．https://www.gov.cn/xinwen/2014－02/16/content_2613994.htm．

［11］章威．基于知识的企业动态能力研究：嵌入性前因及创新绩效结果［D］．杭州：浙江大学，2009．

［12］第二次全国残疾人抽样调查领导小组，中华人民共和国国家统计局．2006年第二次全国残疾人抽样调查主要数据公报［EB/OL］．（2007－05－28）［2024－03－22］．https://www.cdpf.org.cn/zwgk/zccx/cjrgk/93a052e1b3d342ed8a059357cabf09ca.htm．

［13］中国残疾人联合会．2017年中国残疾人事业发展统计公报［EB/OL］．（2018－04－25）［2024－03－23］．https://www.cdpf.org.cn/zwgk/zccx/tjgb/44f18036e0844eb d9cb937cb421446.htm．

［14］中国残疾人联合会．2020年残疾人事业发展统计公报［EB/OL］．

(2021-04-09)[2024-03-22]. https://www.cdpf.org.cn/zwgk/zccx/tjgb/d4baf2be2102461e96259fdf13852841.htm.

[15] 中国残疾人联合会. 我国初步形成的特殊教育体系是什么？[EB/OL]. (2009-05-07)[2024-03-23]. https://www.gov.cn/fuwu/cjr/2009-05/07/content_2630766.htm.

后　记

　　本书是在我的博士学位论文的基础上修改而成的。

　　"协同治理"为学前融合教育的相关理论与实践的发展提供了广阔的思考空间和探索之可能，如何在充分吸收、借鉴国内外成功实践经验和前人研究成果的基础上选取新的视角去拓展和深化学前融合教育协同治理的研究，更好地为教育改革及现代化治理提供理论观照和实践指导，一直是我在从事科学研究过程中关注的一个兴趣点。于是，我以"关系-行为"为切入点走进学前融合教育的协同治理，去审视、测度、反思在此过程中的多元主体所呈现出来的"问题"，将系统的视角深深植根于协同治理过程。本书从当代学前融合教育的"发展困顿"入手，引入"协同治理"这一研究主题，聚焦多元主体关系及其行为，对多元主体"为何、如何以及成效"三个层次进行了清晰解构，并提出了自己对学前融合教育协同治理的独特理论建构。本书的特点是将理论的阐释和建构承基于管理生活世界及其要素的互动、演化之上，使理论和现实恰当地融合，并最终回归学理层面。

　　本书出版之际，也意味着一种告别：向这一学术专著写作阶段告别，向三年的博士求学生涯告别，向2012—2022年进入高等学府的时光告别。终于走到这一如释重负、本应欢喜万分的时刻，心里却五味杂陈。回想着这段独特的写作时光，可谓"百感交集"：既有心乱如麻、无从下笔的一筹莫展，也有经历风雨后乐见彩虹的心旷神怡；既有辗转反侧的迷茫、焦虑与失落，也有心无旁骛的坚定、自信与坚持；既有一人独行的孤单，也有同侪互助的温暖。很喜欢学生这一身份，更享受学习的这一历程，转身回望，已收获颇盈，十分满足。抛开以上复杂交织的情感，留于心间的是数不尽的感恩与感谢。

　　三年前的我有幸成为吴敏教授的学生。一幸乃导师撇开门户之见，接纳交叉学科的我。二幸乃导师高瞻学术前沿，以严谨的学术态度及开阔的学术思维，带领我在学术视域、方法及水平上取得了较大提升，尤其就毕业论文从选题到框架构想，从文思脉络、逻辑推理到方法使用等方方面面展开了悉数指导，成文过程倾注了导师大量的心血与智慧，使我终身受益。三幸乃导师予我以充分自由的时间与空间安排，且自始至终始终以温柔、包容相待，十分关照，帮助我尽可能寻求学业与家庭的平衡，让我倍感温暖。吴敏教授是良师，亦为益友，纸短情长，师恩难忘，对她的感激之情无以言表，只有以不断努力来回报老师的期望。

求学之路颇为坎坷，同样有幸得到众位老师无私的帮助。感谢导师团队的马辰威副教授在逻辑与思辨能力上对我进行不断强化，感谢田益豪博士后在研究方法及其使用要点上为我指点迷津。感谢四川大学公共管理学院夏志强教授、史云贵教授、罗哲教授、刘润秋教授、刘磊教授、张浩森教授，东北大学文法学院孙萍教授，西南交通大学公共管理学院李宏伟副教授，成都理工大学法学院魏红梅老师对我的论文写作提出的指导和批评，为我提供了修改和完善论文的宝贵意见与建议。感谢香港浸会大学 Wong Cheong-wing 教授、Siu Kwan 督导、Lau Mei Kuen 督导开启了我"融合教育"的视野，并在我探索与研究的道路上以"专业""爱心""永不放弃的精神"持续影响着我为"许所有孩子一个美丽的未来"而贡献自己的微薄之力。

此外，十分感谢我们可爱的"吴家军"团队。一定是特别的缘分，让我们一路走来成为一家人。感谢优秀的师兄 Sarker 博士、师兄吕阳博士以及已经毕业和尚未毕业的师弟师妹们的无私帮助。感谢我的学友们：单学鹏博士、张秋东博士、陈曦月博士、吴茜博士、欧李梅博士、罗双博士。谢谢你们在我最无助的那段时间里默默陪伴我走出低谷，十分感激能和乐观、积极、勤学、善思的你们共行这段艰辛的学术之路。感谢芬兰于韦斯屈莱大学马世琪博士后对我在论文进展中数理建模方法上的悉心指导，使我在研究方法上有了显著提高。感谢香港大学王婷婷博士、广州中山市汇能社工服务中心郭丽萍女士以及珠海市容闳山庄幼儿园、北京市西城区人工耳蜗培训学校等诸多学校及其教师为本书相关访谈调研的一手资料获取与收集提供了便利。同时，特别感谢成都市实验外国语学校（西区）的刘昀霞老师为本书前期开展的走访调研、数据采集、访谈整理提供的帮助。

衷心感谢我的爸爸和妈妈作为强大的家庭后盾无条件地支持我，他们嘘寒问暖的关心和问候给予我理解和包容，让我得以继续安心地在你们为我创建的幸福港湾里前行，因而我一直并将长期以"身无饥寒，父母无愧于我；人无长进，我何以待父母"来鞭策自己。感谢我的丈夫刘先生，谢谢你为我提供坚实的臂膀以依靠，谢谢你对我全方位的接纳、包容、理解和付出，也谢谢你为了这个家所做出的牺牲。感谢我的儿子可乐小朋友，何其幸运能让可爱、灿烂、稳重、懂事的你奔向我，我甚是欣喜，尤为感激，你从不吝啬的"我爱你"乃是生活对我最大的馈赠，更是我前进的无限动力。不以爱之名束缚你，只愿你自由人生。

此外，本书参考、借鉴了国内外许多学者的研究成果，在此一并表示最诚挚的谢忱。博士论文能够顺利出版成书，还要特别感谢四川大学出版社杨果编辑对书稿的字句斟酌，反复推敲，为我提出了诸多具体的修改建议，使得本书大为增色。但因本人学识和水平有限，本书难免存在许多不足和纰漏，恳请各位专家前辈和同仁不吝赐教。

学无止境，未来之旅，筚路蓝缕，愿不忘初心，砥砺前行。

李梦茹

2023 年 11 月 20 日

于成都大学师范学院